U0053279

金融機構風險

永續管理

Risk Sustainability Management for Financial Institutions

曾銘宗　王怡心　費鴻泰／著

三民書局

作者序

親愛的讀者：

　　在永續議題逐漸受到重視的今天，金融機構不僅需要考慮財務績效表現，也需要對社會和環境有所貢獻。因此，本書結合法規、學術與實務的三重視角，旨在提供一個全面、深入且實用的指引，幫助金融機構董事、經理人和相關人員，在朝向永續發展更有效地管理多變的風險。

　　本書作者為立法委員曾銘宗、大學教授王怡心以及立法委員費鴻泰，三位作者分擁有企管、會計、統計的博士學位，具備各自獨特的背景和專長，共同完成這本《金融機構風險永續管理》一書。本書內容從下面三個不同角度，來闡述相關議題，分別說明如下；

（一）立法的角度

　　金融機構的監理和法遵問題，是立法的重要範疇。在本書中，探討我國和其他主要金融市場的監管架構，以及監督條例影響金融機構的風險評估和管理。

（二）學術的角度

　　永續資訊揭露環境、社會、治理 (ESG) 三方面資訊，本書內容有闡述國際財務報導準則永續揭露準則 (IFRS ISSB)，提示金融機構重視永續相關的風險與機會。

（三）實務的角度

　　由於三位作者擁有豐富的金融實務經驗，本書內容將理論應用於實務案例。在每章有專區作問題探索，還有是非、選擇、問答、個案討論的練習題目與解答，有助於讀者瞭解章節內容和實務指引。

　　這本書的獨特之處，在於其跨領域的視角，立法、學術和實務並非獨立存在，而是相互影響。透過這三個不同但卻緊密相連的視角，使讀者能掌握金融風險管理的核心概念。最後，感謝您抽出寶貴時間來閱讀。我們衷心希望本書能為您在金融風險永續管理方面，提供有價值的洞見和實用的工具。

曾銘宗、王怡心、費鴻泰　敬上

2023 年 9 月 28 日

金融機構風險永續管理

目　次

第 1 章 金融機構的監理

金融機構監理係指政府機關對金融市場和金融機構進行監管和督導的過程，以確保金融體系的穩定運作，監管金融機構的正常營運，並且保障社會大眾的利益。金融監理工作通常由政府機關或特定機構負責，其目標是確保金融機構營運的安全性、穩定性和透明度。我國為維持金融穩定及促進金融市場發展，以及健全金融機構業務經營，特設金融監督管理委員會，其任務是主管金融市場與金融服務業之發展、監控、管理及檢查業務。

1.1 金融監理

金融監理 (financial supervision) 通常指由政府機關對金融體系的金融市場和金融機構，進行監管和督導的過程。金融監理的範疇，包括制定和執行相關金融法規和政策、監督金融市場的運作、管控金融機構的組織營運、防止金融犯罪活動、處理金融危機等項目。金融監理制度和監管方式，隨著國家和金融發展趨勢而相應調整；但其核心目標都是確保金融體系的公平與穩定，維護金融市場的正常發展，並保護投資者和消費者的權益。

1.1.1 金融系統

金融系統 (financial system) 定義是一個包括金融市場、金融機構、參與者和監管機關在內的整體架構，提供資金融通、交易管理和金融服務等項目。在金融領域中，金融系統和金融市場與金融機構有高度關聯性，各項的功能和角色都有不同的概念。如表 1.1 所示，金融系統的主要六個組成項目，包括金融市場、金

融機構、金融工具、交易和結算平台、監管機關、金融法規；這些組成項目相互作用和影響，共同構成一個完整的金融系統，支持金融體系的發展。

表 1.1 金融系統的組成項目

組成項目	主要成分	說明
1.金融市場	核心組成項目包括股票市場、期貨市場、債券市場、貨幣市場、外匯市場等市場	提供交易金融資產的場所和平台
2.金融機構	主要機構為銀行、保險公司、證券公司、期貨公司、信託公司等機構	提供金融服務，例如存款、貸款、保險、投資、期貨、信託等業務
3.金融工具	主要金融工具包括股票、債券、期貨、外匯等金融商品	金融工具代表投資者在金融市場的權益和負債
4.交易和結算平台	主要平台包括支付系統、結算機構、交易所、登記機構等	提供金融交易和結算的支持和保障
5.監管機關	主要是金融監督管理委員會、中央銀行、證券監管機關等	監督金融機構和市場的運行，確保其合規與穩定性
6.金融法規	主要法規為銀行法、證券交易法、期貨交易法、保險法等	制定金融機構和市場的運作規則

金融系統與金融市場是相互關聯的，在金融領域中發揮著不同的角色和功能。基本上，金融市場的運作有賴於金融系統中的各種機構和參與者；然而，金融系統的有效性和穩定性，則受到金融市場的影響。金融市場的流動性和價格波動，會對金融機構的運作和風險承受能力產生影響；相對地，金融機構的穩健性和信譽，也有助於提高金融市場的穩定性和投資者信心。**金融系統**是提供資金融通、風險管控和金融服務等，通常透過各種金融機構，包括銀行、證券公司、保險公司、期貨公司和投信投顧公司等，進行資金的募集和分配，並透過金融市場進行資產交易和成交價格。金融系統中常見的案例，分別列示如下：

⑴銀行：銀行是金融系統的核心組成部分，其業務是接受存款、提供貸款、進行支付和結算等金融服務。銀行也提供其他金融產品和服務，如信用卡業務、債券發行和投資理財等。

⑵保險公司：保險公司提供各種類型的保險產品，如人壽保險、產物保險和健康保險；其接受保險費，並承擔在事故、疾病或其他不可預測事件發生時的風險

而依據保險合約作理賠。

⑶**證券市場**：證券市場是進行股票、債券和其他金融資產交易的場所。投資者可以透過證券交易所來買賣股票和債券；證券市場為企業融資和投資者，獲得投資與報酬提供正式管道。

⑷**期貨市場**：期貨市場是提供期貨契約交易之場所；所謂依據目前特定價格及數量等交易條件約定交易標的物，但是在未來某一特定時日，才以實物交割或結算差價而結清彼此義務的契約。

⑸**投資基金**：投資基金彙集投資者的資金，並將其投資於多種金融商品，如股票、債券、商品和房地產等。投資基金由專業的基金經理負責管理，主要為投資者提供多元化的投資選擇與風險管理。

⑹**中央銀行**：中央銀行是負責國家貨幣政策和金融穩定的機關，監管全國銀行業務、維護對內及對外幣值之穩定；並在必要時，採取適當的政策措施，來維護金融系統的穩定性。

⑺**金融科技公司**：金融科技 (FinTech) 公司運用創新的科技和數位平台，提供各種金融商品和服務；例如行動支付、線上借貸平台和第三方支付等數位金融服務。

1.1.2 金融市場

金融市場 (financial market) 是金融系統中一個重要組成要素，是買賣股票、期貨、債券、外匯等金融商品的市場。基本上，金融市場提供投資者和發行機構之間，進行買賣和交易的平台。透過金融市場，投資者可以購買與出售金融商品，發行機構可以籌集資金。表 1.2 列示金融市場的六種市場類型，並說明各種市場類型交易的性質。尤其，衍生性商品是一種特殊類型的金融合約，其價值源自某種基礎資產，包括股票、債券、商品、利率等。這些交易通常具有高度的槓桿作用，允許參與者在不實際擁有基礎資產的情況下進行投資和套利。

表 1.2 金融市場的市場類型

市場類型	交易的性質
1.股票市場	買賣上市櫃公司股票的場所
2.期貨市場	提供期貨契約交易的場所
3.債券市場	交易債務證券的市場
4.貨幣市場	進行貨幣兌換和短期資金調節的市場
5.衍生性商品市場	進行源自基礎資產的金融合約交易的市場
6.商品市場	進行黃金、石油、農產品等實物商品交易的市場，也可以是期貨合約等金融衍生商品的交易

　　金融市場係指進行金融商品買賣和交易的場所或平台，包括股票市場、期貨市場、債券市場、貨幣市場、外匯市場、商品市場等，所以金融市場是提供投資者進行買賣、交易金融商品的機制與場所。因此，金融市場主要功能包括：

(1)資金籌集：金融市場為企業、政府和其他個體提供籌集資金的管道，例如企業發行股票或債券來籌集資金用於組織擴張、開展新項目，以及政府可以透過發行政府債券來籌資發展公共事業。

(2)資金配置：金融市場促使資金可以從投資者流向各種不同的投資項目或組織部門；如此，有助於資源的合理配置，並促進經濟的成長與發展。

(3)風險管理：金融市場提供各種金融工具，例如股票、期貨、保險和衍生性金融商品，使投資者能夠進行風險管理和對沖潛在的損失，以降低風險並增加資金流動性。

(4)資訊傳遞：金融市場是投資者獲取關於資產價值和市場動態的重要管道，透過市場上的交易和價格變動，投資者可以獲取關於經濟趨勢、市場供需、公司業績等方面的資訊。

(5)投資機會：金融市場提供各種投資機會，促使投資者能夠選擇合適資產標的進行投資，以實現資本增值或收益。

　　金融市場的運作涉及投資者、交易所、經紀商、市場規則和監管機關等多個參與者，透過交易和市場機制實現資金流動、價格發現和市場效率。不同類型的

金融市場具有不同的特點和運作規則，為投資者和企業個體提供進行投資、融資和風險管理的平台。金融市場可以是實體交易場所、電子交易平台或二者結合的形式運作，促進資金流通、多元投資和金融創新，對經濟成長和穩定發展至關重要。金融市場常見的實例，分別說明如下：

⑴**股票市場**：股票市場是股票交易的場所，公司可以透過發行股票來籌集資金，投資者可以購買和出售股票以獲取投資報酬。金管會是股票市場的主管機關，臺灣股票市場主要由臺灣證券交易所和櫃檯買賣中心負責監管。臺灣證券交易所是主要的股票交易所，負責交易大型上市公司的股票；然而，櫃檯買賣中心則是負責交易中小型公司的股票。臺灣股票市場交易包括普通股和特別股，普通股是一般投資者常見的股票類型；特別股則具有特殊的權益或優先分配權，通常是由特定的投資者、公司內部人員所持有。另外，興櫃市場是為初創和成長中的企業提供融資機會的平台，因為這些公司通常相對規模較小但具有成長潛力，投資者可以透過證券商在興櫃市場進行買賣股票。臺灣股票市場的正常交易時間，為每週一至週五的 9:00 至 13:30；此外，還有盤後交易時間。基本上，股票交易時間可能會因特殊情況而有所調整或暫停，例如節慶假日或特殊事件；投資者應留意相關公告和市場資訊，以獲取最新的交易時間訊息。

⑵**期貨市場**：期貨市場是期貨交易的場所，投資者可以在此買賣期貨合約。基本上，期貨合約是一種法律協議，用來承諾買方在未來某個特定日期以特定價格購買，並且賣方出售一定數量的實物商品或金融工具。

期貨市場也提供投資機會，投資者可以透過買入和賣出期貨合約來賺取價差。期貨市場特點包括高度槓桿、雙向交易、標準化合約和交割等。

⑶**債券市場**：債券市場是進行債券交易的場所，提供政府、公司和其他個體發行債券以借入資金的機制；同時，讓投資者可以購買和出售債券，以獲得固定的利息收益。

債券市場的特點是提供投資者一種固定收益的投資選擇，並且不同債券具有不同的償還期限、利率、風險等特性，讓投資者可以根據自身需求和風險承受能力進行選擇。

1.1.3 金融機構

金融機構 (financial institution) 是指向個人、企業和政府提供金融服務的公司、組織或個體,其中金融服務則是指銀行業務、貸款、投資和保險等。金融機構在金融體系和整個經濟的運作中,發揮著關鍵作用。金融機構有不同類型,12個主要類型分別說明如下:

⑴中央銀行:中央銀行為國家銀行隸屬行政院,也是銀行中的銀行;主要經營目標是促進金融穩定、健全銀行業務、維護對內及對外幣值之穩定,以及在前述三大目標範圍內協助經濟發展。

⑵商業銀行:商業銀行是最常見和廣為人知的金融機構類型,接受客戶存款、提供貸款、抵押貸款、信用卡、支票和儲蓄帳戶等服務。商業銀行還提供各種金融產品和服務,包括財富管理、投資諮詢和外匯服務等。

⑶專業銀行:專業銀行為便利專業信用之供給,中央主管機關得許可設立專業銀行,或指定現有銀行,擔任該項信用之供給。前面所謂「專業信用」,可分為工業信用、農業信用、輸出入信用、中小企業信用、不動產信用、地方性信用。例如,臺灣中小企業銀行為中小企業信用銀行。

⑷信用合作社:信用合作社係屬基層金融機構,是由共同隸屬關係的個人,組成的成員所有制金融合作社。信用合作社為其成員提供儲蓄帳戶、貸款和其他金融服務。

⑸中華郵政公司:中華郵政股份有限公司以提供普遍、公平、合理之郵政服務,促進郵政事業健全發展,增益全體國民福祉為目的;中華郵政公司主要經營遞送郵件、儲金、匯兌、簡易人壽保險、集郵及其相關商品、郵政資產之營運等業務,並得經交通部核定接受委託辦理其他業務及投資或經營相關業務。

⑹保險公司:保險公司提供保險商品,以保護潛在風險和損失,分為壽險公司與產險公司兩大類型。保險公司收取保費,並在發生特定事件,例如事故、疾病、財產損失或死亡等情況時,提供賠償金。保險公司可能提供各種類型的保險服務,包括人壽保險、健康保險、旅遊保險、汽車保險和財產保險等。

⑺投資公司:投資公司也稱為資產管理公司,專門從事代表個人、企業和機構投資並管理資金;這些公司提供投資組合管理、投資諮詢、證券承銷和金融市場

交易等服務。在我國有營業的投資公司，例如兆豐國際證券投資顧問股份有限公司、元大投信股份有限公司等。

⑻ **經紀公司**：經紀公司作為買賣金融資產，例如股票、期貨、外匯、債券和共同基金的仲介，代表投資者進行交易；在買方和賣方之間充當仲介，執行交易並提供投資建議。在我國有營業的經紀公司，例如中國信託證券、富邦期貨、兆豐商業銀行、國泰世華證券等。

⑼ **投信公司及投顧公司**：投信公司負責管理基金，並提供投資信託商品，例如凱基投信、摩根資產管理等；投顧公司則提供投資建議，和個人化的投資組合管理服務，例如華南投顧股份有限公司。

⑽ **信託公司**：信託公司提供各種信託業務，旨在協助客戶管理和保護資產、達成特定目標或實現遺產規劃。在我國有營業的信託公司，例如中國信託商業銀行信託部。

⑾ **金控公司**：金控公司 (financial holding company) 係指在金融業務範圍內，擁有多家金融機構的母公司，結合不同類型的金融業務，例如銀行、保險、證券等，以提供整合性的金融服務。至 2023 年 6 月 30 日止，我國有 16 家金融控股公司，其中包括共有 90 多家子公司，例如銀行 16 家、保險公司 10 家、證券商 18 家等。

⑿ **信用評等機構**：係屬資本市場的信用評估機構，對國家、銀行、證券公司、基金、債券及上市公司進行信用評等；國際著名信用評等機構有穆迪 (Moody's)、標準普爾 (Standard & Poor's)、惠譽國際 (Fitch Rating) 和晨星公司 (Morningstar DBRS) 等。

　　金融機構都要接受政府的高度金融監理，以確保其營運的穩健性、透明度和永續性，所以必須做好公司治理、風險管理、內部控制和內部稽核等四個項目，分別敘述如下：

⑴ **公司治理**：公司治理是確保金融機構的董事會成員與高階主管，可以執行目標訂定與績效考核機制，組織建立合理的權力結構、明確的職責和權限、有效的績效監督等，促進透明度和課責性，以保護利害關係人的權益。

⑵風險管理：金融機構面臨各種風險，包括信用風險、市場風險、作業風險等。因此，風險管理能夠幫助金融機構辨識、評估和管理風險，包括制定風險政策、設立風險管理部門、建立風險評估和監控機制等，以減少損失和不確定性。

⑶內部控制：內部控制是確保金融機構達成營運、報導、遵循三大目標，需運用控制環境、風險評估、控制作業、資訊與溝通、監督作業等五大要素的整體運作來達成三大目標，用以預防和減少錯誤、失誤、濫用和詐騙等不當行為。

⑷內部稽核：內部稽核獨立於組織其他部門，負責稽核和監督金融機構的公司治理、風險管理、內部控制的有效性，有助於董事會和管理階層獲得關於金融機構營運績效評估的獨立、客觀意見，同時提供改進建議和確保監理要求的遵循。

【問題】
金融機構如果缺乏良好的公司治理、風險管理、內部控制和內部稽核等四個項目，可能會導致哪些問題？

【討論重點】
金融機構缺乏良好的公司治理、風險管理、內部控制和內部稽核等四個項目的問題：請舉例說明各種問題。

1.風險無法控管：缺乏有效的風險管理和內部控制機制，可能造成金融機構無法有效應對重大風險和偶發風險，容易導致金融不穩定而遭受損失。

2.操縱和舞弊行為：缺乏有效的公司治理和內部控制，管理階層和員工對日常營運有操縱和舞弊的機會，導致資產流失和信用受損。

3.遭受裁罰與訴訟風險：缺乏法令遵循檢視和有效的內部稽核，金融機構可能會違反金融監理機關要求和法令規定，面臨監管制裁和法律訴訟風險。

4.機構信用評等下降：缺乏良好的公司治理與資訊透明度，可能使投資者和其

他利害關係人對金融機構的信心下降，從而降低信用評等和影響籌資能力。

因此，金融機構必須重視公司治理、風險管理、內部控制和內部稽核，是為確保業務的穩健運作、保護利害關係人、遵守法規要求、提高市場聲譽和永續發展。金融機構的良善治理，對整個金融體系的穩定和金融市場的健康發展，都有正面的影響力。

1.2 我國法規

金融監理與永續金融相關的法規，對金融機構的正常營運具有重要的影響；這些法規要求金融機構要考慮金融相關法規與環境、社會和治理等永續準則規範，並落實相應的措施和報告要求。金融機構需要遵守相關的法令和規定，確保其業務營運符合監理機關的要求，包括建立健全的公司治理、風險管理和內部控制相關制度，以及揭露相關的報告、執行防制洗錢措施等。永續金融政策與金融機構公布企業永續報告書，報導金融機構的環境、社會和治理表現，以及永續策略和目標、風險管理措施、綠色金融業務等方面的訊息。

1.2.1 金融機構相關法規

依據《金融機構合併法》規定，金融機構係指下列銀行業、證券及期貨業、保險業所包括之機構、信託業、金融控股公司及其他經主管機關核定之機構：

(1)銀行業：包括銀行、信用合作社、票券金融公司、信用卡業務機構及其他經主管機關核定之機構。

(2)證券及期貨業：包括證券商、證券投資信託事業、證券投資顧問事業、證券金融事業、期貨商、槓桿交易商、期貨信託事業、期貨經理事業及期貨顧問事業。

(3)保險業：包括保險公司、保險合作社及其他經主管機關核定之機構。

金管會針對金融機構制定的一些重要規定，重點包括：(1)資本適足性要求，規定金融控股公司的資本適足性要求，包括資本結構、風險加權資產和資本適足

率等指標；依《銀行法》第四十四條第四項規定訂定《銀行資本適足性及資本等級管理辦法》，規定銀行的資本適足性要求，包括自有資本與風險性資產之比率、資本適足率、法定資本適足比率等指標。⑵風險管理要求，規範金融機構建立完善的風險管理體系，包括風險管理政策、風險評估和監控、風險限額和風險報告等措施；此外，規定金融機構應制定風險控制與管理基本準則，包括信用風險、市場風險、操作風險和流動性風險等。⑶內部控制要求，規定金融機構建立健全的內部控制制度，內容還要包括風險管理、資訊系統控制、內部稽核和法令遵循等檢測措施；另外，金融機構應有獨立的內部稽核部門，負責查核和監督內部控制、風險管理與公司治理的設計與執行有效性。

我國相關金融法規，包括《證券交易法》、《期貨交易法》、《銀行法》、《保險法》、《信託業法》、《金融控股公司法》、《金融機構合併法》、《金融資產證券化條例》、《國際金融業務條例》、《國際金融業務條例施行細則》、《國際證券業務分公司管理辦法》、《金融業募集發行有價證券公開說明書應行記載事項準則》、《定期儲蓄存款質借及中途解約辦法》、《外匯管制辦法》、《公司登記辦法》、《會計師查核簽證公司登記資本額辦法》、《公司名稱及業務預查審核準則》、《臺灣集中保管結算所股份有限公司辦理股務單位股務作業評鑑作業要點》、《臺灣集中保管結算所股份有限公司銀行合作提供第三方服務業務操作辦法》等。

1.2.2 永續金融相關法規

金管會自 2017 年起開始推動「綠色金融」，從 2017 年的方案 1.0 到 2020 年的方案 2.0，於 2022 年 9 月 26 日推出「綠色金融行動方案 3.0」。方案 1.0 主要著重於鼓勵金融機構對綠能產業的投資與融資，方案 2.0 則將範圍擴及綠色及永續概念。自從方案 2.0 推動後獲得市場關注，已提升環境、社會、治理 (ESG) 永續資訊揭露品質水準與資訊透明度、建立永續經濟活動分類標準的雛型；以及引導金融機構從對綠能產業的投資與融資，擴及至對綠色及永續發展的支援，並培養金融機構因應氣候變遷風險的韌性。

「2050 淨零排放」是全世界共同的目標，也是我國的目標。金管會推出「綠色金融行動方案 3.0」的願景為「整合金融資源，支持淨零轉型」，目標為「凝聚

金融業共識，提出及發展金融業共通需要的指引，推動金融業瞭解自身及投資與融資部位的溫室氣體排放情形，促進金融業主動因應及掌握氣候相關風險與機會，持續推動金融業支持永續發展並導引企業減碳」，並搭配 3 大核心策略、5 大推動重點，合計 26 項具體措施推動，其中 4 項為方案 2.0 持續辦理措施。其中，3 大核心策略：⑴協力合作深化永續發展及達成淨零目標，⑵揭露碳排資訊，從投資與融資推動整體產業減碳，⑶整合資料及數據以強化氣候韌性與因應風險之能力；另外，5 大推動重點，包括推動金融機構碳盤查及氣候風險管理、發展永續經濟活動認定指引、促進 ESG 及氣候相關資訊整合、強化永續金融專業訓練，以及協力合作凝聚淨零共識，並且以大帶小擴大並深化永續金融的影響層面，進一步完善永續金融生態系。

1.3 國際相關議題

　　有些國際協定和準則，建立世界各國共同的準則和標準，促進金融體系的穩定性、合法性和永續性；同時，也為國際間的合作和協調提供共同遵循架構，有助於資訊交流和風險監測。這些國際協定和準則的影響層面，從金融業務監理，到金融市場的穩定性和金融機構的行為規範等方面，都產生關鍵性的影響。在此，說明巴塞爾協定、聯合國 2050 淨零碳排目標、國際永續揭露準則三種國際協定和準則的特性。

1.3.1 巴塞爾協定介紹

　　巴塞爾協定 (Basel Accords) 是由巴塞爾銀行監管委員會 (Basel Committee on Banking Supervision, BCBS) 制定的一系列國際金融監管標準。巴塞爾協定旨在確保全球銀行體系的穩定性、資本適足性和風險管理。此協定提供一個共同的監管架構，促進跨國銀行監管的合作和協調；巴塞爾協定的主要版本，三個重要的里程碑如下：

⑴巴塞爾協定第一版 (Basel I)：於 1988 年發布，第一個全球性的銀行監管架構，主要關注銀行的信用風險，並基於銀行的資產類別設定固定的資本適足性要求。

⑵巴塞爾協定第二版 (Basel II)：於 2004 年發布，針對第一版進行修訂和擴展，巴塞爾 II 將風險管理納入監管要求的核心，引入「信用風險、市場風險和操作風險」三個風險類別。第二版協定鼓勵銀行根據其風險特徵來計算資本要求，提高風險敞口的精確性。

⑶巴塞爾協定第三版 (Basel III)：於 2010 年至 2019 年間，逐步發布一系列修訂，巴塞爾 III 主要針對 2008 年金融危機後的教訓，進一步增強銀行的資本充足性和風險管理要求。第三版協定引入新的資本要求，包括共同資本比率 (Common Equity Tier 1 Ratio) 和資本保護緩衝區 (Capital Conservation Buffer)；此外，巴塞爾 III 還要求加強流動性風險管理、槓桿比率和對抗系統性風險。

　　從巴塞爾資本協定 (Basel II) 實施後，我國金管會逐步推動下列政策：

㈠為推動實施 Basel II，金管會早於 2002 年 5 月成立新巴塞爾資本協定共同研究小組，藉由主管機關和金融業者參與，分享銀行同業經驗及凝聚共識，並完成三次量化影響評估，以掌握本國銀行實施 Basel II 受衝擊程度，自 2007 年起我國銀行業順利實施 Basel II。

㈡Basel II 由三大支柱構成，金管會於 2007 年 1 月 4 日修正發布《銀行資本適足性管理辦法》及《銀行自有資本與風險性資產之計算方法說明及表格》，規範第一支柱（最低資本要求），自 2008 年起實施第二支柱（監理審查）及第三支柱（市場紀律）。其後，為因應全球金融市場之發展與演變，參考國際相關規範，金管會兩次修正前述管理辦法，在 2009 年 6 月 30 日修正並更名為《銀行資本適足性及資本等級管理辦法》。

㈢實施第一支柱，計算自有資本與風險性資產之比率。風險性資產為信用風險加權風險性資產，加計市場風險及作業風險應計提資本乘以 12.5% 之合計數。本國銀行得依其業務複雜度選擇適用之資本計提方法，信用風險方面可選擇採取標準法、基礎內部評等法及進階內部評等法；作業風險方面可選擇採取基本指標法、標準法及進階衡量法；選採較高階之資本計提方法，應依規定經金管會核准。金管會鼓勵銀行發展更精確之風險衡量方法，以提升本國銀行風險管理能力。

㈣實施第二支柱，為建立以風險為基礎之監理制度，金管會請銀行自 2008 年起定

期申報營運計畫、內部資本適足性評估結果，以及各類風險指標的自評說明，以利定期評估各銀行風險管理績效。藉由第二支柱之落實，可確保銀行計提的資本與所承受的風險相稱；並於銀行資本不足時，採取必要措施。

㈤實施第三支柱，金管會請各銀行自 2008 年 4 月起，於網站設置「資本適足性與風險管理專區」，揭露各類風險之定性定量資料，並於 2011 年 3 月 28 日修正第三支柱之揭露事項，透過資訊揭露發揮市場紀律功能，督導銀行經營與治理，以維持金融體系健全發展。

㈥金管會藉由推動 Basel II，強化本國銀行之資本適足性及風險管理能力，以符合國際規範，並健全銀行經營及提升競爭力。

1.3.2 淨零碳排目標

實現 2050 年淨零碳排目標，需要全球各界共同努力，包括政府、企業、社會與個人。透過國際合作來減少溫室氣體排放、推動技術創新、倡議碳相關政策等，可邁向更永續的未來，以減緩氣候變遷，並保護地球生態系統。淨零碳排目標是一個全球性的目標，最早由聯合國氣候變遷架構公約（United Nations Framework Convention on Climate Change，簡稱 UNFCCC）提出，並於 1992 年在聯合國環境與發展大會上通過 UNFCCC，旨在因應氣候變遷並促進全球合作。人類隨著知識與科技進步，對氣候變遷的瞭解愈來愈多，世界各國開始認識到溫室氣體排放對氣候變遷的重要性。因此，在 UNFCCC 架構下，各國於 2009 年哥本哈根氣候峰會確認目標，亦即在本世紀中期實現全球溫室氣體排放的淨零碳排目標。因此，淨零碳排目標得到世界各地廣泛地討論和推動，各國和國際組織紛紛制定相應的計畫和承諾。例如，於 2015 年達成巴黎協定，其中包括確定長期目標；亦即，保持全球溫度上升幅度低於 2°C，並努力實現 1.5°C 的目標，這使得淨零碳排成為各國努力的關鍵方向。

由於氣候變遷對環境、人類生存和國家安全的威脅愈大愈急，全球已有 130 多國提出「2050 淨零排放」宣示與行動。我國為呼應此一全球趨勢，蔡總統於 2021 年 4 月 22 日世界地球日宣示：「2050 淨零轉型是臺灣的目標」。接著，於 2022 年 3 月及 12 月我國分別公布「臺灣 2050 淨零排放路徑及策略總說明」及

「12 項關鍵戰略行動計畫」；並於 2023 年 1 月核定「淨零排放路徑 112–115 年綱要計畫」，針對淨零碳排目標進行各面向的減緩與調適。

《溫室氣體減量及管理法》修正草案於 2023 年 1 月 10 日經立法院三讀通過，同年 2 月 15 日總統公布施行，名稱修正為《氣候變遷因應法》，並納入 2050 年淨零排放目標、提升氣候治理層級、徵收碳費專款專用、增訂氣候變遷調適專章、納入碳足跡及產品標示管理機制。如此，不僅對國際展現我國邁向淨零排放目標之決心，對國內也建構更為韌性的氣候法制基礎。2050 淨零排放是跨世代、跨領域、跨國家的重大轉型工程，也是我國史上最長遠的跨部會國家發展計畫，不僅攸關國家競爭力，也關係環境永續。自 2016 年我國啟動能源轉型，已奠定良好基礎，且有能源政策和產業政策配合，從「5+2」產業、六大核心戰略產業，到發展氫能、擴充電網設施、儲能設備等。我國未來將帶動更多產業一起成長，化氣候風險為綠色轉型契機，與世界各國共同邁向淨零碳排目標。

1.3.3 國際永續揭露準則

有關國際財務報導準則基金會（International Financial Reporting Standards，簡稱 IFRS） 的由來，可以追溯到 1973 年，當時成立國際會計準則委員會（International Accounting Standards Committee，簡稱 IASC），主要目標是促進世界各國在財務報告準則的協調和一致性，以提高全球資本市場財務資訊的可比性和透明度。隨著資本市場全球化的加速和國際財務報導資訊交流的增加，對於共同的財務報導準則的需求變得愈來愈重要。

為有效地推進全球財務報導準則的統一，於 2001 年國際會計準則理事會(International Accounting Standards Board, IASB) 成立，取代 IASC，並獲得更廣泛的國際認可和影響力。IASB 負責制定和發布 IFRS，這些準則適用於上市上櫃公司和公開發行公司，用於編製其財務報導。IFRS 的目標是提供高品質的財務資訊，以便投資者、債權人和其他利害關係人，可以更容易地理解企業的財務狀況和經營績效，並有助於資訊比較性以及投資與融資決策。

在 2021 年於聯合國氣候峰會 COP26 宣布，國際財務報導準則基金會(International Financial Reporting Standards, IFRS) 旗下，成立國際永續準則理事會

（International Sustainability Standards Board，簡稱 ISSB），為全球金融市場制定與環境、社會、治理 (ESG) 相關的永續資訊揭露準則。基於國際金融市場之氣候變遷及其他永續相關財務揭露議題，國際永續準則理事會 (ISSB) 在以公眾利益為前提下，研擬國際通用之高品質永續揭露準則，以滿足投資人資訊需求。為籌備 ISSB，國際財務報導準則基金會理事會 (IFRS) 成立技術準備工作小組 (TRWG)，負責研擬氣候相關揭露及通用揭露架構原型。在國際證監會 (IOSCO) 及其證券監管技術專家支持下，國際財務報導準則基金會於 2022 年 6 月成功地整合完成聯合氣候變遷報告架構 (CDSB) 與價值報導基金會 (VRF)，以及 IASB、TCFD、VRF (SASB+IIRC) 和 WEF 等組織。國際財務報導準則永續準則理事會 (IFRS ISSB) 於英國倫敦時間 2023 年 6 月 26 日，正式首次發布第 S1 號和第 S2 號的準則條文，供全世界參考。

為因應國際永續揭露準則的發展，會計研究發展基金會於 2023 年 6 月 8 日正式成立第 1 屆永續準則委員會，該委員會由產官學界專家共 13 位組成，第 1 屆主任委員鄭丁旺、副主任委員王怡心，負責制定與發布國際永續揭露準則正體中文版。ISSB 採取制定永續相關財務揭露之全球基線 (baseline) 作法，各國主管機關可在該基線之上另行訂定其他揭露規定，以符合其監管需求及其他利害關係人之需求，此作法有利於 ISSB 準則在國際上推行。個體可為企業、非營利組織等單位。

有關第 S1 號和第 S2 號的準則條文，ISSB S1 準則之主要內容是規範個體揭露所有永續相關風險與機會之重大資訊，讓資訊使用者得以評估永續相關風險與機會對個體價值之影響。ISSB S2 準則是要求個體揭露其暴露於重大氣候相關風險與機會之資訊，使個體之一般用途財務報導之使用者能：㈠評估重大氣候相關風險與機會對個體價值之影響；㈡瞭解個體對資源之使用，以及相應之投入、活動、產出及結果，如何支持個體對重大氣候相關風險與機會之因應措施及管理策略；㈢評估個體就重大氣候相關風險與機會調適其規劃、經營模式及營運之能力。

👏 1.4 本章重點提示

此章內容闡述金融機構的監理與永續管理的全方位視角，讓讀者瞭解金融機構在面臨數位轉型和永續經營挑戰下，需要具有符合時宜的監控與管理能力。首先，第一部分清楚說明金融系統、金融市場與金融機構，為讀者提供瞭解金融監理所需的基礎架構與運作方式。金融系統和金融市場是金融機構運作的主場，金融機構則是金融系統和金融市場的重要參與者，此三者之間的互動與作用關係，為本章討論重點內容。第二部分針對我國金融相關法規進行探討，包含金融機構相關法規以及永續金融相關法規。這部分是非常實用並且重要的法令規定，因為法規是規範金融機構行為的基石；特別值得注意的是，對永續金融相關規範的討論，顯示此書著重於將永續發展理念融入金融機構的風險監控與管理之中。最後，討論影響金融政策的國際議題，從巴塞爾協定到聯合國 2050 淨零碳排目標，以及國際永續揭露準則。這些國際議題都反映出現代的金融監理機制，已經不僅是單一國家的事務，應該和全球的經濟情勢以及永續發展目標高度相關。本章的內容可將讀者的視野從國內引向國際，剖析我國金融監理與全球金融監理趨勢的連結，提供一個從微觀到宏觀的廣闊思維，來瞭解我國金融監理的全貌。

📝 1.5 自我評量與挑戰

👉 是非題

1. 金融科技 (FinTech) 公司在金融系統中的角色，僅限於提供數位金融服務，例如行動支付和線上借貸平台，不涉及投資基金和期貨市場的業務，請問此敘述是否正確？

2. 金融市場是否不僅為投資者和發行機構進行金融商品買賣和交易的平台，同時也為發行機構提供籌集資金的場所？

3. 興櫃市場是否專為大型企業提供融資機會的平台？

4. 期貨合約是否為一種法律協議，用來承諾買方在未來某個特定日期以特定價格購買，並且賣方出售一定數量的實物商品或金融工具？

5. 金管會規定金融機構的內部控制要求中，是否需要有獨立的內部稽核部門？

6. 金管會是否在 2011 年修訂巴塞爾資本協定 (Basel II) 的第三支柱 （市場紀律）的揭露事項，並要求各銀行在網站上設置「資本適足性與風險管理專區」，以透過資訊揭露發揮市場紀律功能？

7. 國際財務報導準則基金會 (IFRS) 旗下的國際永續準則理事會 (ISSB) 是在 2021 年的聯合國氣候峰會 COP26 上宣布成立的，其主要目的是否為全球金融市場制定環境、社會、治理 (ESG) 永續資訊揭露準則？

8. 會計研究發展基金會於 2023 年 6 月 8 日成立的第 1 屆永續準則委員會，其主要職責並非制定與發布國際永續揭露準則的正體中文版，請問這敘述是否正確？

選擇題

1. 《溫室氣體減量及管理法》修正後納入的新元素中，哪一項是用來提升氣候治理層級的？
   (A) 2050 年淨零排放目標
   (B) 徵收碳費專款專用
   (C) 增訂氣候變遷調適專章
   (D) 納入碳足跡及產品標示管理機制

2. 臺灣的「5 + 2」產業和六大核心戰略產業是為了什麼目標而配合能源政策和產業政策的？
   (A) 提升臺灣的國際競爭力
   (B) 降低臺灣的碳排放量

(C)達成 2050 淨零排放的目標

(D)提升臺灣的經濟成長率

3. 金融系統中，哪一個實例提供買賣股票和債券的場所？

(A)期貨市場

(B)保險公司

(C)證券市場

(D)投資基金

4. 金融市場主要功能是什麼？

(A)提供發行機構進行商品買賣的平台

(B)提供投資者和發行機構進行金融商品買賣和交易的平台

(C)提供投資者進行房地產買賣的平台

(D)提供企業進行人力資源交易的平台

5. 臺灣股票市場的正常交易時間是？

(A)每週一至週五的 8:00 至 12:00

(B)每週一至週五的 9:00 至 13:30

(C)每週一至週五的 10:00 至 14:00

(D)每週一至週五的 11:00 至 15:00

6. 哪一種金融市場的特性是提供投資者固定收益的投資選擇？

(A)股票市場

(B)期貨市場

(C)外匯市場

(D)債券市場

7. 內部稽核的主要角色是什麼？

　(A)制定風險政策、設立風險管理部門、建立風險評估和監控機制

　(B)確保金融機構達成營運、報導、遵循三大目標

　(C)建立合理的權力結構、明確的職責和權限、有效的績效監督

　(D)稽核和監督金融機構的公司治理、風險管理、內部控制的有效性

8.金管會規定的金融控股公司的資本適足性要求，不包括以下哪一項？

　(A)資本結構

　(B)風險加權資產

　(C)資本適足率

　(D)風險管理政策

9.金管會規定的金融控股公司的資本適足性要求中，以下哪一項不是核心資本的組成部分？

　(A)普通股權益

　(B)優先股

　(C)留存盈餘

　(D)風險加權資產

10.「綠色金融行動方案 3.0」的三大核心策略中，哪一項不是其策略？

　(A)協力合作深化永續發展及達成淨零目標

　(B)揭露碳排資訊，從投資與融資推動整體產業減碳

　(C)整合資料及數據以強化氣候韌性與因應風險之能力

　(D)建立永續經濟活動分類標準的雛型

11.根據金管會的規定，當本國銀行選擇實施巴塞爾資本協定 (Basel II) 的第一支柱時，以下哪種風險的資本計提方法不是銀行可以選擇的選項？

　(A)信用風險的基礎內部評等法

　(B)作業風險的基本指標法

⒞市場風險的標準法

⒟信用風險的進階衡量法

12.金管會在實施巴塞爾資本協定 (Basel II) 的哪一支柱時，要求銀行在網站上設置「資本適足性與風險管理專區」，以透過資訊揭露發揮市場紀律功能？

⒜第一支柱（最低資本要求）

⒝第二支柱（監督審查）

⒞第三支柱（市場紀律）

⒟所有支柱

13.國際永續準則理事會 (ISSB) 的成立是在哪一個活動中宣布的？

⒜ G20 峰會

⒝聯合國氣候峰會 COP26

⒞世界經濟論壇

⒟亞太經合組織領導人非正式會議

14.國際財務報導準則永續準則理事會 (IFRS ISSB) 於 2023 年 6 月 26 日首次發佈的準則條文包括哪兩號準則？

⒜第 S1 號和第 S2 號

⒝第 S2 號和第 S3 號

⒞第 S1 號和第 S3 號

⒟第 S3 號和第 S4 號

問答題

1.在經濟發展中，金融市場扮演什麼樣的角色？請列出並說明其主要功能。

2.請說明「綠色金融行動方案 3.0」的五大推動重點是什麼？

3.請說明「綠色金融行動方案 3.0」的願景與目標是什麼？

個案討論題

1.假設你是一家金融機構的風險管理部門主管，最近公司發生一起由於營業單位內部控制失效導致的重大損失事件。請問你會如何應對這個問題，並提出改善措施？

2.假設你是一家新成立的金融控股公司的執行長，需要確保公司符合金管會的金融機構相關法令規定，包括資本適足性要求、風險管理要求和內部控制要求。請問你會如何設計和實施一個全面的風險管理計畫，以確保公司遵守所有的規定？另外，請問你的計畫應包括哪些主要的步驟和措施？

是非題答案

1.否。　　2.是。　　3.否。　　4.是。　　5.是。　　6.是。　　7.是。　　8.否。

選擇題答案

1.(C)。　2.(C)。　3.(C)。　4.(B)。　5.(B)。　6.(D)。　7.(D)。　8.(D)。　9.(D)。

10.(D)。　11.(C)。　12.(C)。　13.(B)。　14.(A)。

問答題答案

1.金融市場在經濟發展中扮演重要的角色，其主要的功能如下：

⑴提供資金融通：金融市場成為企業和政府部門籌集資本的重要場所，他們可以透過發行股票、債券等方式獲取資金，以進行各項計畫和項目的實施。

⑵促進資源分配：金融市場透過引導資金流向最有可能創造收益的投資項目，有助於社會資源的有效分配，並推動經濟成長。

⑶提供風險管理工具：金融市場提供了一系列的金融工具和產品，如期貨和選擇權等，讓投資者可以有效地管理和分散投資風險。

⑷傳遞重要的市場信息：金融市場的價格變動可以反映出市場的供需情況、企

業的經營狀況以及整體經濟趨勢等信息，對投資者的投資決策提供了重要依
據。

　(5)提供投資機會：透過金融市場，投資者能有更多元化的投資選擇，能依據自
身的風險承受能力和投資目標，選擇合適的投資策略和標的。

2. 「綠色金融行動方案 3.0」的五大推動重點包括：(1)推動金融機構碳盤查及氣候
風險管理，(2)發展永續經濟活動認定指引，(3)促進 ESG 及氣候相關資訊整合，
(4)強化永續金融專業訓練，(5)協力合作凝聚淨零共識，以大帶小擴大並深化永
續金融的影響層面，以進一步完善永續金融生態系。

3. 「綠色金融行動方案 3.0」的願景是「整合金融資源，支持淨零轉型」，目標則
是「凝聚金融業共識，提出及發展金融業共通需要的指引、資料，推動金融業
瞭解自身及投資與融資部位的溫室氣體排放情形，促進金融業主動因應及掌握
氣候相關風險與商機，持續推動金融業支持永續發展並導引企業減碳」。

個案討論題答案

1. 首先，立即組織一個專門的調查小組，進行全面的內部調查，找出導致營業單
位內部控制失效的具體原因。然後，會與內部稽核部門合作，對公司的內部控
制系統進行全面的審查和評估，找出可能存在的其他風險點。接著，根據調查
和評估的結果，制定出一套改進措施，包括但不限於修正控制環境、強化風險
評估、優化控制作業、改進資訊與溝通、加強監督作業等。最後，將這些改善
措施報告，提交給董事會和管理階層；並在獲得批准後，立即要求相關單位實
施這些改善措施，以防止類似事件的再次發生。

2. 首先，公司會設立一個專責的風險管理部門，以及敦聘風險管理部門主管，並
制定一套全方位的風險管理政策，包括風險評估和監控、風險限額和風險報告
等措施。也會要求這些政策涵蓋所有可能的風險，包括信用風險、市場風險、
操作風險和流動性風險等。接著，再要求風險管理部門主管確保公司的資本結
構符合金管會的資本適足性要求，包括核心資本比率、總資本比率和風險加權
資產等指標。然後，風險管理部門定期進行資本適足性的評估，並根據評估結

果調整公司的資本結構。

然後，會建立一套健全的內部控制制度，包括風險管理、資訊系統控管、內部稽核和合規執行檢測等措施，用以確保這些措施能夠有效地預防和減少錯誤、失誤、濫用和詐騙等不當行為。最後，會設立一個獨立的內部稽核部門，負責查核和監督公司的公司治理、風險管理、內部控制的設計與執行有效性；要確保內部稽核主管有足夠的權力和資源來執行其職責，並定期向董事會和高階主管報告其工作結果。

第2章 貨幣市場與資本市場

　　貨幣市場與資本市場是經濟活動的重要脈絡，分別影響交易市場的短期資金與長期資金。貨幣市場為短期資金供需的交易場所，主要是一年期以下短期有價證券，也包括金融業拆款市場。貨幣市場是短期資金的交易市場，通常其交易期限不超過一年，讓政府機關和企業個體能夠滿足短期的資金需求，並且能將閒置的資金投資於短期的金融工具，例如國庫券和商業票據等；貨幣市場的營運效率會影響整個經濟體系的流動性，甚至於影響短期利率。相對地，資本市場是長期資金的交易市場，交易期限通常超過一年，主要功能是提供長期的資金融通，讓政府機關和企業個體能進行長期的投資；資本市場的營運效率和穩定性，對於整體經濟體系的穩定性與長期發展具有重要的影響。基本上，貨幣市場提供短期資金流動性，影響短期利率；資本市場則提供長期資金，影響長期投資與經濟成長，兩個市場的運作效率會直接影響國家經濟的穩定與發展。

2.1 金融市場

　　金融市場 (financial market) 係指資金供應者和資金需求者，雙方透過金融工具進行交易而融通資金的市場。金融市場是一種廣義的市場，是金融資產包括貨幣、股票、債券、外匯、衍生性金融商品等買賣的交易平台，金融市場的交易情況，對經濟的穩定性和發展有著重要的影響。金融市場可能有實體存在的交易所，例如股票市場；也可能是電子市場，如外匯市場。如圖 2.1 所示，金融市場包含各種不同的子市場，其中包括貨幣市場、資本市場、外匯市場和衍生性金融商品市場，這些市場都是金融市場的重要組成要素，且彼此之間有著密切關聯，分別

說明如下：
1. 貨幣市場：這是一個用於交易短期，通常是一年以下之金融工具的市場，例如國庫券和商業票據等。
2. 資本市場：這是一個用於交易長期，通常是一年以上之金融工具的市場，例如股票和債券等。
3. 外匯市場：這是一個全球性的市場，用於交易不同國家的貨幣。外匯市場的波動可能會影響到其他金融市場，包括貨幣市場、資本市場和衍生性金融商品市場，因為匯率的變動會影響到投資的回報率和風險係數。
4. 衍生性金融商品市場：這是一個用於交易各種衍生性金融商品的市場，例如期貨、選擇權等。衍生性金融商品市場的波動會影響到整個金融市場，包括貨幣市場、資本市場和外匯市場。

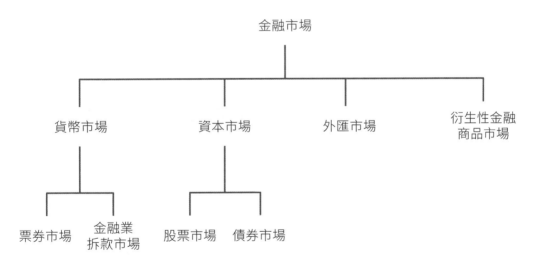

圖 2.1 金融市場架構圖

2.1.1 貨幣市場

　　貨幣市場 (money market) 是短期資金市場，係指融資期限在一年以下的金融市場，可說是金融市場的重要組成部分。貨幣市場參與者包括中央銀行、商業銀行、投資基金、企業，以及個人投資者等，他們進行貨幣交易之目的可為進行投

資、避險或是尋求利潤等。貨幣市場的價格形成，主要受到供需關係和利率等因素的影響。當需求多於供應時，單位貨幣價格上升；當供應多於需求時，單位貨幣價格下降。利率則是影響貨幣市場的另一個重要因素，因為利率的變動會直接影響貨幣的價值和吸引力。貨幣市場的重要性，在於提供一個交易貨幣的平台，並且反映不同國家之間的貨幣價值和交換率。因此，貨幣市場的波動也可以對全球經濟產生影響，並可作為評估和預測經濟發展和金融市場趨勢的重要參考。

　　貨幣市場是一種專注於短期債務證券交易的金融市場，其期限通常在一年以下。由於這些證券的短期性質，貨幣市場具有高度的流動性，使得投資者能夠快速買入和賣出。此外，這些證券通常由大型機構發行，因此風險相對較低。貨幣市場的利率與中央銀行的政策利率密切相關，當中央銀行調整政策利率時，貨幣市場的利率通常會迅速反映這一變化。因此，貨幣市場的利率常被視為是經濟活動的重要指標。因此，貨幣市場也是政府和企業調節短期資金需求的重要場所。貨幣市場主要特性，請參考表 2.1。

表 2.1 貨幣市場的特性

特性項目	說明
短期金融市場	短期資金借貸和交易的市場，也稱為貨幣市場。
融資期限在 1 年以內	短期金融市場所交易的金融工具，其存續期間通常在一年以下；這意謂短期金融市場，是為滿足短期資金需求和供給而存在的。
低風險	短期金融市場交易的金融工具，通常具有低度的風險；這意謂該市場信用風險、利率風險和匯率風險都相對較低，而且通常由政府或大型金融機構發行或背書保證。
高流動性	短期金融市場交易的金融工具，具有高度的流動性；這意謂該市場可以在短時間內轉換為現金，而不會造成大幅的價格波動或損失。
短期債務憑證	短期金融市場交易的金融工具的一種，是指由發行者承諾在未來某個日期支付特定金額給持有者的證券，例如國庫券、商業本票、可轉讓定期存單等。
大型機構參與	短期金融市場上交易的主要參與者是大型法人機構，他們有專業的知識和資源來進行短期資金的管理和運用。

　　貨幣市場是金融市場的一部分，主要是交易一年以下的短期債務證券，常見的交易工具包括國庫券、商業票據、銀行定期存單、證券回購協議、貨幣市場基

金、央行票據。在貨幣市場中，常見的交易工具，分別說明如下：

1. 國庫券：這是由政府發行的短期債務證券，期限通常為一年以下；投資者購買國庫券後，政府會在到期時支付本金以及利息。

2. 商業票據：這是由企業發行的短期債務證券，用於籌集短期資金，期限通常為 270 天以下。

3. 銀行定期存單：這是銀行提供的一種存款商品，投資者將資金存入銀行一段時間，通常是 3 個月、6 個月或 1 年等不同期間，到期後銀行會支付本金以及利息。

4. 證券回購協議：這是一種短期借款，其中一方同意將證券賣給另一方，並同意在未來某個時間以特定價格將其買回。

5. 貨幣市場基金：這是一種投資基金，主要投資於短期、高信用評級的債務證券，例如國庫券或商業票據。

6. 央行票據：這是由中央銀行發行的短期債務證券，用於調節市場的流動性。

2.1.2 資本市場

　　資本市場 (capital market) 是長期資金市場，係指證券融資和經營一年以上的資金借貸和證券交易的場所，也稱中長期資金市場。資本市場也是一種全球性的金融市場，由各種參與者及其相關交易所組成，並不受特定地理位置的限制。資本市場主要涉及長期資金的融通，包括一年以上的資金借貸和證券交易，因此也稱為中長期資金市場，主要提供企業籌集資金和投資者投資的平台。資本市場可以分為初級市場和次級市場，分別說明如下：

· 初級市場 (Primary Market)：係指新發行的股票或債券，首次在公眾面前出售的市場，也稱為發行市場或新股市場。初級市場處理新發行證券的金融市場，負責處理發行人直接向投資者發行和出售股票證券。籌集資金的公司透過發行新的股票和債券，來進行融資。初級市場也被稱為一級市場，是資本市場的一部分。在金融市場裡，初級市場通常是指公司企業，將新發行的股票、債券等有價證券銷售給最初購買者。

· 次級市場 (Secondary Market)：係指已發行的股票或債券，在公眾之間進行轉讓

和交易的市場，也稱為流通市場或證券交易所。次級市場的特點是反映資本市場的供需關係，形成股票或債券的價格，提供投資者實現收益或調整投資組合的平台。

資本市場是提供融資平台，可以創造投資機會、管理風險、確定價格、提供流動性，並促進經濟成長。亦即，資本市場可稱為經濟活動的重要平台，主要功能包括：(1)籌資－為企業和政府提供籌集資金的途徑，為投資者提供投資機會；(2)定價－通過資本市場的供需機制，確定證券價格；(3)流動性－使投資者能自由買賣金融產品。進一步說明，請參考表 2.2 資本市場功能。

表 2.2 資本市場功能

功能項目	說明
籌資	資本市場一方面為資金需求者提供透過發行證券籌集資金的機會，另一方面為資金供給者提供投資對象。在資本市場上交易的任何證券，既是籌資的工具，也是投資的工具。
定價	資本市場為資本決定價格。證券價格的決定，是證券市場上證券供求雙方共同決定的結果。透過證券市場的運行，形成證券供給者和證券需求者的供需關係。因此，資本市場產生競爭的結果：能產生高投資報酬的資本，市場的需求就大，證券價格就高；反之，證券的價格就低。
流動性	資本市場提供一個平台，促使投資者能夠容易自由買賣金融產品，從而提供資本市場流動性。

資本市場是全球金融體系的重要組成要素，具有以下四個主要特性，如表 2.3 所示。首先，資本市場的期限長，主要涉及一年以上的長期資金融通，包括股票、債券等長期金融工具的發行和交易，與短期的貨幣市場形成很大的差異。其次，資本市場具有投資性強的特點，提供各種投資機會，讓投資者可以根據自己的風險承受能力和收益期望，來選擇合適投資標的。再者，資本市場的規模大，因為資本市場包含全球各地的投資者和企業，涉及的資金規模通常非常龐大。此外，資本市場的收益不確定，市場價格的波動可能會導致投資收益的變動，因此投資者需要承擔一定的風險。任何有關經濟、政策或特定公司的新消息，都可能導致市場價格的大幅波動。因此，資訊的透明度和即時性，在資本市場中非常重要。這些特性共同塑造資本市場的獨特性，並影響著其在全球金融體系的角色。

表 2.3 資本市場的特性

特性項目	說明
期限長	資本市場上交易工具的期限，通常在一年以上，這是資本市場與短期的貨幣市場之間的區別。
投資性強	資本市場上籌措的是長期資金，主要是用於購置固定資產，擴大生產能力，例如新建廠房、更新或擴充廠房設備、長期建設性項目的投資等，具有很強的投資性。
規模大	企業在資本市場初始發行或增資發行的規模一般都比較大，由於資金用於中長期投資，比起通過銀行借貸籌措流動資金的規模，明顯要大很多。
收益不確定	作為資本市場交易工具的有價證券，與短期金融工具相比，價格變動幅度大，收益較高但不確定性與風險較大。

　　資本市場的主要交易工具，包括股票、債券、期貨、選擇權和投資基金。股票代表公司所有權，債券則是政府或公司的債務證券。期貨和選擇權是衍生性金融工具，用於對沖風險或進行投機交易。投資基金是集合投資商品，由專業基金經理管理，可以投資於各種資產。在資本市場中，常見的五種交易工具，分別說明如下：

1. 股票：購買股票的投資者成為公司的股東，有權獲得公司的利潤分配，通常以股息的形式，並且透過股東常會來參與公司重大決策的討論與表決。

2. 債券：債券是政府或公司發行的債務證券，用於籌集資金。債券的持有者（債權人）有權在債券到期時獲得本金的返還，並在債券期限內獲得固定或浮動的利息收入。

3. 期貨：期貨是一種衍生性金融工具，是買賣雙方約定在未來某一特定時間，以特定價格買賣某種金融工具的合約。

4. 選擇權：選擇權是一種衍生性金融工具，給予持有者在未來某一時間，以特定價格買賣某種金融商品的權利，但不承擔義務。選擇權可以分為買權 (call option) 和賣權 (put option)。

5. 投資基金：投資基金是由投資公司管理的一種集合投資商品，將眾多投資者的資金集中起來，由專業的基金經理進行投資管理。投資基金可以投資於股票、債券、金融商品、不動產等各種資產。

以上各種交易工具各有其特性和風險，投資者在選擇時需要根據自己的風險承受能力、投資期限和收益目標等因素，進行理性且專業考慮。

問題

針對資本市場的主要交易工具，包括股票、債券、期貨、選擇權和投資基金。請問一位年收入 100 萬元的投資人，要能投資保本又能每年賺取投資報酬率可超過一年期定存保單的年利率，在資本市場選擇投資項目時，要注意哪些重點？

【討論重點】

投資新手必讀：如何在資本市場中做出明智的投資選擇？

1. 看你能承受多少風險：投資者想賺更多就可能會輸更多，所以在投資以前要先想清楚，能接受多大的風險挑戰。

2. 不要把所有蛋放在一個籃子裡：投資的時候，最好把錢分散投到不同投資標的；這樣如果某一個地方出問題，你還有其他的投資可以賺錢。

3. 瞭解你的投資項目：在你投錢之前，一定要先瞭解你要投的是什麼項目；這樣你才能知道你可能會賺多少錢，也可能會輸多少錢。

4. 著重長期投資：投資不是一夜致富的方式，你要有長期的視野；不要因為短期的價格波動，就隨便改變你的投資計畫。

5. 定期檢查你的投資狀況：投資就像種樹，你需要定期澆水、施肥，也就是檢查你的投資狀況，看看是否有需要調整的地方。

所有的投資都有可能會輸錢，所以在你投錢之前，一定要做足夠的功課。如果你不確定，你可以多查詢投資相關資料，也可付費找專業的財務顧問幫忙。

2.1.3 貨幣市場與資本市場比較

　　貨幣市場與資本市場是金融市場的兩大核心部分，在投資期限、風險、收益、交易方式和參與者等方面，皆具有顯著區別，請參考表 2.4 貨幣市場和資本市場的主要差異。貨幣市場主要處理通常一年以下的短期資金流動，資本市場則專注於通常一年以上的長期資金流動。因此，投資者在貨幣市場的投資期限較短，在資本市場的投資期限則較長。由於期限的差異，貨幣市場的風險和收益率通常較低，而資本市場則相對較高。貨幣市場的常見交易工具包括國庫券、商業票據和銀行定期存單，而資本市場則包括股票、債券、期貨、選擇權和投資基金。貨幣市場的主要參與者是金融機構，例如商業銀行和投資銀行；資本市場則涵蓋個人投資者、企業、政府和金融機構。總而言之，貨幣市場和資本市場各有其特色和功能。因此，投資者在選擇投資市場時，應依據自己的投資目標和風險承受能力，來做出明智的投資決策選擇。

表 2.4 貨幣市場和資本市場的主要差異

差異項目	貨幣市場	資本市場
投資期限	貨幣市場涉及的是短期資金融通，通常為一年以下。	資本市場涉及的是長期資金融通，通常為一年以上。
風險	由於投資期限短，貨幣市場的風險相對較低。	由於投資期限長，資本市場的風險相對較高。
收益	由於風險較低，貨幣市場的收益率通常也較低。	由於風險較高，資本市場的收益率通常也較高。
交易工具	常見的貨幣市場工具包括國庫券、商業本票、銀行承兌匯票、銀行定期存單等。	常見的資本市場工具包括股票、債券、期貨、政府公債、選擇權和投資基金等。
主要參與者	主要為商業銀行、投資銀行、保險公司等金融機構。	包括個人投資者、企業、政府、金融機構等。

2.2 我國法規

　　我國金融市場法規主要由金融監督管理委員會 (FSC) 進行監管，有關規範貨

幣市場的主要法規包括《中央銀行法》和《銀行法》等，這些法令規範銀行業的
營運。資本市場的主要法規包括《證券交易法》和《公司法》等，這些法令規範
證券的發行和交易，以及公司的組織和運作。

2.2.1 貨幣市場相關法規

貨幣市場相關的法規包括《中央銀行法》、《銀行法》、《金融控股公司法》、
《證券交易法》和《保險法》等，除了《中央銀行法》外，其他法規都由金管會
進行監督和執行，請參考表 2.5 貨幣市場相關主要法規。《中央銀行法》規定中央
銀行的職權和責任，包括制定和實施貨幣政策，這對貨幣市場的利率有直接影響。
《銀行法》規定銀行業的經營與監管，其中包括銀行的存款和放款等業務，這些
都是貨幣市場的重要組成要素。《金融控股公司法》規定金融控股公司及其子公司
的經營和監管，這些公司通常涉及到多種金融業務，也包括貨幣市場的業務。《證
券交易法》主要規範證券市場的交易，且對於短期的金融工具，也有相關的規定。
《保險法》規範保險公司的經營和監管，尤其保險公司是貨幣市場的重要參與者，
其資金管理策略通常涉及貨幣市場的投資。

表 2.5 貨幣市場相關主要法規

法規名稱	法規重點說明
中央銀行法	規定中央銀行的職權與責任，包括貨幣政策的制定與實施，以及對金融機構的監督與管理。
銀行法	規定銀行的設立、營運、監督與管理，以及銀行業務的範圍，包括各種存款、放款與外匯業務等。
金融控股公司法	規定金融控股公司的設立、營運、監督與管理，以及其子公司的業務範圍與行為限制。
證券交易法	規定證券市場的交易，且對於短期的金融工具有相關的規定。
保險法	規定保險公司的經營和監管，主要關於其資金管理策略涉及貨幣市場的投資。
金融消費者保護法	規定金融機構對消費者的義務，包括提供足夠的產品資訊、避免不公平合約條款，以及處理消費者申訴的程序。
金融機構反洗錢及打擊資恐內控規範	規定金融機構必須建立的反洗錢與打擊資恐的內部控制制度，包括客戶審查、交易監控與可疑交易報告等。

在我國的貨幣市場，有多項法規的規範與監督；除前一段所提的各項法規，為提高貨幣市場透明度與保護消費者權益，有《金融消費者保護法》規定金融機構對消費者的義務，包括提供足夠的產品資訊、避免不公平合約條款，以及處理消費者申訴的程序。另外，《金融機構反洗錢及打擊資恐內控規範》規定金融機構的內部控制與風險管理，以確保金融機構的營運安全與穩健，並防止洗錢與資恐活動。

2.2.2 資本市場相關法規

資本市場是一種金融市場，不侷限於特定地點，而是由所有參與者與其交易關係者構成。資本市場主要涉及長期資金的融通，包括一年以上的資金借貸和證券交易，因此也被稱為中長期資金市場。根據融資方式的差異，資本市場可以進一步細分為銀行中長期信貸市場和證券市場，提供企業籌集資金與投資者投資的平台。金融監督管理委員會是我國金融業的主要監理機關，其組織與職權由《金融監督管理委員會組織法》規定，該機構負責監督與管理金融業。

資本市場運作，會受到多項法規的規範與監督。《證券交易法》作為規範證券市場的主要法規，規範證券的發行、交易以及證券業者的行為。《期貨交易法》專門監管期貨市場，包括期貨合約的設計、發行和交易，並對期貨商的行為進行監督。《證券投資信託及顧問法》之規範重點，是規定證券投資信託業和證券投資顧問業的設立、營運，以及投資信託基金的組成和運作。金融機構必須公開的資訊，包括財務報表、公司治理、風險管理、內部控制等，以提高資本市場透明度。這些法規共同形成我國資本市場的法規架構，以確保資本市場的公平性、透明度和效率性。

表 2.6 資本市場相關主要法規

法規名稱	法規重點說明
證券交易法	規範證券的發行與交易，包括公開發行、買賣、轉讓等行為，並對證券商的行為進行監督與管理。
期貨交易法	規範期貨的交易，包括期貨合約的設計、發行、買賣等，並對期貨商的行為進行監督與管理。

證券投資信託及顧問法	規範證券投資信託業與證券投資顧問業的設立、營運、監督與管理,並規定投資信託基金的組成與運作。
金融監督管理委員會組織法	規定金融監督管理委員會的組織與職權,該機構負責監督與管理金融業,包括資本市場。

　　基本上,資本市場參與者的投資行為,必須遵守《證券交易法》和《期貨交易法》的規定,這包括證券和期貨的公開發行、買賣、轉讓等所有交易行為,並且這些項目都受到金融監督管理委員會的嚴格監督。同時,資本市場參與者也需要深入瞭解《證券投資信託及顧問法》,應用在證券投資信託業與證券投資顧問業的設立、營運、監督與管理,以及投資信託基金的組成與運作。

2.3 實務案例

　　瞭解貨幣市場與資本市場的實務應用案例,對於金融市場初學者來說,是非常重要。這些案例提供貨幣市場實務的金融交易情境,幫助學習者瞭解金融理論在實際經濟情況運作情況。例如,學習者可以透過短期票券市場、金融業拆款市場等貨幣市場案例,瞭解短期資金的調節與貨幣政策的運作。同時,透過股票市場、債券市場等資本市場案例,學習者可以認知企業籌集長期資金方式,以及投資者進行風險與報酬的評估分析。這些實務案例,有助於學習者掌握更全面、更深入的金融知識。

2.3.1 貨幣市場案例

　　貨幣市場是金融市場的一個重要部分,涵蓋一系列短期金融工具的交易,包括國庫券、商業本票、可轉讓定期存單等。貨幣市場的主要功能是提供一個平台,讓政府、金融機構、和企業可以調節短期資金的供需情況。在實務上,貨幣市場的運作涉及到許多具體的應用案例,如圖 2.2 貨幣市場的四個子市場實務案例,分別說明如下:

1. 短期票券市場:這個市場是金融市場的重要組成部分,提供一個平台,讓發行

者（如政府或公司）可以快速籌集短期資金，投資者則可以獲得一個低風險、高流動性的投資工具。這個市場的活躍度反映短期資金的供需情況，並可能影響到整體經濟的資金成本。

2. 貨幣市場共同基金：這種基金是一種集合投資工具，將投資者的資金集中起來，投資於各種貨幣市場的金融工具。這種基金的優點，是可以提供穩定的收益。

3. 金融業拆款市場：這個市場是金融機構間資金調度的主要場所。當一個金融機構遇到短期資金短缺時，可以在這個市場上向其他金融機構借款；同時，這個市場的利率，也是中央銀行貨幣政策的重要傳導工具，因為中央銀行調整其目標利率會影響其他的利率，例如定存利率與貸款利率。

4. 外幣市場：這個市場是全球最大的金融市場外匯市場的一部分，投資者可以在這個市場上買賣各種外幣，以進行國際貿易、投資或旅遊等活動。此外，這個市場的匯率變動，也會影響到國內的物價水準和經濟指標。

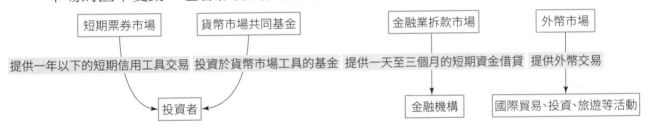

圖 2.2 貨幣市場的四個子市場實務案例

自從 2019 年發生新冠病毒侵襲全球各地，我國貨幣市場面臨三大挑戰。首先，全球貨幣政策的變動，特別是美國的寬鬆貨幣政策，對我國的利率和匯率造成壓力；其次，由於全球經濟不確定性，我國面臨外資快速流出的風險；最後，金融科技的發展，如區塊鏈和數位貨幣，對傳統貨幣市場的運作模式和監管帶來很大的挑戰。我國貨幣市場所面臨三大挑戰，分別說明如下：

1. 全球貨幣政策的變動：自新冠疫情爆發以來，全球主要經濟體，特別是美國聯邦儲備系統 (Fed)，實施寬鬆的貨幣政策，將利率降至近乎零，並進行大規模的量化寬鬆。這種政策使得美元供應增加，卻對我國和其他國家的貨幣政策造成壓力。雖然我國中央銀行也有降低利率，但其幅度較小，並未實施量化寬鬆；

如此，使得我國和美國之間的利差縮小，可能影響資金流動和匯率。

2. 資金流出的風險：由於全球經濟的不確定性，外資在尋求相對安全的投資標的。如果全球市場出現變動或不確定性增加，外資可能會快速在各國移動，可能對我國的貨幣市場造成壓力。

3. 金融科技的影響：隨著金融科技的發展，包括區塊鏈技術和數位貨幣的興起，對傳統的貨幣市場帶來挑戰。這些新的金融科技和工具，可能會改變資金的流動方式，並對貨幣市場的監管和穩定性帶來新的考驗與挑戰。

2.3.2 資本市場案例

在資本市場評估買賣股票的思考判斷流程中，投資者可能是參與股票投資的個人或機構，需要收集資料來進行研究和分析市場情報。透過股票分析，投資者使用基本面分析和技術分析的方法來評估股票的價值和潛力，再瞭解市場消息以及風險評估。基於研究分析結果，投資者做出買入或賣出股票的決定。股票市場是投資者進行交易的場所，如證券交易所或線上交易平台。圖 2.3 資本市場評估買賣股票的思考判斷流程圖，是幫助投資者理解市場動態，並做出投資決策的流程圖。

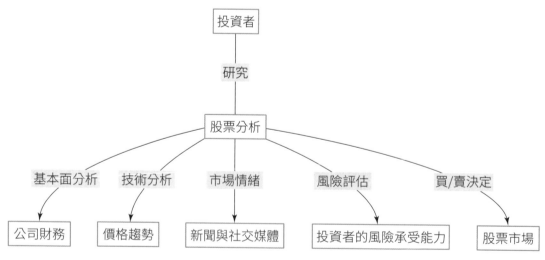

圖 2.3 資本市場評估買賣股票的思考判斷流程圖

圖 2.3 描述在資本市場評估買賣股票的思考判斷流程，「投資者」是流程的起

點，代表進行股票投資的人。投資者進行第一個步驟「研究」，例如閱讀財務報表、分析業績數據、閱讀新聞和分析相關經濟指標等，是對所要買或賣的股票進行研究。在買賣股票決策之前，投資者進行研究的主要部分「股票分析」，採用各種分析方法，例如投資者評估公司的財務狀況作基本分析、使用股價圖表和技術指標來分析股票的價格走勢和預測未來的價格變化、關注新聞與社交媒體上的消息和輿情來評估市場參與者的情緒和情感等。

投資者評估自己的風險承受能力，考慮到個人的投資目標、時間範圍和對風險的容忍程度。最後，基於對股票的研究和分析，投資者做出買入或賣出股票的決定。如果投資者分析後，認為某一檔股票的價格有上升潛力，可能決定買入該股票；相反地，如果投資者認為某一檔股票的價格可能下跌，可能決定賣出該股票。圖 2.3 流程圖提供一個基本的架構，投資者可理解和評估股票投資所需要考慮的各個層面，有助於投資者理解市場動態，並做出明智的投資決策。

2.4 本章重點提示

本章主要探討金融市場的兩大核心部分，貨幣市場與資本市場。金融市場是金融資產交易的平台，包括貨幣、股票、債券、外幣以及衍生性金融商品。這些交易活動對於經濟穩定與發展，有著重要影響。貨幣市場是貨幣交易的主要平台，提供流動性的機制，並支持短期資金的需要。相對於貨幣市場，資本市場則涉及長期資金的融通，包括一年以上的資金借貸和證券交易；資本市場是全球性的金融市場，並不受特定地理位置的限制。資本市場是企業籌集資金和投資者進行投資的重要場所，也被視為中長期資金市場。在貨幣市場與資本市場之間存在顯著的區別，差異包括投資期限、風險、收益、交易方式和參與者等方面。本章還探討貨幣市場和資本市場相關的法規，貨幣市場的法規包括《中央銀行法》、《銀行法》、《金融控股公司法》、《證券交易法》和《保險法》等；資本市場的投資行為，必須遵守《證券交易法》和《期貨交易法》的規定。最後，本章提供貨幣市場和資本市場的實務案例，幫助讀者理解這些理論在實際操作中的應用，並對金融市場運作有更清楚的認識。

2.5 自我評量與挑戰

是非題

1. 貨幣市場是否為一種專注於長期債務證券交易的金融市場？

2. 初級市場是否為新發行的股票或債券，在公眾之間進行轉讓和交易的市場？

3. 資本市場的主要功能是否包括提供籌資途徑、確定證券價格和提供流動性？

4. 貨幣市場是否主要處理一年以上的長期資金流動，而資本市場則專注於一年以下的短期資金流動？

5. 《金融控股公司法》是否主要規範金融控股公司及其子公司的經營和監管，而這些公司並未涉及到貨幣市場的業務？

6. 《證券投資信託及顧問法》是否主要規範證券投資信託業和證券投資顧問業的設立、營運，以及投資信託基金的組成和運作？

7. 貨幣市場的主要功能是否為提供一個平台，讓政府、金融機構、和企業可以調節長期資金的供需情況？

8. 外幣市場是否為全球最大的金融市場外匯市場的一部分，投資者可以在這個市場上買賣各種外幣，以進行國際貿易、投資或旅遊等活動？

9. 在買賣股票的決策過程中，投資者的風險承受能力是否並不需要被考慮？

選擇題

1. 貨幣市場的交易可以透過哪兩種方式進行？

(A)期貨交易與選擇權交易

(B)即期交易與期貨交易

(C)期權交易與掉期交易

(D)即期交易與掉期交易

2.貨幣市場的價格形成，主要受到哪些因素的影響？

　(A)供需關係和利率

　(B)通脹率和失業率

　(C)國際政治情勢和天然災害

　(D)股市漲跌和黃金價格

3.資本市場具有哪些主要特性？

　(A)期限長，投資性強，規模大，收益不確定

　(B)期限短，投資性弱，規模小，收益確定

　(C)期限短，投資性強，規模大，收益不確定

　(D)期限長，投資性弱，規模小，收益確定

4.貨幣市場與資本市場的主要區別是什麼？

　(A)投資期限

　(B)風險和收益

　(C)交易方式和參與者

　(D)交易方式和投資期限

5.下列哪一項法規是規範中央銀行的職權和責任，包括制定和實施貨幣政策，對貨幣市場的利率有直接影響？

　(A)《銀行法》

　(B)《中央銀行法》

　(C)《證券交易法》

⒟《金融控股公司法》

6. 下列哪一個法規是規範期貨市場的主要法規？
  ⒜《證券交易法》
  ⒝《期貨交易法》
  ⒞《證券投資信託及顧問法》
  ⒟《證券發行人資訊公開辦法》

7. 下列哪一個市場提供一個平台，讓發行者可以快速籌集短期資金，投資者可以獲得低風險、高流動性的投資工具？
  ⒜短期票券市場
  ⒝貨幣市場共同基金
  ⒞金融業拆款市場
  ⒟外幣市場

8. 在資本市場評估買賣股票的思考判斷流程中，投資者基於對股票的研究和分析做出買入或賣出股票的決定時，其依據可能包括以下哪些因素？
  ⒜技術指標分析
  ⒝市場參與者的情緒和情感
  ⒞個人的投資目標、時間範圍和風險容忍程度
  ⒟所要買或賣的股票的財務狀況

問答題

1. 列舉貨幣市場中常見的交易工具有哪些？請至少列舉三個。

2. 初級市場和次級市場的區別是什麼？

3. 貨幣市場和資本市場在哪些方面存在顯著區別？請至少列舉三個方面。

4.《中央銀行法》對貨幣市場有什麼影響？

5.金融監督管理委員會的組織和職權由哪一個法規規定？

6.外幣市場對國內經濟有什麼影響？

7.在資本市場評估買賣股票的思考判斷流程中，投資者進行哪些步驟？

個案討論題

1.假設你是一家跨國企業的財務經理，你會如何利用貨幣市場來規劃公司的資金管理策略？請說明可能面臨的挑戰和風險，並提出應對措施。

2.假設你是一個剛考上證券商投資部門的實習者，如何區分初級市場和次級市場的特性，並說明這對你在證券商實習工作有何影響？

3.假設你是一個中小企業的財務經理，你的公司近期需要短期資金來支付即將到期的債務，請問你該如何利用短期票券市場來籌集資金？並請說明你的策略和可能面臨的風險。

4.假設你是一位投資新手，你對「科技 A 公司」的股票感興趣。請描述你會如何進行股票的研究和分析，以及說明你可能的股票買賣決策考量重點。

是非題答案

1.否。　2.否。　3.是。　4.否。　5.否。　6.是。　7.否。　8.是。　9.否。

選擇題答案

1.(B)。　2.(A)。　3.(A)。　4.(C)。　5.(B)。　6.(B)。　7.(A)。　8.(C)。

問答題答案

1. 常見的貨幣市場交易工具包括國庫券、商業票據、銀行定期存單、證券回購協議、貨幣市場基金和央行票據等。

2. 初級市場是指新發行的股票或債券在公眾面前首次出售的市場，負責處理發行人直接向投資者發行和出售證券。次級市場則是指已發行的股票或債券在公眾之間進行轉讓和交易的市場。初級市場處理新發行的證券，而次級市場則處理已發行的證券的交易。

3. 貨幣市場和資本市場存在以下顯著區別：
   ⑴投資期限：貨幣市場處理短期資金流動，期限通常在一年以下；資本市場則專注於長期資金流動，期限通常超過一年。
   ⑵風險和收益：貨幣市場的交易工具風險較低，並提供較低的收益率；資本市場的交易工具風險相對較高，但可能提供較高的收益率。
   ⑶交易工具：貨幣市場的常見交易工具包括國庫券、商業票據和銀行定期存單；資本市場則包括股票、債券、期貨、選擇權和投資基金等更多種類的金融工具。

4. 《中央銀行法》規定了中央銀行的職權和責任，其中包括制定和實施貨幣政策。中央銀行的貨幣政策直接影響貨幣市場的利率。通過調整利率水平，中央銀行可以影響貨幣市場的資金供求和價格水平，進而調節經濟活動和市場環境。因此，《中央銀行法》對貨幣市場的運作和發展具有重要影響。

5. 金融監督管理委員會的組織和職權由《金融監督管理委員會組織法》規定。

6. 外幣市場的匯率變動會影響到國內的物價水準和經濟指標。外幣市場的匯率波動會直接影響進口和出口商品的價格，進而對國內的物價水準產生影響。此外，外幣市場也影響國內的經濟指標，如匯率變動可能影響國內通脹率、利率水平和資本流動等。

7. 投資者進行以下步驟：
   ⑴研究：閱讀財務報表、分析業績數據、閱讀新聞和分析相關經濟指標等。
   ⑵股票分析：評估公司的財務狀況作基本分析、使用股價圖表和技術指標來分析股票的價格走勢和預測未來的價格變化、關注新聞與社交媒體上的消息和

　　輿情來評估市場參與者的情緒和情感等。

⑶評估風險承受能力：考慮個人的投資目標、時間範圍和對風險的容忍程度。

⑷做出買入或賣出決定：基於對股票的研究和分析，決定是否買入或賣出該股票。

個案討論題答案

1. 作為跨國企業的財務經理，可以運用貨幣市場進行資金的短期投資和籌資。例如，可以將公司的閒置資金投資於短期、風險較低的貨幣市場工具，如國庫券或貨幣市場基金，以賺取利息。如果公司短期內需要資金，可以考慮發行商業票據或進行證券回購協議來籌集資金。

   但是，這些策略會有風險，例如利率風險、匯率風險、信用風險等。因此，財務經理需要密切關注市場動態，例如貨幣的供需關係、利率變動、政策因素等，並運用期貨交易等工具進行避險工作。

2. 首先分析兩種市場的特性，初級市場是新發行的股票或債券首次在公眾面前出售的市場，這是公司進行融資的主要途徑；次級市場是已發行的股票或債券在公眾之間進行轉讓和交易的市場，這提供投資者實現收益或調整投資組合的平台。

   作為證券商投資部門的實習者，需要瞭解這兩種市場的運作方式，並根據市場的變化提供證券商投資部門人員投資建議參考資料。例如，可能需要幫忙作客戶分析、新發行的股票或債券的投資價值分析，或者根據次級市場的價格變動來提供客戶調整其投資組合之參考。

3. 作為中小企業的財務經理，可以透過在短期票券市場發行商業本票來籌集短期資金。商業本票是公司發行的、期限通常為 270 天以內的無抵押短期債務證券。這樣，公司可以利用市場的資金來解決短期的流動性需求。

   然而，這種策略也有一些風險。如果市場利率上升，可能需要支付更高的利息成本來吸引投資者；其次，如果公司的信用評等下降，可能會使得公司的債務

成本提高，甚至可能難以找到願意購買公司所發行商業本票的投資者。

4.首先，會進行基本的財務分析，閱讀科技 A 公司的財務報表，研究其收入、利潤、負債和現金流等指標的走勢，並與同行業的其他公司比較。此外，會觀察公司的營運狀況，包括市場占有率、產品創新能力、管理團隊等。接著，會進行股市分析，利用股價圖表和技術指標來分析股票的價格走勢和預測未來的價格變化。同時，也會關注新聞與社交媒體上的消息和輿情，以評估市場參與者的情緒和情感。

經過上述分析後，如果認為科技 A 公司的經營狀況良好，財務狀況穩健，且股價具有上升潛力，就可能會選擇購買該股票。如果評估結果是相反的情況，可能會選擇暫時不進行投資或者將已持有的股票賣出。

第3章　證券商與期貨商

　　證券業與期貨業是資本市場的重要組成要素，兩個產業的交易對象、交易方式、合約期限等都不同。證券業主要涉及股票、債券等交易，能提供企業籌資的管道，並為投資者提供投資機會，進一步促進經濟活動。期貨業則提供預先定價的工具，能降低價格波動的風險，並提供槓桿作用，使得投資者可以用較少的資金參與期貨交易。證券業和期貨業的穩健發展，能提高資本市場的流動性及穩定性；同時，也可能帶來風險，例如市場波動、信用風險等。因此，證券業與期貨業需要透過有效的監管和創新，才能對資本市場產生正面影響。

3.1 定義與特性

　　證券商和期貨商是金融市場中的兩個主要參與者，證券商係指從事證券交易的公司，期貨商則是從事期貨交易的公司；兩者之間有相似之處，但也有一些不同之處。證券商和期貨商的從業人員，大多數是專業人員，並且有些職務要求須通過相關專業考試者才能擔任。證券商和期貨商都需要瞭解市場趨勢、股票和期貨的基本知識以及相關法律法規。然而，證券商主要從事股票、債券、基金等證券交易，期貨商主要從事商品期貨、股指期貨等期貨交易；股票和期貨是兩種不同的金融產品，各有不同的風險管理特徵，如表 3.1 所示。

表 3.1 證券商與期貨商比較

類型	證券商	期貨商
業務範圍	股票、債券、基金等證券交易	商品期貨、股指期貨等期貨交易
風險管理	主要通過風險控制系統進行風險管理	主要通過保證金制度進行風險管理

3.1.1 證券商

證券商為必須獲取證券主管機關金管會證期局之特許及證照，以經營證券業務為目的之股份有限公司。根據我國《證券交易法》，證券商可以經營下列三種業務：

(1)證券承銷商

證券承銷商包銷有價證券，於承銷契約所訂定之承銷期間屆滿後，對於約定包銷之有價證券，未能全數銷售者，其賸餘數額之有價證券，應自行認購之。證券承銷商包銷有價證券，得先行認購後再行銷售，或於承銷契約訂明保留一部分自行認購。證券承銷商辦理前項之包銷，其應具備之條件，由主管機關定之。證券承銷商代銷有價證券，於承銷契約所訂定之承銷期間屆滿後，對於約定代銷之有價證券，未能全數銷售者，其賸餘數額之有價證券，得退還發行人。證券承銷商除依證交法第七十一條規定外，於承銷期間內，不得為自己取得所包銷或代銷之有價證券。

(2)證券自營商

證券自營商得為公司股份之認股人或公司債之應募人。證券自營商由證券承銷商兼營者，應受證交法第七十四條規定之限制。

(3)證券經紀商

證券經紀商受託於證券集中交易市場，買賣有價證券，其向委託人收取手續費之費率，由證券交易所申報主管機關核定之。證券經紀商非於證券集中交易市場，受託買賣有價證券者，其手續費費率，由證券商同業公會申報主管機關核定之。證券經紀商受託買賣有價證券，應於成交時作成買賣報告書交付委託人，並應於每月底編製對帳單分送各委託人。證券經紀商應備置有價證券購買及出售之委託書，以供委託人使用。

依據臺灣證券交易所公開資料，2023 年 1 月 1 日至 2023 年 3 月 31 日證券商證券成交額計算市場占有率資料，表 3.2 列出臺灣前十大證券商排名，顯示各家證券商在我國證券市場的影響力。

表 3.2 臺灣前十大證券商排名

排名	名稱	市場占有率 (%)
1	元大證券	11.75
2	凱基證券	10.26
3	富邦金控	5.00
4	永豐金證券	4.68
5	國泰證券	3.83
6	元富證券	3.33
7	群益證券	3.30
8	統一證券	2.71
9	華南永昌	2.70
10	兆豐證券	2.68

資料來源：臺灣證券交易所
（2023 年 1 月 1 日至 2023 年 3 月 31 日成交額市場占有率）

證券承銷商

　　證券承銷商的主要業務是協助企業發行新證券，包括股票和債券。承銷商發行新證券的主要業務類型，通常有三種為⑴初次公開發行 (IPO)：在此過程中，承銷商扮演著重要的角色，協助企業進行市場研究，設定股票價格，並將新股票銷售給社會大眾。⑵二次公開發行 (SPO)：針對一家已經上市的公司，想要發行更多的股票以籌集資金，承銷商可以協助進行此類交易。⑶債券發行：這包括協助企業發行新債券，以籌集資金，承銷商將協助確定債券的利率、期限和發行價格，並將新債券銷售給投資者。在這些發行新證券情況下，承銷商都會承受一種稱為「承銷」的風險；亦即，如果市場上的投資者不購買所有新發行的股票或債券，承銷商將要購買剩餘的部分。因此，承銷商需要仔細做好研究市場，以確定新證券的適當價格和市場需求。承銷商的業務，還可能包括提供財務諮詢服務，例如協助企業進行併購 (M&A)，或者對投資策略提供建議。

　　依據 112 年 7 月 5 日所公布《中華民國證券商業同業公會證券商承銷或再行銷售有價證券處理辦法》第四條規定，證券承銷商辦理有價證券之承銷，其承銷價格以下列方式之一為之：

一、競價拍賣。

二、詢價圈購。

三、與發行公司、發行機構或有價證券持有人議定。

前項所稱承銷價格係指有價證券之每單位銷售金額、股價折（溢）價率（限未收取保證金之案件適用）、票面利率、轉（交）換溢價率、或賣回收益率等。

　　本辦法所稱發行機構，係指以下列行為發行受益證券或資產基礎證券之機構：

一、受託機構或特殊目的公司，其接受創始機構信託或讓與金融資產，並以該資產為基礎發行受益證券或資產基礎證券。

二、受託機構接受委託人移轉不動產或不動產相關權利，並向不特定人募集不動產資產信託受益證券。

　　證券承銷商決定承銷價格方式，證券承銷的價格決定方式包括競價拍賣、詢價圈購、議定價格，這三種方式的特性，分別說明如下：

⑴競價拍賣：是由潛在投資者來決定證券的價格。首先，發行公司將證券提供給潛在投資者；然後，投資者會提出所願意支付的價格，以最高出價者來獲得證券。這種方式在公開市場的首次公開招股 (IPO)，是相當常見的情況。例如，Google 在 2004 年的 IPO 中就採用這種方式，讓投資者透過網路競標來決定其股票價格。

⑵詢價圈購：是由證券承銷商向潛在的投資者，詢問他們對證券的需求和願意支付的價格；然後，根據收集到的資訊來設定價格。這種方式適用於私募或二級市場的證券發行。例如，一個企業想要透過私募方式發行債券，就可以透過詢價圈購來決定債券的價格和數量。

⑶議定價格：是由發行公司和證券承銷商，共同決定證券的價格。通常會考慮公司的財務狀況、市場環境、產業狀況等因素。這種方式常見於傳統的 IPO 或權證的發行。例如，一個企業在 IPO 時，可能會與其投資銀行一起分析市場環境和公司的狀況，然後議定一個適當的發行價格。

　　依據第五條規定，證券承銷商除依前條先行保留自行認購部分外，辦理有價證券之承銷（以下簡稱對外公開銷售），其配售以下列方式為之：

一、競價拍賣。

二、詢價圈購。

三、公開申購配售。

四、洽商銷售。

同一承銷案件採不同配售方式辦理者，自洽特定人認購日起至有價證券發放日止之相關作業時程應一致。

問題

假設勝利公司要找成功證券商辦理證券承銷，目前承銷價格的決定方式有競價拍賣、詢價圈購、議定價格三種方式。請問勝利公司在決定採用哪一種承銷價格的決定方式時，管理階層要考慮哪些重要因素？

【討論重點】

決定股票承銷價格：管理階層要考慮哪些重點？

1. **公司目標**：公司希望透過這次承銷所要達成的目標，對於承銷價格的決定方式有很大影響。如果勝利公司希望能吸引大量的小投資者，可能會選擇競價拍賣；如果他們想吸引機構投資者，可能會選擇詢價圈購；如果他們希望能確保特定的價格，可能會選擇議定價格。

2. **市場狀況**：當市場波動性高或者預測困難時，競價拍賣可能會引導到更高的價格。然而，當市場環境不確定或者投資者對勝利公司的認知較低時，議定價格可能更為合適，因為可以提供更好的價格穩定性。

3. **投資者的需求**：投資者的需求，也是重要考慮因素。如果勝利公司的潛在投資者不多且對公司有深入的認識，詢價圈購可能是最好的選擇，因為可以讓投資者基於自己的評估來設定價格。然而，如果勝利公司的潛在投資者較多，並且對公司的認識相對有限，那麼競價拍賣可能是更好的選擇，因為可以引導到較高的價格。

證券自營商

證券自營商以自有資金參與證券市場交易，其中一種方式就是直接參與公司的發行業務，成為公司股份的認股人或公司債的應募人。證券自營商作為公司股份的認股人，是指他們直接購買新發行的股票。例如，假設臺北科技公司計畫進行首次公開發行(IPO)，證券自營商A可能會直接從臺北科技公司購買一部分新發行的股票。這種情況下，證券自營商A就成為了臺北科技公司股份的認股人。證券自營商作為公司債的應募人，是指他們直接購買新發行的公司債券。例如，假設太陽能源公司計畫發行新的公司債以籌集資金，證券自營商B可能會直接從太陽能源公司購買一部分新發行的公司債。這種情況下，證券自營商B就成為了公司債的應募人。這兩種情況下，證券自營商都是直接參與證券的初級市場交易，他們的目標是將這些證券在二級市場上賣出，從而獲取利潤。證券自營商自行買賣其他公司的股票，主要執行步驟可能會反覆進行，因為證券自營商會根據市場變化和投資策略的調整，持續地買入和賣出股票。主要執行步驟可分為下列5個部分：

1. 市場研究與分析：證券自營商的第一步驟是進行市場研究與分析，這包括研究公司的財務報告、行業前景、市場趨勢、經濟環境等因素；市場研究與分析目的，是找出哪些股票可能會上漲或下跌。
2. 決定投資策略：根據市場研究與分析的結果，證券自營商會決定他們的投資策略，例如選擇長期投資或短期投資項目，選擇價值投資或成長投資等。
3. 執行交易：一旦確定投資策略，證券自營商就會在證券交易所或其他交易平台上執行交易，以購買或出售股票。這一步可能涉及到與其他市場參與者的談判。
4. 監控投資績效：證券交易完成後，證券自營商需要密切監控他們的投資績效，包括定期查看投資組合的價值，並根據市場變化調整投資策略。
5. 出售股票：當股票價格達到預期的賣出價格，或者當市場環境變化需要調整投資組合時，證券自營商會賣出他們的股票。

證券經紀商

證券經紀商的業務主要是接受客戶委託，代客下單買賣證券以收取手續費之業務。如圖3.1所示，證券經紀商的主要業務流程，開始於客戶向經紀人提出開

戶請求。經紀人收到請求後，完成開戶程序並通知客戶開戶成功。一旦帳戶開設，客戶就可以開始進行交易。首先，他們會向經紀人提出購買訂單；經紀人收到訂單後，將其提交給交易所進行執行。交易所完成訂單執行後，將結果通知經紀人，然後經紀人將訂單執行結果（訂單確認）通知客戶；同樣的流程也適用於賣出訂單。客戶向經紀人提出賣出訂單，經紀人將訂單提交給交易所進行執行，交易所完成訂單執行後，將結果通知經紀人，然後經紀人將訂單執行結果，亦即訂單確認通知客戶。最後，當客戶不再需要該帳戶時，可以向經紀人提出關閉帳戶的請求。經紀人收到請求後，完成關閉帳戶的程序，並通知客戶帳戶已關閉，這整個證券經紀的操作流程正式結束。

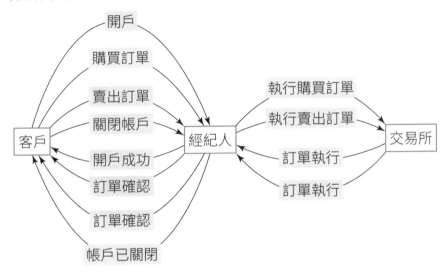

圖 3.1 證券經紀商的主要業務流程圖

3.1.2 期貨商

期貨商品是一種標準化的金融商品，可以在公開市場上交易；其槓桿效應允許投資者用小額資金進行大規模交易，但這也帶來了較高的風險。期貨提供風險管理工具，讓賣方和買方可以鎖定未來價格，從而對抗價格波動的風險。期貨市場吸引投機者和套期保值者，前者希望從價格變動中獲利，後者則希望降低價格變動的風險。期貨合約到期時，大多數需要實物交割，但有些會進行現金結算。

期貨市場的價格和交易量等訊息，在全球範圍內公開透明。期貨商品的類型有很多種，包括國內期貨－指數類期貨、國內期貨－利率類期貨；國內期貨－商品類期貨、國內期貨－股票類期貨、國內期貨－匯率類期貨、國外期貨－能源類、國外期貨－貴金屬類、國外期貨－民生金屬類、國外期貨－農產品類、國外期貨－股票類、國外期貨－債券類、國外期貨－利率類、國外期貨－外匯類等。

依據《期貨交易法》，期貨交易係指依國內外期貨交易所或其他期貨市場之規則或實務，從事衍生自商品、貨幣、有價證券、利率、指數或其他利益之下列契約或其組合之交易：

一、期貨契約：指當事人約定，於未來特定期間，依特定價格及數量等交易條件買賣約定標的物，或於到期前或到期時結算差價之契約。

二、選擇權契約：指當事人約定，選擇權買方支付權利金，取得購入或售出之權利，得於特定期間內，依特定價格及數量等交易條件買賣約定標的物；選擇權賣方於買方要求履約時，有依約履行義務；或雙方同意於到期前或到期時結算差價之契約。

三、期貨選擇權契約：指當事人約定，選擇權買方支付權利金，取得購入或售出之權利，得於特定期間內，依特定價格數量等交易條件買賣期貨契約；選擇權賣方，於買方要求履約時，有依選擇權約定履行義務；或雙方同意於到期前或到期時結算差價之契約。

四、槓桿保證金契約：指當事人約定，一方支付價金一定成數之款項或取得他方授與之一定信用額度，雙方於未來特定期間內，依約定方式結算差價或交付約定物之契約。

五、交換契約：指當事人約定，於未來特定期間內，依約定方式交換約定標的物或其所產生現金流量之契約。

六、其他類型契約。

期貨市場、期貨交易所和期貨商是金融市場的實體機構，彼此之間有密切的關係。期貨市場是提供買賣標準化合約的場所；期貨交易所是監督和管理期貨市場的機構；期貨商是參與期貨交易的中介機構，為交易員提供服務，並連接他們與交易所。這些實體機構的協同運作，促進金融市場的營運和發展。期貨市場是

由數個不同單位組成，包括我國期貨交易之目的事業主管機關為「金融監督管理委員會」、我國期貨市場之自律組織「中華民國期貨業商業同業公會」、臺灣期貨交易所股份有限公司、在我國期貨結算機構由臺灣期貨交易所股份有限公司兼營、結算會員為代表期貨商進行期貨結算業務之法人、期貨商、期貨交易輔助人、期貨業務員、期貨交易人等。基本上，期貨交易所是期貨市場的核心；期貨交易所是期貨交易的平台，確保市場的公平性和透明度。期貨交易所之組織，分為會員制及公司制。臺灣期貨交易所股份有限公司之設立，以促進公共利益及確保期貨市場交易之公正為宗旨。臺灣期貨交易所股份有限公司組成股東有一百餘位法人股東，由期貨業、證券業、銀行業、證券暨期貨相關機構四大行業出資二十億元所組成，係具會員制精神之公司制期貨交易所。

期貨商係指在金融市場上經營期貨交易業務的機構或個人，期貨交易的過程扮演中介角色，提供投資者進行期貨交易的相關服務。期貨商通常是被授權並受監管的金融機構，需要符合特定的法令規定和監管要求，以確保期貨交易的公平性、透明度和安全性。通常期貨商提供以下服務：(1)交易執行—期貨商允許投資者通過其平台進行期貨交易，並將投資者的交易指令提交到相應的交易所。(2)資金管理—期貨商負責管理投資者的資金，包括接收和保管投資者的資金、處理交易款項的結算和清算等。(3)投資諮詢—期貨商可提供有關市場趨勢、投資策略和風險管理的諮詢服務，以幫助投資者決定明智的交易決策。(4)市場資訊和研究—期貨商可提供有關期貨市場的即時資訊、研究報告和分析，幫助投資者瞭解市場動態和進行交易分析。(5)市場監控和合規管理—作為受監管實體，期貨商需要即時地監控市場活動，確保交易的合規性和交易者的利益受到保護。期貨商在金融市場中扮演著重要的角色，促進期貨交易的進行和期貨市場的運作。

期貨商分為期貨經紀商及期貨自營商，其設立須經主管機關核准。**期貨經紀商**係指得接受客戶委託買賣期貨、選擇權契約，並接受客戶委託開設期貨交易帳戶之公司；**期貨自營商**係指自行買賣期貨、選擇權契約之期貨商。依據主管機關規定，期貨經紀商專營者最低實收資本額為新臺幣二億元；而對證券商兼營期貨經紀業務者，指撥營運資金依其經紀業務範圍有不同之規範，增設一家分支機構為新臺幣一千五百萬元；期貨自營商為新臺幣四億元。在我國的期貨商有七十多

家，包括凱基期貨、元大期貨、群益期貨、永豐期貨、統一期貨、富邦期貨、康和期貨、元富期貨、日盛期貨、華南期貨、國泰期貨、兆豐期貨等。

　　期貨經紀商的主要業務確實是接受客戶的委託，代表客戶在期貨市場進行買賣交易，其主要來自於這些交易的手續費。然而，這只是期貨經紀商業務的一部分，還可能提供其他相關服務，例如市場分析、風險管理諮詢等。如圖 3.2 所示，期貨經紀商的主要業務流程，首先從客戶開戶開始，客戶需要在經紀商處開設一個交易帳戶。接著，客戶將資金存入他們的交易帳戶，這些資金將用於購買期貨合約。然後，客戶可以透過經紀商的交易平台下訂單，這些訂單可以是買入或賣出期貨合約。期貨經紀商將客戶的訂單傳遞給交易所進行執行；一旦交易完成，經紀商將會更新客戶的帳戶資料狀態。此外，期貨經紀商會持續監控市場和客戶的帳戶；如果市場變動導致客戶的帳戶虧損，經紀商可能會要求客戶增加保證金。最後，在期貨合約到期或客戶選擇平倉時，經紀商將進行結算。如果客戶獲利，利潤將被加到他們的帳戶中；如果客戶虧損，損失將從他們的帳戶中扣除。

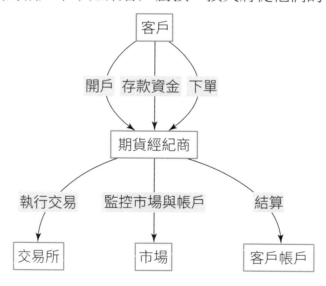

圖 3.2 期貨經紀商的主要業務流程圖

3.1.3 主管機關與周邊單位

　　依據《證券交易法》，有價證券之募集、發行、買賣的管理與監督之主管機關

為金融監督管理委員會。依據《期貨交易法》，期貨交易的管理與監督之主管機關為金融監督管理委員會。為發展國民經濟、促進我國證券期貨市場健全發展、保障證券投資人及期貨交易人權益及維護證券期貨市場交易秩序，金融監督管理委員會特設證券期貨局（簡稱證期局），辦理證券期貨市場及證券期貨業之監督、管理及其政策、法令之擬訂、規劃及執行等業務。為有效管理金融市場的證券商與期貨商，證期局設有下列各組來管理相關業務，包括⑴證券發行組：證券發行及證券期貨法規有關業務；⑵證券商管理組：證券商管理及證券期貨市場國際化有關業務；⑶證券交易組：證券交易市場管理有關業務；⑷投信投顧組：證券服務事業有關業務；⑸會計審計組：會計師管理及內部控制有關業務；⑹期貨管理組：期貨市場及市場統計研究有關業務；⑺資訊室：證券期貨資訊管理有關業務。

　　如圖 3.3 所示，由金融監督管理委員會監管，證券及期貨周邊單位通常即所謂「F4」，包括臺灣證券交易所、櫃買中心、期貨交易所及集保結算所，這四大單位共同維護我國金融市場的運作，並保障投資人的權益，分別介紹如下：

⑴臺灣證券交易所 (TSE, Taiwan Stock Exchange)：於 1962 年 2 月 9 日開業，負責推動國內證券市場運作與發展，並提供一個公開、公正、透明的市場平台，供投資人交易上市公司的股票及其他證券。

⑵證券櫃檯買賣中心 (Taipei Exchange)：也稱為櫃買中心，於 1994 年 11 月 1 日依《證券交易法》設立，正式接辦櫃檯買賣市場業務，扶植我國特色企業、開發新商品、活絡市場成交量，並積極與國際資本市場交流合作開拓新創業務。

⑶臺灣期貨交易所 (TAIFEX, Taiwan Futures Exchange)：於 1997 年 3 月《期貨交易法》通過立法程序後正式成立，以提供期貨集中交易市場為其業務，並以促進公共利益及確保期貨市場交易之公正為宗旨。

⑷集中保管結算所 (TDCC, Taiwan Depository & Clearing Corporation)：於 1989 年 10 月成立，2006 年更名為「臺灣集中保管結算所公司」，負責「股票」、「期貨」、「債票券」、「基金」及「跨境保管」等五大金融商品核心業務的集中保管、結算交割及帳簿劃撥等全方位金融後台服務。

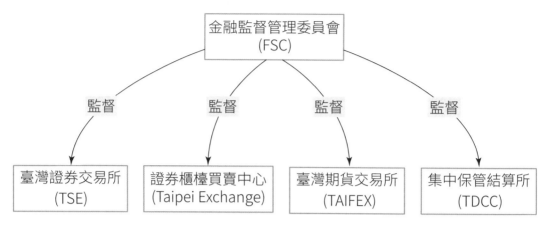

圖 3.3 證券及期貨周邊單位

3.2 我國法規

　　我國證券商與期貨商的監督與管理，主要由金融監督管理委員會負責。《證券交易法》是監管證券業的主要法律，該法律規範證券的發行、買賣，以及證券商的設立與監管等相關事宜；相對地，《期貨交易法》則是規範期貨業的重要法律，涵蓋期貨交易以及期貨商的設立與監管等相關規定。此外，金管會制定各種相關的實施細則、規章、公告等，對證券商和期貨商的經營活動，進行更具體的規範。這些法律和規定之目的，主要是維護金融市場的公正、公開和透明，防止金融犯罪，並保護投資人的權益。

3.2.1 證券商相關法規

　　請參考表 3.3 證券商相關法規，列舉《證券交易法》、《證券投資信託及顧問法》、《證券商管理規則》、《證券商內部控制制度標準規範》，這些法規都在我國的金融市場中扮演著重要的角色。首先，《證券交易法》規範證券的發行、買賣，以及證券商的設立與監管等事宜，為證券市場的核心法規。《證券投資信託及顧問法》則對於提供證券投資諮詢服務的公司及個人進行規範，以確保投資者權益。《證券商管理規則》則要求證券商建立內部控制制度，並訂定處理準則，以確保

證券業務的規範進行。《證券商內部控制制度標準規範》由金融監督管理委員會訂定，規範證券商內部控制制度的建立與執行，包括資安相關規範、調整交割專戶客戶分戶帳之資金運用等。這些法規為金融市場的運作提供完善的法律保障，也確保消費者的權益。

表 3.3 證券商相關法規

法規名稱	重點說明
證券交易法	規範有價證券的募集、發行、買賣，以及證券商的管理與監管等事宜。
證券投資信託及顧問法	對於提供證券投資諮詢服務的公司及個人進行規範。
證券商管理規則	要求證券商建立內部控制制度，並訂定處理準則。
證券商內部控制制度標準規範	規範證券商內部控制制度的建立與執行，包括資安相關規範、調整交割專戶客戶分戶帳之資金運用等。

3.2.2 期貨商相關法規

期貨商係指經主管機關核准，從事期貨業務之營利事業，其業務範圍包括期貨交易、期貨經紀、期貨顧問、期貨自營、期貨投資顧問及其他經主管機關核准之業務。規範期貨商的相關法規，請參考表 3.4 期貨商相關法規，列舉《期貨交易法》、《期貨商管理規則》、《期貨商內部控制制度標準規範》等。《期貨交易法》之目的，在於健全期貨市場並維護其交易秩序，確保市場的公平性與透明度。《期貨商管理規則》是為了規範期貨商在面臨破產、解散、業務暫停等情況的處理方式，以保護投資者的權益。《期貨商內部控制制度標準規範》之重點，為各期貨商訂定內部控制制度之最低要求標準，各個期貨公司應視本身之規模、業務範圍等，訂定有效之內部控制制度。

表 3.4 期貨商相關法規

法規名稱	重點說明
期貨交易法	規範健全期貨市場，維護期貨交易秩序。
期貨商管理規則	主要規範期貨商在破產、解散、暫停業務等情況的處理方式。
期貨商內部控制制度標準規範	各期貨商訂定內部控制制度之最低要求標準。

✋ 3.3 實務案例

本節實務案例分析，強調運用內部控制的三大目標（營運、報導、遵循），以及五大要素（控制環境、風險評估、控制作業、資訊與溝通、監督作業），來改善公司的營運缺失。

3.3.1 證券業裁罰案

1.事件敘述

A 證券公司董事出國帶自己的廚師一起出國，每個月給 5 萬元特別津貼。該廚師出國卻無法提供具體的工作計畫或相關佐證資料，也未被要求繳交出差期間的工作報告。因此，A 公司違反公司內部控制制度與公司治理原則，未能妥善管理公司資源，導致公司資源被用於非公司業務用途。

2.裁罰重點

監管機關對 A 證券公司施以罰款，並命令其審計委員會應採取必要措施。

3.案例分析

這個案例揭示 A 證券公司在內部控制系統上的重大缺陷，主要是公司資源被用於非公司業務目的，並可能對公司的財務狀況和聲譽造成損害。另外，A 證券公司董事不當使用公司資源的公司治理問題，可能導致公司價值的受損，並可能對公司的永續經營和股東權益造成負面影響。

4.改進方案

公司內部控制制度需要改進，特別是對公司資源使用的監督與管理，應建立更嚴格且明確的規定，以確保公司所有的資源使用都必須經過適當的審核和批准程序。此外，公司治理原則需要改進，以確保公司的營運是在法律規定和公司政策的規範下進行。再者，公司應提高其對公司治理的透明度，讓股東和社會大眾可以清楚地瞭解公司治理與營運情況。針對 A 證券公司的問題，以下是改進方案的建議：

⑴加強內部控制制度的建立與執行：建立健全的內部控制制度，明確訂定董事會成員的權利與義務，並且確保資源使用符合公司業務目的。再者，各個主要流

程的控制作業要訂立明確的政策和程序，以確保資源分配和使用，要遵循合規性和透明度的原則。董事會要強化監督機制，包括公司治理、風險管理、內部控制和內部稽核，以確保內部控制的有效運作。

(2)強化公司治理：建立有效的公司治理結構和機制，確保董監事、大股東和高階主管履行責任，並維護公司價值和股東權益。此外，增加獨立董事的比例和角色，加強董事會的監督功能，建立透明和負責的決策和報告機制。

(3)建立風險管理架構：制定有效的風險評估、監測和管理機制。鑑別和評估潛在風險，制定相應的風險管理策略和措施，並建立風險報告和溝通機制，以便管理階層和監管機構可及時獲悉和應對風險事件。

(4)加強內部稽核功能：建立有效的內部稽核機制，獨立評估和監督內部控制的有效性和合規性。內部稽核部門應具備足夠資源和專業能力，並且能獨立執行審計工作以提供有價值的改善建議。

(5)建立吹哨人舉報機制：設立安全、保密且有效的吹哨人舉報機制，鼓勵匿名舉報不法行為和內部控制重大缺陷。此外，確保調查和處理程序的有效執行，並提供舉報者保護和獎勵，以促進內部問題的及時發現和有效解決。

(6)加強外部監管和合規性：積極配合監管機構的審查和監測，確保遵守相關的法律規定和監管要求。再者，與監管機構建立良好的合作關係，瞭解和應對監管變化，持續改進合規性管理和偏差糾正行動。

5.學習重點

　　這個案例說明公司內部控制制度與公司治理原則的重要性。如果公司缺乏有效的內部控制制度和公司治理原則，可能導致公司資源被用於非公司業務目的，並可能對公司的財務狀況和聲譽造成損害。因此，公司需要加強落實其內部控制制度和公司治理原則，以防止類似事件的發生，並提升公司的法令遵循能力。

問題

新興公司目前編制內部控制制度，正在尋找內部控制制度的良好架構，請你說明世界各國適用的 COSO 內部控制整合架

構的三大目標與五大要素？

【討論重點】

內部控制制度的良好架構為何？COSO 內部控制整合架構的三大目標與五大要素。

2013 版 COSO 內部控制整合架構，清楚說明組織如何設計與執行內部控制制度，以達成營運、報導、遵循三大目標；並運用控制環境、風險評估、控制作業、資訊與溝通、監督作業五個要素來達成三大目標。

1. COSO 三大目標：㈠營運之效果及效率；㈡報導具可靠性、及時性、透明性及符合相關規範；㈢相關法令規章之遵循。

2. COSO 五大要素：

   ㈠控制環境：係公司設計及執行內部控制制度之基礎。控制環境包括公司之誠信與道德價值、董事會及監察人治理監督責任、組織結構、權責分派、人力資源政策、績效衡量及獎懲等。董事會與經理人應建立內部行為準則，包括訂定董事行為準則、員工行為準則等事項。

   ㈡風險評估：風險評估之先決條件為確立各項目標，並與公司不同層級單位相連結，同時需考慮公司目標之適合性。管理階層應考量公司外部環境與商業模式改變之影響，以及可能發生之舞弊情事。其評估結果，可協助公司及時設計、修正及執行必要之控制作業。

   ㈢控制作業：係指公司依據風險評估結果，採用適當政策與程序之行動，將風險控制在可承受範圍之內。控制作業之執行應包括公司所有層級、業務

流程內之各個階段、所有科技環境等範圍及對子公司之監督與管理。

㈣資訊與溝通：係指公司蒐集、產生及使用來自內部與外部之攸關、具品質之資訊，以支持內部控制其他組成要素之持續運作，並確保資訊在公司內部，及公司與外部之間皆能進行有效溝通。內部控制制度須具備產生規劃、執行、監督等所需資訊及提供資訊需求者適時取得資訊之機制。

㈤監督作業：係指公司進行持續性評估、個別評估或兩者併行，以確定內部控制制度之各組成要素是否已經存在及持續運作。持續性評估係指不同層級營運過程中之例行評估；個別評估係由內部稽核人員、監察人或董事會等其他人員進行評估。對於所發現之內部控制制度缺失，應向適當層級之管理階層、董事會及監察人溝通，並及時改善。

3.3.2 期貨業裁罰案

1.事件敘述

B 期貨公司在業務流程中有多項違規行為，包括未即時公告芝加哥商品交易所集團所屬紐約商業交易所等可負值交易相關訊息，以及未能執行盤中風險控管作業的情況。

2.裁罰重點

監管機關對 B 期貨公司核處的罰款和相關行政處分。

3.案例分析

針對 B 期貨公司內部控制的缺失之處，公司缺乏正確的評估、管理與監督機制，所以無法控管未即時公告可負值交易相關訊息，以及未能執行盤中風險控管作業的情況，這些缺陷對公司業務運作和風險管理都會造成很大的影響。再者，可以辨識出 B 期貨公司在公司治理方面的問題，例如未能執行監督公司營運異常的規範，也沒有進一步分析這些重大失控問題對公司聲譽和投資者信心的影響。

4.改進方案

針對 B 期貨公司內部控制的缺陷與不足之處，公司改善重點主要為強化公司治理、建立風險管理機制、加強內部控制與監督、提升聲譽管理和投資者信心、

加強資訊揭露控制等。改進方案的建議說明如下：

(1)加強公司治理：公司應評估並改進公司治理架構和流程，以確保有效的監督和管理機制能夠有效執行，包括確保高階主管履行其監管機構規定的責任，並加強獨立董事的角色與功能。同時，應建立有利於投資者保護和公司營運透明度的公司治理原則和政策。

(2)強化風險管理文化：建立和培養風險管理文化，使所有員工對風險的重要性有清晰的認識，並承擔相應的責任。公司可以透過加強培訓和教育，建立風險意識和風險管理的良好機制，並將風險管理納入公司的價值觀和行為準則。

(3)強化盤中風險控管作業：制定明確的盤中風險控管作業，以確保公司能夠有效應對可能的風險事件，包括制定風險管理政策和程序，確保適當的風險評估、監測和管理等。同時，需要建立相應的風險報告機制，以便管理階層能夠及時獲取關鍵的風險訊息，適時做出適當的決策和應對措施。

(4)加強內部評估與監督機制：建立有效的內部評估與監督機制，確保公司能夠即時評估和監控可負值交易相關訊息，包括建立相應的流程和程序，確保相關訊息能夠及時被檢視、審核和公告。同時，應設置獨立的審查和監督機制，以確保內部控制的有效運作。

(5)強化外部監管：與監管機構建立適當的合作關係，積極參與監管機構的審查和監測，並遵守相關的法律規定。

5.學習重點

　　這個案例提示內部控制的重要性，從公司治理、風險管理、內部評估與監督等方面檢視內部控制缺失，並提出改進方案。期貨公司努力重點是加強公司治理，建立風險管理文化，強化盤中風險控管，建立有效的內部評估與監督機制，並與監管機構合作有效掌控重大缺失。公司提升內部控制效能，改善營運和管理，維護聲譽和投資者信心。

3.4 本章重點提示

　　本章討論與證券商、期貨商相關的議題，讓讀者瞭解證券商和期貨商在金融

市場的角色和業務特性。接著，介紹與證券商和期貨商相關的主管機關和周邊單位。金管會是證券商、期貨商的主管機關，負責管理和監督證券商和期貨商的業務運作，確保其遵守相關法令規章。此外，證券交易所、櫃買中心、期貨交易所和集中保管結算所等四個單位，提供市場交易和結算等相關服務。本章進一步討論我國證券業和期貨業的相關法規，用以規範證券商和期貨商的業務運作和法令遵循要求，以確保金融市場交易秩序和投資者保護。最後，運用實務案例分析來深入瞭解證券業和期貨業的裁罰情況；這些案例分析業者的違規行為和相應的處分措施，提醒我們合法運作的重要性和違規行為的風險。從這些案例中，可以學到寶貴的經驗教訓，以避免發生類似的違規行為；進而建立良好的業務運作與合法管理機制，以確保證券商和期貨商在金融市場中的運作皆遵循相關法令規範。

3.5 自我評量與挑戰

是非題

1. 證券經紀商是否在證券集中交易市場以外受託買賣有價證券時，手續費費率由證券商同業公會申報主管機關核定？

2. 證券承銷商的主要業務是否為協助企業發行新證券，包括股票和債券？

3. 包銷是否指證券承銷商向發行公司保證將全數購買其新發行的證券？

4. 期貨交易所是否為監督和管理期貨市場的機構？

5. 期貨商是否不需要符合特定的法令規定和監管要求？

6. 期貨經紀商是否可以自行買賣期貨、選擇權契約？

7. 證券櫃檯買賣中心是否為由金融監督管理委員會監管的機構？

選擇題

1. 以下哪個不是期貨市場的實體機構？
   (A)期貨交易所
   (B)期貨商
   (C)金融監督管理委員會
   (D)期貨業商業同業公會

2. 期貨商提供下列哪項服務是不屬於其常見的業務範疇？
   (A)交易執行
   (B)資金管理
   (C)貸款發放
   (D)市場監控和合法管理

3. 下列哪一個單位負責推動國內證券市場運作與發展，並提供一個公開、公正、透明的市場平台供投資人交易上市公司的股票及其他證券？
   (A)臺灣證券交易所
   (B)證券櫃檯買賣中心
   (C)臺灣期貨交易所
   (D)集中保管結算所

問答題

1. 臺灣期貨交易所股份有限公司的組成股東主要來自哪些行業？

個案討論題

1. 作為華華金控公司的投資部門主管，當董事會要求你提出公司在選擇成立證券承銷商、證券自營商和證券經紀商這三種機構時，需要考慮哪些因素？

2. 假設你是一家證券自營商的股票操盤部門主管，董事會要求你提出在買入或賣

出股票決策時所執行的主要步驟。請列舉並解釋這些步驟的重要性。

是非題答案
1.是。 2.是。 3.是。 4.是。 5.否。 6.否。 7.是。

選擇題答案
1.(C)。 2.(C)。 3.(A)。

問答題答案
1.臺灣期貨交易所股份有限公司的組成股東主要來自期貨業、證券業、銀行業和證券暨期貨相關機構等四大行業。

個案討論題答案
1.在考慮公司成立證券承銷商、證券自營商和證券經紀商這三種機構時，需要考慮下列因素：

(1)目標市場和客戶需求：公司應評估市場對於證券承銷商、證券自營商和證券經紀商的需求情況，以確定哪種機構能夠更好地滿足投資者和客戶的需求。

(2)專業能力和資源：公司需要評估自身在證券承銷、自營和經紀業務方面的專業能力和資源，以確定是否具備運營這些機構所需的技術、專業知識和人力資源。

(3)相關法律法規和監管要求：公司需考慮相關法律法規對於證券承銷商、證券自營商和證券經紀商的規定和監管要求，確保公司具備符合法律法規和監管要求的能力和資源。

(4)風險管理和盈利模式：公司需要評估這些機構的風險管理能力，以及其所帶來的潛在風險和盈利模式。不同的機構可能具有不同的風險和盈利特性，公司需評估其風險承受能力和盈利預期。

(5)公司整體策略和發展目標：公司應評估成立這些機構與其整體戰略和發展目標的契合度，確保這些機構的設立符合公司的長期發展方向。

2.主要步驟列舉說明如下：

(1)市場研究與分析：進行市場研究與分析是瞭解公司的財務狀況、行業趨勢和市場環境的關鍵。這能夠幫助證券自營商辨識有潛力的股票和市場機會，以及預測股票價格的變動趨勢。

(2)決定投資策略：基於市場研究與分析的結果，證券自營商需要制定明確的投資策略。這包括選擇投資目標、時間範圍和風險承受能力，以及確定買入或賣出的條件和目標。

(3)執行交易：一旦投資策略確定，證券自營商需要執行相應的交易。這可能涉及尋找合適的交易對手方、決定買入或賣出的價格和數量，以及在證券交易所或其他交易平台上執行交易。

(4)監控投資績效：證券自營商需要密切監控他們的投資績效。他們應該定期評估投資組合的價值和回報，並與市場環境變化相關的指標進行比較。這有助於確定是否需要調整投資策略或進行利潤保護。

(5)出售股票：當達到預期的賣出價格，或根據市場情況需要調整投資組合時，證券自營商應該及時出售股票。這能夠實現利潤的實現和風險的控制。

重要性說明如下：

這些步驟的重要性在於幫助證券自營商制定明確的投資策略並降低風險。市場研究和分析有助於識別投資標的和潛在的市場機會，從而做出明智的投資決策。投資策略的制定能夠明確指導買入或賣出股票的時機、價格和數量，以確保風險控制和利潤最大化。執行交易是將投資策略轉化為實際操作的關鍵步驟，要確保順利地與交易對手方進行交易並達到預期目標。監控投資績效則使證券自營商能夠評估投資組合的價值和回報，及時調整策略或進行利潤保護，以應對市場變化。最後，出售股票的決策能夠實現利潤的實現和風險的控制，使投資組合保持良好的流動性和投資效能。

整體而言，這些步驟在證券自營商的股票交易決策中扮演著重要的角色，可幫助確保投資策略的明確性、市場的敏感性和投資組合的有效運作，從而實現良好的投資績效和風險管理。

第 *4* 章　外匯市場與交換市場

　　在全球化和國際貿易的發展下，外匯市場與交換市場，在金融市場扮演著關鍵角色，且涉及各國貨幣之間的交易。本章討論外匯市場的運作機制、市場參與者和其對全球經濟的影響；同時，解析實現資源配置和價值轉移的交換市場，其涉及實物商品、股票、債券等資產的交易，以及探討交換市場的不同形式和功能，和交易者的角色與策略。這些主題對瞭解國際金融體系和產業經濟的運作，都有很大的影響。

4.1 定義與特性

　　本節討論的二個主題，為外匯市場和交換市場。首先，討論外匯市場，因其涉及各國貨幣之間的流通，且日常交易量大；參與者包括銀行、企業和投資者等，對全球貿易和經濟發展的重要性很大。接著，討論交換市場，係屬買賣實物商品、股票、債券等資產的場所，對於資源配置和價值轉移至關重要。在交換市場中，參與者透過買賣資產來實現利益最大化，對於經濟增長和金融穩定都很有影響。

4.1.1 外匯市場

　　外匯市場 (foreign exchange market) 係指進行貨幣兌換交易的場所，交易者可以在外匯市場買入或賣出不同國家的貨幣，以賺取匯率波動所產生的利潤。因此，外匯市場是全球規模最大且流動性最高的金融市場之一。外匯市場的主要特點是高流動性、全球化和 24 小時運作。外匯市場是全球性的，由於時區的關係，從週一亞洲市場的開盤，一直到週五美洲市場的收盤，整個過程沒有交易所的集中地

點，而是由全球的電子交易網絡連接起來。每個貨幣對都有對應的即時報價，表示購買一個貨幣需要支付多少單位的另一種貨幣。外匯市場的參與者包括中央銀行、商業銀行、投資基金、跨國企業、零售外匯交易者和投機者等。這些不同類型的參與者在外匯市場中發揮著不同的角色，共同推動市場的運作和匯率的形成。他們的動機和目標各有不同，這使得外匯市場成為一個充滿活力和流動性的金融市場。

如表 4.1 所示，中央銀行是國家貨幣管理機關，透過外匯政策來影響匯率變動和貨幣供應量，以維持金融穩定。商業銀行和投資銀行在外匯市場中扮演重要角色，透過在銀行進行外幣買賣交易，來提供外幣流動性和兌換匯率；同時，為客戶提供外匯兌換服務。跨國公司透過在外匯市場進行貨幣兌換，以確保資金在不同國家之間的兌換和支付的順利進行。機構投資者包括投資基金、保險公司、退休基金等機構，在外匯市場中進行投資操作，以追求收益和分散風險。最後，個人名義參與外匯市場，通常透過外匯經紀商或銀行間接參與交易，尋求在匯率波動中獲取利潤或進行避險操作。

表 4.1 外匯市場的主要參與者

主要參與者	說明
中央銀行	透過外匯政策影響匯率變動和貨幣供應，以維持金融穩定。
商業銀行和投資銀行	透過在銀行同業市場進行買賣交易提供流動性和價格發現 ，並提供外匯兌換服務。
跨國公司	透過在外匯市場進行貨幣兌換支持跨國商業活動或管理外匯風險。
機構投資者	透過在外匯市場進行投資，追求收益與分散風險。
個人	個人通常透過外匯經紀商或銀行間接參與外匯市場的外幣買賣交易。

外匯市場可以分為三種類型，亦即現貨市場、遠期市場和期貨市場。現貨市場是指以當前價格進行即時交割的外匯市場；遠期市場是指以約定的未來日期和價格進行交割的外匯市場；期貨市場是指以標準化的合約在交易所進行交易和交割的外匯市場。外匯市場是全球最大的金融市場，每日交易量超過數兆美元，以下是全球 6 個主要的外匯市場：

1.倫敦外匯市場：倫敦是全球最大的外匯交易中心，每日交易量遠超過其他市場。

倫敦的地理位置使其成為美洲和亞洲市場的橋樑，而且英鎊也是四大外匯交易貨幣之一。

2. 紐約外匯市場：紐約是全球第二大的外匯交易中心。由於美元是全球最主要的儲備貨幣和交易貨幣，紐約外匯市場的影響力相當大。

3. 東京外匯市場：東京是亞洲最大的外匯交易市場，並且日圓也是全球四大外匯交易貨幣之一。

4. 新加坡外匯市場：新加坡是全球第三大外匯交易市場，也是亞洲的主要外匯交易中心之一。

5. 香港外匯市場：香港是全球重要的外匯交易市場之一，由於其與中國內地的關係，香港的人民幣交易量也很大。

6. 雪梨外匯市場：澳大利亞的雪梨是全球外匯交易市場的重要成員，由於其時間區的特殊性，雪梨外匯市場是每天全球外匯交易的開端。

　　由於我國外匯市場不是全球主要的外匯交易市場，因此我國的外匯市場主要是銀行間市場，透過中央銀行和商業銀行進行交易；這些交易主要是為管理外匯儲備與平衡新臺幣匯率。

　　表 4.2 所列的貨幣是外匯市場交易中最常見的貨幣，包括全球最重要的貨幣之一的美元、在歐洲地區廣泛使用的歐元、在亞洲地區具有重要地位的日圓、全球主要交易貨幣之一的英鎊、在北美地區廣泛流通的加幣，以及其他貨幣。投資者可以運用這些貨幣的價格波動進行外匯交易，以尋求利潤或進行結算。除表 4.2 所列出的主要和次要貨幣外，還有其他貨幣在不同國家，也有在外匯市場中進行交易。

表 4.2 外匯市場交易的主要貨幣和次要貨幣

貨幣	說明
美元	全球最重要的貨幣之一，作為交易的基準貨幣。
歐元	歐洲經濟貨幣聯盟（歐元區）的共同貨幣，在歐洲地區廣泛使用。
日圓	日本的貨幣，在亞洲地區具有重要地位。
英鎊	英國的貨幣，是主要的全球交易貨幣之一。
加幣	加拿大的貨幣，在北美地區廣泛流通。
其他貨幣	包括澳幣、瑞士法郎、紐西蘭幣、人民幣等。

外匯市場的匯率，是由供求關係和市場預期共同形成的貨幣兌換價格。經濟指標、利率政策、政治因素和國際貿易等因素，都會對匯率變化產生影響。外匯交易通常透過電子交易平台進行，使得投資者能夠全天候隨時參與交易，並且全球範圍內的交易者都可參與外匯交易。

外匯市場的交易對象是貨幣對，也就是兩種不同貨幣之間的兌換比率。在一個貨幣對中，前面的貨幣叫做基準貨幣，後面的貨幣叫做計價貨幣。例如，歐元／美元是一組貨幣對，其中歐元就是基準貨幣，而美元則是計價貨幣。如果歐元／美元的價位是 1.09，則代表需要用 1.09 美元來買入 1 歐元，或者說你賣出 1 歐元，會得到 1.09 美元。

依據交易量和流行程度，貨幣對可以分為主要貨幣對、次要貨幣對和奇異貨幣對。主要貨幣對是指包含美元和其他主要經濟體的貨幣對，如歐元／美元、英鎊／美元等；次要貨幣對是指不包含美元但包含其他主要經濟體的貨幣對，如歐元／英鎊、英鎊／日圓等；奇異貨幣對是指包含新興或發展中國家的貨幣對，如墨西哥披索／日圓、土耳其里拉／歐元等。

問題

真好公司是一家從事運動外套出口貿易商，每個月 5 日收到公司的出口外套 100 萬元美元價值，每個月 15 日向日本購買外套衣料 200 萬元日圓價值。為公司獲取最好的匯兌利差，請問真好公司的外幣結匯作業要考量哪些因素？

【討論重點】

公司的有利外幣結匯作業：財務主管要考慮哪些重點？

真好公司在進行外匯結匯作業時，需要綜合考慮匯率變動、結匯和付款的時間、現金流管理和風險管理等因素，以獲取最好的匯兌利差。詳細說明如下：

1. 匯率變動：匯率的變動會直接影響到公司的收入和成本。如果預期美元將升值，則公司可能會選擇延遲結匯，以獲得更多的新臺幣。相對地，如果預期

日圓將升值，則公司可能會選擇提前購買日圓，以鎖定成本。

2. 結匯和付款的時間：每月 5 日收到美元和每月 15 日支付日圓之間有 10 天的時間差，這段時間內匯率可能會有所變動。公司需要密切關注這段時間內的匯率變動，並選擇最適合的時機進行結匯和付款。

3. 現金流管理：公司需要確保有足夠的現金流，來支付每月 15 日的日圓支出。如果公司的現金流緊張，則可能需要提前結匯。

4. 風險管理：外匯交易存在風險，包括匯率風險、信用風險等。公司需要有適當的風險管理策略，例如使用遠期合約或選擇權來對沖匯率風險。

4.1.2 交換市場

　　交換市場 (exchange market) 係指一個組織化的市場，其中買方和賣方可以透過一個中央機構（例如證券交易所）交換商品、貨幣或其他金融工具；這些交換可能涉及股票、債券、商品、期貨合約等；一個典型的交換市場實例是紐約證券交易所 (New York Stock Exchange, NYSE)。早期人類進行物品交換以滿足各自的需求，所以交換市場的歷史可追溯到古代以物易物時代。由於貨幣的出現與用錢幣購買貨品的普及，隨著經濟發展和金融體系逐漸成熟，交換市場隨之發展。交換市場的概念首次出現於歐洲，尤其於西元 1606 年，在阿姆斯特丹交易所發行世界第一張股票，這張股票已具備現代股份公司的主要特徵，運作方式對日後股票交易所產生很大影響。隨著股票交易所的成立，成為提供股票和其他證券的交易場所，為投資者提供一個集中交易平台，能夠在此買賣股票與其他金融工具。

　　在交換市場中，交易的具體內容和交易方式取決於雙方的協議；並且存在多種不同的市場類型可供選擇，主要根據雙方所約定之標的物和現金流量來達成交易。通常交換市場可分為利率交換市場、貨幣交換市場、信用違約交換市場等不同類型的市場。國際交換暨衍生性商品協會 (International Swap and Derivatives

Association, ISDA) 在 1985 年成立，並且制定一套標準化的交換合約模式，以規範和促進交換市場的發展。此外，英國銀行家協會 (British Bankers' Association)、國際清算銀行 (Bank for International Settlements)、 芝加哥商業交易所 (Chicago Mercantile Exchange) 等組織和平台，也實質地參與交換市場的監管和服務。

交換市場可視為一種金融市場，可用於交易各種不同類型或不同期限的金融工具；其主要功能在於為金融機構和投資者，提供調整資產負債結構、管理風險和提高收益的工具。隨著科技的進步，交換市場也進一步演進為電子交易市場。20 世紀末至 21 世紀初，隨著網際網路和互聯網的普及，電子交易平台的出現，使得數位交易更加迅速和便捷。因此，交換市場是非中央化或分散化市場，投資者和金融機構可以透過線上平台進行交易，而且不再需要實體的交易場所，也不需要有統一的中央交易所或結算所。取而代之的是，交換市場可透過仲介商或電子平台進行交易撮合或執行；這種分散化的特點，為市場參與者提供更大的自由度和靈活性。

交換市場亦是一種衍生性商品市場，其價值來源自其他基礎資產或指數；這意味著交換市場的價值不是獨立存在的，而是由其他資產或指數所衍生出來的。交換市場具有以下特點：(1)交換市場是一種雙向契約市場，涉及兩方在未來某個時間點進行現金流量或資產交換的承諾；亦即，交換市場參與者之間，存在著互相承諾的契約關係。(2)交換市場是一種零和遊戲市場，在市場中的贏家和輸家是互相對立的；在這種市場中，只有在價格變動時，市場參與者才能產生贏家或輸家的結果。

此外，交換市場可為客製化市場，根據各方需求設計不同類型和規模的合約。這意味著交換市場的契約可以根據市場參與者的需求進行彈性調整，以達到最大程度的滿足。每個市場都有其獨特的特徵、規則和相應的投資方式。這些市場彼此並不是相互獨立的，在某些情況下也可以相互關聯和影響。有關交換市場的類型，有下列 7 種主要交換市場：

(1)利率交換市場：是交換市場最常見的一種，指交易雙方約定在一定期間內，以固定的名目本金為基礎，相互交換固定利率和浮動利率的現金流。利率交換市場之目的，是讓交易雙方可以轉換自己的利率風險和利率敏感度，或者獲得更

低的資金成本。

⑵貨幣交換市場：交易雙方約定在一定期間內，以不同貨幣為基礎，相互交換本金和利息的現金流。貨幣交換市場之目的，是讓交易雙方可以轉換自己的貨幣風險和貨幣敏感度，或者獲得更多的資金來源。

⑶股價交換市場：交易雙方約定在一定期間內，以股票或股票指數為基礎，相互交換股價或股價指數的現金流。股價交換市場之目的，是讓交易雙方可以轉換自己的股票風險和股票敏感度，或者實現對股票或股票指數的投資策略。

⑷信用違約交換市場：交易雙方約定在一定期間內，以信用事件為基礎，相互交換信用保護費和信用違約賠償的現金流。信用違約交換市場之目的，是讓交易雙方可以轉移自己的信用風險和信用敏感度，或者實現對信用事件的投資策略。

⑸商品交換市場：在商品交換市場中，交易雙方可以進行各種商品的買賣交易，包括能源產品、金屬、農產品等；這些交易可以是現貨交易或期貨交易。

⑹公債市場：公債市場是指政府機關發行的債券的交易市場；投資者可以在這個市場上買入或賣出公債，從而獲得固定的利息收入。

⑺外匯市場：是貨幣交易的市場，投資者可以買賣不同貨幣對。

問題

假設臺北市的農民張先生有生產大量的稻米，但缺少蔬菜；然而，臺南市的農民李先生，則生產大量的蔬菜但缺少稻米。

他們兩人是否可以在交換市場進行農作物交換？

【討論重點】

農作物交換的可行性：請問兩位農民是否可以進行農作物交換？

兩位農民進行農作物交換，要滿足下面的 2 個條件：

1.交換的可行性：這兩位農民可以在交換市場進行物品交換。他們可以透過平台或中介機構找到彼此，並確定交換的比例和條件。例如，他們可能決定每次以 100 公斤稻米交換 50 公斤蔬菜。

2. 交換的效益：透過交換，兩位農民都能夠滿足他們的需求，而不需要使用現金購買。這種方式有助於減少存貨，並提高資源的利用效率。交換市場使得這樣的交易，變得更加方便和有效。

這個簡單的案例展示交換市場的基本概念和作用，亦即允許個體之間直接進行物品或服務的交換，以滿足彼此的需求，而不必涉及金錢交易。

4.2 我國法規

外匯市場和交換市場的法規，涵蓋交易規則、報告要求、風險管理和投資者保護等範疇。交易規則規範交易方式，例如最低資本、最大槓桿比例和公平交易規則。報告要求是要使監管機構，從報告內容能掌握金融機構的交易活動和風險狀況。風險管理規定金融機構必須實施策略以應對市場波動，包括槓桿比例限制和資本水平要求。投資者保護規則，主要是確保交易透明度，並防止欺詐和操縱。在我國，中央銀行與金融監督管理委員會負責監管外匯和交換市場，以確保金融市場交易的公平、透明和穩定。

4.2.1 外匯市場相關法規

外匯市場法規涉及全球性、專業性、動態性、保護性和風險管理各方面。全球性係指法規必須考慮跨國交易和國際法的影響，因為外匯市場法規涉及多個國家和地區的法規和監管機關；專業性表示該法規由具有金融知識和經驗的專業監理機關制定和執行；動態性表示法規需要不斷更新和調整以適應新的情況；保護性目的是為保護投資者，與防止欺詐和市場操縱；風險管理則是對金融機構的風險管理能力有所要求。這些特性使得外匯市場的法規成為一個複雜且重要的領域，以確保金融市場的穩定和公平運作。我國的外匯市場相關法規，主要由以下五個部分組成；這些法規共同構成我國外匯市場的法律架構，旨在確保金融市場的公平、透明和穩定。分別說明如下：

1. 《管理外匯條例》：這是外匯市場的基礎法規，定義外匯的概念，並規定外匯的主管機關。此外，規範外匯的結售、存入、支付和申報等事項，並對違反規定的行為訂定罰則。

2. 《外匯收支或交易申報辦法》：此辦法根據《管理外匯條例》第六條之一制定，規定新臺幣五十萬元以上等值的外匯收支或交易的申報義務；也規定申報的方式、申報書的格式，以及查詢說明等事項。

3. 《銀行業辦理外匯業務管理辦法》：是一項依據《中央銀行法》第三十五條制定的規章，該辦法明確規範銀行業在進行外匯業務時的資格要求、業務範疇、操作限制，以及監督機制等相關事宜。

4. 《證券業辦理外匯業務管理辦法》：此辦法依據《中央銀行法》第三十五條制定，規定證券業辦理外匯業務的資格、範圍、限制，以及監督等事項。

5. 《保險業辦理外匯業務管理辦法》：是一項依據《中央銀行法》第三十五條所擬定的法規，為保險業在從事外匯業務時設定必要的資格要求、業務範疇、操作上的限制，並明確相關的監督措施等規定。

外匯收支或交易申報辦法

　　《外匯收支或交易申報辦法》是一項全面而強制的法規，規定所有新臺幣五十萬元以上之等值外匯收支或交易，都必須進行申報；這包括各種類型的外匯交易，如進出口貿易、金融機構間的交易，以及個人的外匯收支等。該辦法明確規定申報的方式、時間、地點，以及申報書的格式等，使得申報人可以清楚知道申報的步驟與規範。此外，該辦法也規定，未按規定進行申報或申報不實的，將依法受到處罰，這強化申報的強制性，確保申報制度的有效執行。

　　同時，該辦法規定，主管機關有權對申報的內容進行查詢，並要求申報人提供相關的說明和證明，這強化主管機關的監管能力，有助於防止洗錢和其他非法活動。整體而言，《外匯收支或交易申報辦法》是一項有效的外匯管理工具，有助於維護國家的外匯儲備和國際收支平衡。

銀行業辦理外匯業務管理辦法

　　《銀行業辦理外匯業務管理辦法》主要是指導銀行業進行與外幣相關業務的法規，該法規自民國 92 年 7 月 23 日開始實施，至今已經進行十多次修訂。該辦

法的章節內容，包括總則、銀行獲得許可及其類型、銀行可進行的業務及其限制、銀行的風險管理，以及其他相關事項。

　　《銀行業辦理外匯業務管理辦法》，是一項專為管理銀行業外匯業務設定的法規，主要規範銀行在進行外匯業務時的各種要求與限制。首先，該辦法明確要求銀行在進行外匯業務時必須符合的資格，包括必要的許可和認證。其次，該辦法詳細列出銀行可以進行的外匯業務類型，例如外匯交易、外匯存款、外匯貸款等，以確保銀行業務的合法性。此外，該辦法也對銀行在進行外匯業務時的操作行為設有限制，例如交易金額、交易時間、交易對象等，以保護投資者的權益。同時，該辦法要求銀行必須建立完善的風險管理機制，以確保外匯業務的安全和穩定。最後，該辦法規定對銀行進行外匯業務的監督機制，包括定期審查、隨機檢查、處罰措施等，以維護金融市場的正常運作。

證券業辦理外匯業務管理辦法

　　《證券業辦理外匯業務管理辦法》是規範證券業辦理各種與外幣相關的證券業務的法規，於民國 102 年 12 月 26 日公布實施，目前已修正十多次。該辦法分為五章，分別為總則、外匯業務之經營管理通則、外匯業務之經營管理分則、人民幣業務之經營管理及附則。

　　《證券業辦理外匯業務管理辦法》是我國證券市場國際化的重要法規，反映我國證券市場與全球金融市場的連動和發展。該辦法規範證券業可以從事外匯相關證券業務種類，以及闡明申請、開辦、管理、稽核和查核這些業務的細節。該辦法也強調證券業應注意其外匯風險，並應充分揭露和告知客戶相關風險，且不得涉及對新臺幣匯率走勢的臆測或不當宣傳。

保險業辦理外匯業務管理辦法

　　《保險業辦理外匯業務管理辦法》是規範保險業辦理各種與外幣相關的保險商品及投資活動的法規，於民國 96 年 4 月 23 日公布實施，目前已修正至十多次。該辦法分為四章，分別為總則、外匯業務之申請及開辦、外匯業務之經營及附則。

　　《保險業辦理外匯業務管理辦法》是我國保險市場國際化的關鍵法規，描繪我國保險市場與全球金融市場的連接和進步。該辦法明確規定保險公司可以進行的外匯相關保險產品和投資活動的種類，並詳細說明這些外匯業務活動的申請、

開展、管理，以及稽核和查核作業。這些規定為保險業者提供清晰的指導，有助於確保保險公司在進行外匯業務的合法性和有效性。

4.2.2 交換市場相關法規

交換市場可稱為專門進行商品或服務交易的平台，其形式多元化，包括期貨市場、選擇權市場、證券市場和外匯市場等。這些市場的主要功能是促進有效的資源分配，提供價格訊息，降低交易成本，增加市場流動性，並幫助參與者管理風險。由於交換市場的運作涉及到多方的利益，因此需要有相應的法規，來確保其公平、透明和有效的運作。這些法規不僅規範市場的運作規則，也對市場參與者的行為進行規範和監督，以保護投資者的權益並維護交換市場的穩定。我國交換市場相關的法規，請參考表 4.3 我國交換市場相關的法規。

表 4.3 我國交換市場相關的法規

市場類別	法規名稱	主要內容
期貨市場	期貨交易法	規範期貨交易之定義、種類、主體、程序、結算、結算保證金、結算基金等事項；並設立期貨交易管理機構，授權其管理期貨商及期貨交易所等事項。
選擇權市場	證券交易法	規範證券選擇權之定義、種類、主體、程序、結算、結算保證金等事項，並設立證券商及證券交易所等事項。
證券市場	證券交易法	規範證券之定義、發行、公開發行、私募、上市、上櫃、興櫃等事項，並設立證券商及證券交易所等事項。
外匯市場	銀行業辦理外匯業務管理辦法	規範銀行業如何辦理各種與外幣相關的銀行業務，包括外匯存款、外匯放款、外匯兌換、外匯票據承兌及承付等事項。

交換市場相關法規是為保護投資者的權益、維護交易的秩序、防止不公平的競爭，以及推動金融創新與發展而設立的。表 4.3 所列示的法規，不僅反映我國金融市場的多元性和國際化趨勢，也與國際金融監理的準則與規範發展方向保持一致。隨著全球金融市場的持續變化和創新，我國的金融市場也面臨著更多樣化和複雜化的挑戰與風險。因此，這些交換市場相關法規需要不斷地更新與調整，以適應新的市場環境與需求。

🫧 *4.3 實務案例*

4.3.1 外匯市場案例

　　外匯市場是全球最大、最活躍的金融市場，其特性包括 24 小時交易、全球參與、具有極高的流動性。每天的交易金額可高達數兆美元，參與者包括全球商業銀行、政府、投資基金等。外匯市場是分散的市場，這些市場的交易時間有所重疊，形成 24 小時不間斷的全球外匯交易。外匯交易主要透過全球性電子網絡進行，最活躍的貨幣對包括美元／歐元、美元／日圓、英鎊／美元和美元／瑞士法郎。世界主要外匯市場列舉 5 個，分別說明如下：

1. 倫敦外匯市場：是全球最大的外匯交易市場，每天的交易量占全球的一半以上。由於倫敦地理位置優越，能夠在同一交易日內，與亞洲和美洲的外匯市場進行交易，使得倫敦成為全球外匯交易的重要樞紐。此外，倫敦的金融服務業發達，吸引大量的金融機構和投資者，進一步提升其在全球外匯市場中的地位。

2. 紐約外匯市場：是全球第二大的貨幣交易市場，該市場的主要特色是對美元相關貨幣對的交易，包括美元對歐元、日圓、英鎊等的交易。美元是許多國際貿易和金融交易的計價貨幣，所以紐約外匯市場的影響力非常廣泛。無論是政府、中央銀行、投資基金、商業銀行，還是全球的企業和個人投資者，都會密切關注在紐約外匯市場上的美元匯率動向。另外，紐約外匯市場的匯率變動，還可能影響到全球的貨幣政策；因此，紐約外匯市場在全球金融體系中，擔當著關鍵的角色。

3. 東京外匯市場：身為亞洲最大的貨幣交易市場，對於全球金融體系具有深遠影響；其主要交易的是與日圓相關的貨幣對，包括日圓對美元、歐元、澳幣等的交易。日本的經濟規模在全球中排名第三，因此東京外匯市場對於全球金融動態的影響力巨大。

4. 新加坡外匯市場：新加坡是亞洲的重要金融中心，其外匯市場的交易量在亞洲僅次於東京。新加坡獨特的地理位置，使其成為東西方金融交流的重要樞紐。同時，新加坡與歐美的時間差，也讓其能順利地與全球其他主要的金融市場，

如倫敦、紐約進行連接，實現 24 小時無間斷的交易。新加坡的外匯市場有極高的流動性，也提供一個穩定、透明且具有高度規範的交易環境，以及新加坡政府對金融業的友好政策，使其成為全球金融機構和投資者的重要基地。

5. 香港外匯市場：香港特別在人民幣相關貨幣對的交易中，扮演著主導角色。因其獨特地位，香港是人民幣的主要離岸市場，從而使其在全球金融生態中占有重要的影響力。隨著中國經濟的迅速崛起，人民幣的國際地位日益提升，香港在全球金融市場中占據關鍵的地位，進一步提升香港外匯市場的影響力和重要性。

4.3.2 交換市場案例

一些全球主要的交換市場，其交易標的涵蓋股票、外匯、期貨、商品等不同類型的金融商品，在此列舉世界知名的交換市場如下：

1. 紐約證券交易所 (NYSE)：位於美國紐約的華爾街，紐約證券交易所是全球最大的股票市場，市值超過 20 兆美元。在此上市的公司，包括全球知名的大型企業，如微軟、IBM、可口可樂等。

2. NASDAQ：全球最大的電子證券市場，主要集中在科技類股，包括蘋果、亞馬遜、Google 等。

3. 倫敦證券交易所：此交易所是歐洲最大的股票交易市場，有來自 60 多個國家的 3,000 多家公司在此上市，包括許多知名大型企業。

4. 東京證券交易所：這是全球最大的證券市場之一，也是亞洲最大的股票市場，主要上市日本國內的大型公司股票，包括豐田汽車、索尼等。

5. 香港交易所：香港交易所提供一系列國際、區域和香港的股票、期貨、期權、互聯網和成分股等產品的交易。

6. 上海證券交易所：這是中國最大的股票市場，並在全球市值排名中位列前列。中國的許多大型國有企業和民營企業，均在此上市。

7. 法蘭克福證券交易所：這是德國最大的交易市場，也是歐洲最活躍的交易市場之一，包括德國 DAX 指數中的許多公司都在此上市。

8. 新加坡交易所：新加坡交易所是亞洲重要的證券交易市場之一，提供多種產品，

包括股票、固定收益、衍生品和外匯。

9. 芝加哥商業交易所 (CME)：被譽為全球最大的衍生品市場，其極具多樣性的金融產品，涵蓋種類繁多，從農產品、金屬、能源，到股票指數、利率，以及外匯等各領域均有涉及。

10. 紐約商品交易所 (COMEX)：COMEX 是全球最大的貴金屬期貨市場，主要交易的商品包括黃金、白銀、銅等。

4.4 本章重點提示

　　本章主要探討金融市場，包括外匯市場與交換市場，每個市場各自具有獨特的定義和特性。例如，外匯市場是交易不同國家貨幣的全球性分散市場，特性包括 24 小時持續交易、高流動性、大交易量等；交換市場則是買賣商品或證券的集中地，特點包括集中交易、透明度高、有結算保證等。接著，本章討論我國的相關法規，包括外匯市場的法規和交換市場的法規。這些法規規範市場參與者的行為，確保市場的公平、透明，並保護投資者的權益。最後，本章以實務案例說明外匯市場和交換市場的特性，有助於讀者更容易地理解本章的內容。

4.5 自我評量與挑戰

是非題

1. 外匯市場是否為全球規模最大且流動性最高的金融市場之一？

2. 每個貨幣對是否在外匯市場都有對應的即時報價？

3. 中央銀行是否透過在外匯市場的政策來影響匯率變動和貨幣供應量，以維持金融穩定？

4. 個人名義參與外匯市場時，通常是否直接在交易所進行交易？

5.外匯市場是否可以分為現貨市場、遠期市場和期貨市場三種類型？

6.倫敦外匯市場是否為全球最大的外匯交易中心？

7.我國外匯市場是否為全球主要的外匯交易市場之一？

8.依據交易量和流行程度，貨幣對是否可以分為主要貨幣對、次要貨幣對和奇異貨幣對？

9.交換市場是否為一種中央化市場，投資者和金融機構只能在統一的中央交易所進行交易？

10.利率交換市場是否為交換市場中最常見的一種，其中交易雙方相互交換固定利率和浮動利率的現金流？

11.商品交換市場是否只限於現貨交易，不包括期貨交易？

12.外匯市場和交換市場的法規是否涵蓋交易規則、報告要求、風險管理和投資者保護等範疇？

13.在我國，金融監督管理委員會是否為唯一的政府機關，負責監管外匯和交換市場？

14.交換市場的形式多元化，是否包括期貨市場、選擇權市場、證券市場和外匯市場等？

15.交換市場的主要功能之一是否為促進有效的資源分配？

16.外匯市場是否為全球最大的金融市場？

17.外匯市場的流動性是否不高，因為參與者眾多且分散？

18.香港交易所主要是否提供股票交易服務？

19.紐約證券交易所是否為全球最大的期貨市場？

選擇題

1.外匯市場的主要參與者不包括以下哪一類型？
　(A)中央銀行
　(B)商業銀行
　(C)投資基金
　(D)股票交易所

2.外匯市場的參與者可以進行的操作包括以下哪一項？
　(A)股票交易
　(B)商品期貨交易
　(C)貨幣兌換交易
　(D)地產投資

3.下列哪一個選項描述現貨市場的特徵？
　(A)以約定的未來日期和價格進行交割的市場
　(B)以標準化的合約在交易所進行交易和交割的市場
　(C)以當前價格進行即時交割的市場
　(D)以電子交易網絡連接全球市場的市場

4.下列哪一個選項描述期貨市場的特徵？

(A)以約定的未來日期和價格進行交割的市場

(B)以標準化的合約在交易所進行交易和交割的市場

(C)以當前價格進行即時交割的市場

(D)以電子交易網絡連接全球市場的市場

5.我國外匯市場的主要特點是什麼？

(A)是全球主要的外匯交易市場之一

(B)以零售外匯交易為主要形式

(C)透過證券交易所進行交易

(D)主要用於商品期貨交易

6.下列貨幣對中，不屬於主要貨幣對、次要貨幣對或奇異貨幣對的是？

(A)美元 / 加幣

(B)歐元 / 英鎊

(C)澳幣 / 紐西蘭幣

(D)日圓 / 瑞士法郎

7.交換市場的概念首次出現於哪一個地區？

(A)亞洲

(B)歐洲

(C)美洲

(D)非洲

8.交換市場是一種衍生性商品市場，其價值來源於何處？

(A)其他基礎資產或指數

(B)市場需求和供給的變動

(C)金融機構的操作和投資策略

(D)國家貨幣政策的影響

9. 下列哪一種市場是交易雙方約定以固定利率和浮動利率的方式，進行現金流的交換？
   (A)利率交換市場
   (B)貨幣交換市場
   (C)股價交換市場
   (D)信用違約交換市場

10. 下列哪一種市場是進行各種商品的買賣交易，包括能源產品、金屬、農產品等？
    (A)利率交換市場
    (B)貨幣交換市場
    (C)股價交換市場
    (D)商品交換市場

11. 外匯市場法規主要涉及以下哪一個方面？
    (A)全球性
    (B)專業性
    (C)靜態性
    (D)風險管理

問答題

1. 簡述現貨市場和遠期市場之間的區別。

2. 交換市場的主要功能是什麼？

3. 利率交換市場的主要目的是什麼？

4. 《銀行業辦理外匯業務管理辦法》和《證券業辦理外匯業務管理辦法》，在我國外匯市場法規中的地位和主要內容，有何不同？

個案討論題

1. 小明是一位大二學生,他對於學習外匯市場和匯率變化的議題,感到有些困惑。最近,他看到報紙上的匯率表格,其中列出一組貨幣對及其兌換比率。小明想藉此瞭解基準貨幣和計價貨幣的概念,以及如何計算兌換比率。因此,小明列出幾個問題:

(1)基準貨幣和計價貨幣在貨幣對中的角色是什麼?請舉一個案例說明。

(2)外匯市場中的兌換比率如何計算?請說明。

2. 你是一家跨國企業的財務經理,該企業在倫敦、紐約、東京、新加坡和香港等地都有業務,需要進行外匯交易,以管理不同貨幣之間的風險。請分析五個外匯市場的特點和影響力,並討論如何幫助企業制定相應的外匯交易策略?

是非題答案

1.是。　　2.是。　　3.是。　　4.否。　　5.是。　　6.是。　　7.否。　　8.是。　　9.否。

10.是。　　11.否。　　12.是。　　13.否。　　14.是。　　15.是。　　16.是。　　17.否。　　18.是。

19.否。

選擇題答案

1.(D)。　　2.(C)。　　3.(C)。　　4.(B)。　　5.(B)。　　6.(D)。　　7.(B)。　　8.(A)。　　9.(A)。

10.(D)。　　11.(A)。

問答題答案

1. 現貨市場是指以當前價格進行即時交割的外匯市場,交易貨幣立即交割。遠期市場是指以約定的未來日期和價格進行交割的外匯市場,交易在未來指定日期按約定的價格交割。

2. 為金融機構和投資者提供調整資產負債結構、管理風險和提高收益的工具。交換市場作為金融市場,其主要功能是提供各種不同類型或不同期限的金融工具,以調整資產負債結構、管理風險和提高收益。

3. 利率交換市場的主要目的，是讓交易雙方可以轉換自己的利率風險和利率敏感度，或者獲得更低的資金成本。

4. 《銀行業辦理外匯業務管理辦法》和《證券業辦理外匯業務管理辦法》，都是我國外匯市場法規的一部分。《銀行業辦理外匯業務管理辦法》主要規範銀行，在進行外匯業務時的資格要求、業務範疇、操作限制和風險管理；然而，《證券業辦理外匯業務管理辦法》則主要規範證券業，在進行外匯相關業務時的各種要求、限制和風險管理。兩者在法規範圍和細節上有所不同，以符合各自行業的特點和需求。

個案討論題答案

1. (1) 基準貨幣是貨幣對中的前面貨幣，計價貨幣是貨幣對中的後面貨幣。基準貨幣的價值被用作計價貨幣的參考。

舉例來說，考慮歐元／美元貨幣對，其中歐元是基準貨幣，美元是計價貨幣。如果兌換比率是 1.09，這意味著需要用 1.09 美元來買入 1 歐元，或者說你賣出 1 歐元，會得到 1.09 美元。

(2) 外匯市場中的兌換比率是基準貨幣和計價貨幣的兌換比例，表示需要多少計價貨幣才能買入一單位的基準貨幣。

兌換比率是由供求關係和市場預期共同形成的，受到經濟指標、利率政策、政治因素和國際貿易等多種因素的影響。通常，外匯交易平台會提供即時的兌換比率，投資者可以根據兌換比率進行買賣交易。

例如，如果歐元／美元的兌換比率是 1.09，這表示需要用 1.09 美元來買入 1 歐元。如果你預測歐元的價值將升值相對於美元，你可以選擇買入歐元／美元貨幣對，以期望在匯率上升時賺取利潤。

2. (1) 先分析哪些外匯市場具有 24 小時交易的特點？至今，可找到具有 24 小時交易的外匯市場有倫敦外匯市場、紐約外匯市場和新加坡外匯市場。

(2) 這三個外匯市場具有 24 小時交易的特點。倫敦由於地理位置優越，能夠在同一交易日內與亞洲和美洲的外匯市場進行交易；紐約外匯市場在美洲地區的

重要性和全球主要貨幣以美元計價的特點，使其在全球交易中具有重要地位；
新加坡的獨特地理位置和與歐美時間差的結合，使其能夠與其他主要金融市
場實現連接，實現 24 小時無間斷的交易。企業可以利用這一特點，並評估公
司的現況來選擇最佳的交易時機，及時進行外匯交易以應對市場波動和管理
貨幣風險。

第 5 章　商業銀行與融資公司

在現代金融體系中，商業銀行與融資公司的角色和影響，隨著經營環境變遷而不斷地改變。商業銀行提供廣泛的金融服務，支持企業和個人的資金需求，進而推動經濟增長；融資公司主要專注於為中小企業和特定行業，提供融資服務。本章討論商業銀行的核心業務，以及因應數位化轉型、創新金融科技、風險和監管挑戰的策略與措施；也探討融資公司如何評估風險、管理信用風險和提供專業的融資解決方案。

5.1 定義與特性

對經濟發展和金融市場的穩定性，商業銀行、融資公司皆扮演著重要的角色。商業銀行是金融體系中最為常見和熟悉的機構之一，融資公司是另一種專注於服務企業的廣義金融機構。本節討論商業銀行、融資公司的個體運作和相互關係，促進融資活動和資金流動，推動經濟的增長和繁榮。

5.1.1 商業銀行

按照《銀行法》的規定，銀行業務可分為商業銀行、專業銀行、信託投資公司三種。商業銀行 (commercial bank) 係指可以兼營各種金融業務的銀行，如存款、貸款、投資、外匯等。專業銀行是指只能從事特定領域或對象的金融業務的銀行，如工業信用、農業信用、輸出入信用、中小企業信用、不動產信用等。信託投資公司是指主要從事信託和投資業務的金融機構，如受託管理、受益權證券發行、投資基金管理等。

　　商業銀行是以收受支票存款、活期存款、定期存款，供給短期、中期信用為主要任務之銀行；在我國大多數的銀行屬於商業銀行。商業銀行的業務範圍廣泛，以資金的流動和分配為核心，為企業和個人提供全方位的金融服務，同時也承擔著相應的風險管理。商業銀行是一種以營利為目的，以多種金融負債籌集資金、以多種金融資產為經營對象，具有信用創造功能的金融機構。商業銀行的主要特徵，分別說明如下：

1. 營利目的：商業銀行透過多種金融活動，例如收取存款、發放貸款、提供支付服務、投資證券和外匯交易等，以獲取收入並實現營利目的。
2. 資金籌集：商業銀行透過各種金融負債形式籌集資金，例如支票存款、活期存款、定期存款和金融債券等，同時也承擔相應的償付義務。
3. 多樣化的金融資產：商業銀行以多種金融資產為經營對象，包括貸款、證券、外匯和衍生品等，同時也承擔相應的風險。
4. 信用創造功能：商業銀行具有信用創造的能力，透過放款和投資等方式，增加貨幣供應量，也對市場利率和經濟活動產生影響。

　　商業銀行的營運類型，可以分為三種類型：(1)資產業務、(2)負債業務、(3)中間業務。資產業務涉及商業銀行運用自身資金進行的活動，例如提供貸款、進行投資、進行外匯買賣等；這些活動有助於資產增值，同時也帶來風險。負債業務涉及商業銀行籌集資金的活動，商業銀行可以透過收受存款、發行債券、借入其他資金等方式來籌集資金，以支持其業務運作和滿足客戶的資金需求。中間業務則是商業銀行以中間人或代理人的身分，提供各類金融服務並收取一定費用的活動，包括信用卡業務、私人財富管理、財務顧問和金融產品銷售代理等；商業銀行在中間業務中不運用或較少運用自身資金，而是提供服務或產品來滿足客戶的需求。這三種業務類型共同構成商業銀行的綜合性金融服務，使其能夠在金融體系中發揮重要的角色。

　　如表 5.1 所示，商業銀行的主要業務有四大種類，包括存款業務、貸款業務、投資業務和中介業務。存款業務涵蓋接受客戶的不同類型存款，如活期存款、定期存款和儲蓄存款，並支付相應的利息給客戶。貸款業務是向客戶提供各種類型的貸款，包括信用貸款、抵押貸款和保證貸款，並從客戶那裡收取利息。投資業

務利用銀行的閒置資金進行投資，例如債券、股票、外匯和衍生性商品，以獲取投資收益。最後，中介業務是為客戶辦理匯兌、結算、托收、托付、保險和信託等服務，並收取相關的手續費。這些業務項目是商業銀行日常營運作業的核心活動，也是提供金融服務給客戶的主要方式。

表 5.1 商業銀行的主要業務

業務項目	重點說明
存款業務	接受客戶的活期存款、定期存款、儲蓄存款等，並支付利息。
貸款業務	向客戶提供信用貸款、抵押貸款、保證貸款等，並收取利息。
投資業務	利用閒置資金投資債券、股票、外匯、衍生性商品等，並獲取收益。
中介業務	為客戶辦理匯兌、結算、托收、托付、保險、信託等服務，並收取手續費。

如表 5.2 列示，有 5 家世界知名商業銀行，這些都是在早期成立，並擁有廣泛的全球業務範圍；其提供各種金融服務，包括資產管理、投資銀行、企業銀行和零售銀行等，並在全球金融市場中扮演重要角色。美國摩根大通銀行 (JPMorgan Chase) 是一家全球金融服務公司，業務範疇廣泛，包括投資銀行、商業銀行、資產管理和零售銀行等領域。美國花旗集團 (Citigroup) 是一家全球性金融機構，業務涵蓋消費者銀行、企業銀行、投資銀行等多個領域；在全球範圍內擁有廣泛的分支機構和客戶基礎，提供各類金融產品和服務。巴黎銀行 (BNP Paribas) 是法國最大的銀行之一，擁有廣泛的國際業務網絡，在全球範圍內提供商業銀行、投資銀行和資產管理等綜合金融服務。瑞銀集團 (UBS) 是瑞士最大的銀行之一，專注於財富管理、資產管理和投資銀行業務，提供高淨值客戶和機構客戶的個性化金融服務。英國匯豐銀行 (HSBC) 的特色之一，是其強大的國際業務能力，和專注於跨境交易和全球貿易的優勢。

表 5.2 世界知名商業銀行

銀行名稱	成立年份	經營特色
美國摩根大通	1799 年	全球金融服務公司，提供投資銀行和資產管理等服務。
美國花旗集團	1812 年	全球金融機構，業務包括消費者銀行、企業銀行、投資銀行等。
法國巴黎銀行	1822 年	法國最大的銀行之一，提供全面的金融服務，包括商業銀行、投資銀行、資產管理等。
瑞銀集團	1862 年	全球金融服務公司，專注於財富管理、資產管理和投資銀行業務。
英國匯豐銀行	1865 年	全球性的銀行和金融服務機構，業務涵蓋零售銀行、商業銀行、投資銀行等。

　　在我國成立較早的商業銀行，有臺灣銀行、第一銀行、彰化銀行、兆豐銀行、臺灣中小企業銀行等，每一家的成立年代和業務特色，分別說明如下：

1. 臺灣銀行 (Bank of Taiwan)：
   － 成立於 1899 年。
   － 業務特色：作為我國最早成立的銀行之一，臺灣銀行在國內外擁有廣泛的分支機構，提供存款、貸款、匯款、外匯交易等金融服務，並參與國家政策和國際金融交易。

2. 第一銀行 (First Bank)：
   － 成立於 1899 年。
   － 業務特色：第一銀行提供全方位的金融產品和服務，包括個人金融、企業金融、國際業務、資產管理等。

3. 彰化銀行 (Chang Hwa Bank)：
   － 成立於 1905 年。
   － 業務特色：彰化銀行提供全方位的金融服務，包括個人金融、企業金融、國際業務、資產管理等。

4. 兆豐銀行 (Mega International Commercial Bank)：
   － 前身為中國國際商業銀行，成立於 1905 年。
   － 業務特色：兆豐銀行提供廣泛的金融服務，包括個人金融、企業金融、國際

業務、資產管理等。該銀行以其國際化的業務網絡和豐富的金融經驗，致力於為客戶提供全面的金融解決方案。

5.臺灣中小企業銀行 (SME Bank, Taiwan)：

　一成立於 1915 年。

　一業務特色：臺灣中小企業銀行是專注於支持中小企業發展的銀行機構，提供各種金融產品和服務，包括貸款、保證、投資和融資諮詢等，以促進中小企業的成長和競爭力提升。

　　這些銀行在我國金融市場中，具有悠久的歷史、廣泛的業務範疇、健全的分支機構網絡、重視金融科技新商品和數位金融服務等，以滿足不同客戶的需求，為國家的經濟發展和金融體系做出重要貢獻。

問題

誠實商業銀行致力於積極推廣數位金融服務，為了達到這個目標，銀行要求客服部門的員工透過電話行銷的方式，向現有客戶和潛在客戶介紹數位金融服務的種類和優點。在執行數位金融服務推廣工作時，我們需要提供給客服人員一份完整的培訓教材，以幫助他們更好理解和傳達數位金融服務的重要內容。有關執行數位金融服務推廣工作，請問訓練客服人員的教材內容重點為何？

【討論重點】

電話行銷作業：請問推廣數位金融服務有哪些重點？

商業銀行為因應疫情情況和數位化趨勢，已經開始提供多項數位金融服務，主要線上服務項目說明如下：

1.線上開戶服務：許多銀行開始提供線上開戶服務，讓客戶無需親自前往銀行就能開設新的銀行帳戶。

2.數位支付和轉帳服務：銀行提供各種數位支付和轉帳服務，例如透過手機應

用程式或網路銀行進行轉帳、支付帳單、或進行其他金融交易。

3. 線上貸款和信用卡申請：客戶可以在線上申請各種貸款和信用卡，並在線上完成所有必要的文件提交和審核過程。

4. 投資和理財服務：銀行提供線上投資和理財服務，包括股票交易、基金投資、保險購買等。

5. 客戶服務機器人：許多銀行開始使用人工智能 (AI) 機器人來提供客戶全年無休的服務，包括回答客戶的問題、提供帳戶資訊、甚至進行一些基本的交易服務。

5.1.2 融資公司

　　融資公司 (finance company) 可稱為金融服務公司或消費金融公司，是專門提供各種貸款服務的非銀行金融機構，這些貸款服務項目可包括個人貸款、汽車貸款、房屋抵押貸款、商業貸款，以及學生貸款等。融資公司主要是向企業或消費者提供資金，且不接受外界存款，而是透過資本市場或其他金融機構取得資金；然後，融資公司將其資金借給企業或消費者，貸款利率以高於其借款成本的利率，從而獲得利息收入。

　　融資公司的貸款通常比銀行的貸款更易取得，尤其對於信用評等較低或無信用歷史的借款人。因此，融資公司通常以較高的貸款利率為代價。在有些國家和地區，融資公司須受到金融監管機構的監管，以確保其業務遵守消費者保護和反洗錢的相關法規。融資公司可能也提供其他類型的金融服務，如投資管理或保險。基本上，融資公司確實是非銀行的金融機構，提供各種貸款服務，包括公司與個人的不動產抵押貸款、應收帳款、融資消費性貸款等。這些融資公司的設立登記經過主管機關的許可後，才可以合法經營融資業務。

　　融資公司的主要業務涵蓋三個範疇：租賃業務、買斷業務、售後服務。首先

是租賃業務，他們向客戶提供融資性租賃交易，這可能包括直接租賃、售後回租，以及售後再租等方式，並從中收取租金。其次，融資公司進行買斷業務，在租約期滿時，他們將租賃的物品轉售給客戶或第三方，並從中獲取差價。最後，他們提供售後服務，這可能包括在租約期間或期滿後，為客戶提供租賃物品的維修、保養、保險等服務，並對這些服務收取費用。這些業務範疇使融資公司能夠提供全面的金融服務，滿足客戶的多元化需求，例如中租迪和是一家專注於融資性租賃的公司。

　　融資公司的類型，可以根據其提供的貸款種類、目標客戶、資本額、公司性質等因素來區分；各種類型的融資公司各有其特點和目標客戶群，並且提供多元化的金融服務以滿足不同客戶的需求。主要的融資公司類型有下列 5 種，分別敘述如下：

1. **房屋貸款型融資公司**：這類公司主要提供以房屋為抵押品的貸款服務，包括一胎房貸、二胎房貸、增貸、轉增貸等。這類公司適合有房產但現金流短缺的客戶，或是想要利用房產進行投資的客戶。

2. **汽車貸款型融資公司**：這類公司主要提供以汽車為抵押品的貸款服務，例如新車貸款、中古車貸款、汽車租賃等。這類公司適合想要購買或更換汽車但預算不足的客戶，或是想要利用汽車進行經營或投資的客戶。

3. **機車貸款型融資公司**：這類公司主要提供以機車為抵押品的貸款服務，例如新機車貸款、中古機車貸款、機車分期付款等。這類公司適合想要購買或更換機車但預算不足的客戶，或是想要利用機車進行經營或投資的客戶。

4. **信用貸款型融資公司**：這類公司主要提供不需抵押品的信用貸款服務，例如個人信用貸款、小額信用貸款、無息信用貸款等。這類公司適合有穩定收入和良好信用紀錄的客戶，或是急需現金解決短期周轉問題的客戶。

5. **應收帳款承購型融資公司**：這類公司主要提供企業將應收帳款債權轉讓給融資公司，以此獲得現金流的服務。這類公司適合有大量應收帳款但現金流短缺的企業，或是想要減少催收成本和風險的企業。

問題

張小明剛從大學畢業，並找到第一份工作。雖然這份工作的月薪和獎金制度都比一般公司好，但是上班地點偏遠，所以大部分員工都需要自己開車上班。在正式上班之前，張小明正在考慮貸款買車，作為自己的交通工具。由於他目前沒有穩定的收入證明，他的購車貸款申請很可能會被銀行拒絕。請問張小明是否有其他方式，可申請到購車貸款？

【討論重點】

購車貸款方案：請問財力證明不足者，可用何種融資方式去購車？

張小明若想向銀行申請購車貸款，但沒有穩定的收入證明，很可能會被銀行拒絕。不過，他可以嘗試向「汽車貸款型融資公司」申請購車貸款。只要他能提供足夠的抵押品或證明自己有還款能力，就有機會獲得貸款購車。當然，他需要承擔比銀行更高的利息費用和手續費用。

5.1.3 商業銀行與融資公司

　　商業銀行與融資公司在許多方面都有相似之處，但也存在一些重要的區別，請參考表 5.3 商業銀行與融資公司的特性比較。首先，從法律規範的角度來看，商業銀行受到《銀行法》的規範，而融資公司並沒有專屬的法律規範，通常需要參照金融機構管理相關法令。其次，兩者的資金來源也有所不同。商業銀行的資金主要來自公眾的存款；而融資公司的資金主要來自大股東的資金挹注或是市場籌措。

　　在目標客戶方面，商業銀行通常針對風險較低、信用良好的客戶；融資公司主要服務風險較高、信用不佳或有特殊需求的客戶。此外，商業銀行和融資公司的主要業務也有所不同。商業銀行主要提供各種存款、貸款、理財、投資等服務；融資公司則專注於提供各種貸款、租賃、承購等服務。在貸款利率方面，商業銀行的利率通常較低且條件較嚴格；融資公司的利率通常較高，但條件提供較大的

彈性。

審核速度也是兩者的一個重要區別。商業銀行的審核速度通常較慢，需要更多的文件和程序；融資公司的審核速度通常較快，需要的文件和程序較少。最後，商業銀行和融資公司在破產時的影響也不同。商業銀行的破產通常會對整個金融系統和社會造成嚴重的衝擊；融資公司的破產通常只會對個別的債權人和債務人造成損失。

表 5.3 商業銀行與融資公司的特性比較

項目	商業銀行	融資公司
法律規範	受銀行法規範	沒有專屬法律規範
資金來源	大眾存款	大股東提供或向金融機構籌措
目標客戶	風險低、信用好	風險高、信用差或有特殊需求
主要業務	存款、貸款、理財、投資等	貸款、租賃、承購等
貸款利率	低但嚴格	高且彈性
審核速度	慢且嚴謹	快但簡易
破產影響	大但罕見	小卻常見

商業銀行和融資公司都是金融機構，但在許多方面有相同之處，也有一些關鍵的不同之處。有關兩者相同之處：⑴金融服務：商業銀行和融資公司都提供各種金融服務，包括貸款、融資、存款、支付處理等。都是為了滿足個人和企業的財務需求而存在的。⑵風險評估：無論是商業銀行還是融資公司，都會進行風險評估，以確定借款人的信用風險和還款能力。這些機構使用相似的方法和標準來評估借款人的信用記錄、財務狀況和還款能力。⑶利潤追求：商業銀行和融資公司都是營利的金融機構，透過向貸款人收取利息和費用，以及運用各種投資和金融活動來實現獲利。

另外，商業銀行和融資公司的不同之處：⑴機構結構：商業銀行是註冊的金融機構，可以接受存款並發放貸款，受到政府機關（例如金管會和中央銀行）的監管。融資公司通常是非銀行金融機構，主要提供融資和貸款服務，與商業銀行受到不同的政府機關（例如經濟部）的監管。⑵存款業務：商業銀行可以接受存款並向客戶提供儲蓄和支票帳戶等服務。融資公司通常不接受存款，因此無法提

供類似的存款業務。(3)資本市場活動：融資公司通常更依賴於資本市場，以籌集資金並進行各種投資活動，如發行債券或股票。商業銀行也可以參與資本市場活動，但商業銀行的主要業務是通過存款和貸款來提供金融服務。

5.2 我國法規

商業銀行和融資公司為企業和個人提供資金和金融服務，為確保金融體系的穩定和公平性，這些機構必須遵守相關的法規，以保護金融體系的安全性，防止洗錢和詐騙活動，並確保金融機構以透明和合規的方式營運。商業銀行需遵守存款保險、資本適足性、貸款規範和風險管理等規定，以保護存款人的權益、維護金融體系的穩定和防範風險。融資公司需遵守貸款業務的合法性、利率設定、借貸合約等規範，以確保融資活動合規、保護借貸雙方的權益。

5.2.1 商業銀行相關法規

商業銀行會受到《中央銀行法》、《金融控股公司法》、《銀行法》、《存款保險條例》和《金融消費者保護法》等法令規定的約束與影響。表 5.4 是商業銀行與各法規的相關性的基本描述，用以確保其經營活動的合規性、風險管理與客戶權益保護。除了前述的法令規定外，商業銀行還應遵守主管機關（例如金融監督管理委員會）所發布的各種命令、公告、函釋等相關規範。

表 5.4 商業銀行與各法規的相關性

法規名稱	相關規範
中央銀行法	商業銀行需遵守中央銀行的監管和監督，包括貨幣政策、金融穩定、支付系統等方面的規範。
金融控股公司法	商業銀行若屬於金融控股公司，需符合金融控股公司法的要求，包括資本適足性、持股比例限制、風險管理等方面的規範。
銀行法	商業銀行須依照銀行法的規定進行經營活動，包括設立、營運、風險管理、透明度要求、業務範圍等方面的規範。
存款保險條例	商業銀行需加入存款保險制度，依存款保險條例的規定提供存款保險給客戶，以保障其存款不受損失。
金融消費者保護法	商業銀行需遵守金融消費者保護法，保護金融消費者的權益，包括合約條款、費用透明度、投訴處理機制等方面的規範。

　　如表 5.4 所示，商業銀行受下列 5 個法令規定的影響和約束，分別敘述如下：

(1)《中央銀行法》

　　根據《中央銀行法》的規定，商業銀行需要遵守中央銀行的監管和監督。中央銀行在貨幣政策、金融穩定和支付系統等方面擁有相關權限和職責。商業銀行必須根據中央銀行制定的貨幣政策執行相應措施，並遵守中央銀行為確保金融體系穩定和風險監控而設立的規範。

(2)《金融控股公司法》

　　《金融控股公司法》規範金融控股公司及其子公司（包括商業銀行）的法律，規定了金融控股公司的設立、管理、投資、監督等事項。商業銀行如果被歸類為金融控股公司集團的子公司，必須遵守《金融控股公司法》的要求；該法規定金融控股公司的成立、組織和監管等方面的要求。商業銀行作為金融控股公司的一個實體，要遵守資本適足性要求、持股比例限制、風險管理和財務報告等方面的規範。

(3)《銀行法》

　　《銀行法》是商業銀行的基本法，規範商業銀行的設立、管理、業務、資本、監督等事項。商業銀行必須遵守《銀行法》的規定進行經營活動。《銀行法》明確訂定商業銀行的設立條件、營運要求和業務範圍等方面的規範。商業銀行也要遵守風險管理規定、業務操作的透明度要求；並遵循監管機構的要求，進行報告和監測。

(4)《存款保險條例》

　　商業銀行需要根據《存款保險條例》的要求，參與存款保險制度。這意謂商業銀行必須支付相應的保險費用，以保障客戶的存款免於遭受損失的威脅。《存款保險條例》規定保險金額的範圍和支付條件，商業銀行必須遵守這些規範，來確保存款保險的有效運作。

(5)《金融消費者保護法》

　　《金融消費者保護法》，該法旨在保護金融消費者的權益。商業銀行受《金融消費者保護法》的約束，商業銀行必須遵守透明度要求，確保合約條款和費用結構的清晰明確。同時，商業銀行需要建立有效的投訴處理機制，並依法處理客

戶投訴和交易糾紛。

除上述的法令規定外，商業銀行還應遵守主管機關─金融監督管理委員會所發布的各種命令、公告、函釋等規範。總之，商業銀行在日常經營的一般業務中，應特別注意下列重點：⑴支票存款─根據約定，接受存款人簽發的支票，可使用自動化設備進行支付。⑵活期存款─存款人可以隨時提取存款，存款人可憑存摺或按約定方式進行操作。⑶定期存款─存款有一定時期的限制，存款人需憑存單或按約定方式提取存款。⑷定期存款到期─存款人在存期屆滿前不能提取存款；存款人可以以質借方式進行提款，或在七天前通知銀行提前解約；質借和中途解約的具體辦法，由主管機關與中央銀行協商確定。

5.2.2 融資公司相關法規

融資公司是從事融資性租賃交易的商業組織。融資性租賃是根據國際會計準則理事會公報所定義的融資租賃，但不包括租賃消費性產品。開放設立融資公司，除能將地下金融活動導入正軌，使高利貸及地下金融問題獲得某種程度之紓解外，更能藉由法律之規範，使消費者權益獲得明確保障；有關逾期放款及不良債信等問題，亦可經由法律途徑加以解決，而非訴諸暴力或其他不法行為。

於民國 97 年 1 月 30 日立法院第 3078 次會議，決議通過「融資公司法草案」，並於 2 月 4 日將該草案送請審議。該提案業經立法院第 7 屆第 1 會期第 2 次會議決定交付財政委員會審查，惟迄今尚未進行審議。但是，融資公司在我國營運，至少須遵守下列的相關法規：

⑴《金融控股公司法》：此法規定金融控股公司的設立、營運、監管等相關事項。如果融資公司是由金融控股公司持有或控制，則需要遵守這個法律的規定。

⑵《消費者保護法》：此法規定消費者的權益保護，包括金融商品或服務的銷售、廣告、合約等相關事項。融資公司需要遵守此法規定。

⑶《個人資料保護法》：融資公司在處理個人資料時，需要遵守這部法律的規定，包括收集、處理、使用和保護等相關事項。

法令遵循對融資公司的營運和監管非常重要，以確保公司的合法性和合規性。以上只是一些基本的法令規定，實務上可能會因為融資公司的業務性質和規模而

有所不同。

5.3 實務案例

本節討論商業銀行和融資公司的案例。商業銀行是一個多元化的金融機構，提供廣泛的金融產品和服務，研討商業銀行在忽略資金管理、風險管理、內部控制的案例，以瞭解其運作模式和應對挑戰的能力。融資公司則專注於融資性租賃等特定領域，探討其在提供融資和租賃解決方案方面的案例。從這些案例分析，可以深入理解金融業務的實務運作，以因應競爭激烈的金融市場。

5.3.1 商業銀行案例

理專銷售行為異常

新變商業銀行的理財專員被發現，他推薦客戶投資非該行銷售的金融商品。這種行為違反銀行法第 45 條之 1 第 1 項的規定 「銀行應建立內部控制及稽核制度」，因此被金管會處以新臺幣 600 萬元的罰款。這個案例反映出商業銀行在理專銷售金融商品過程中，忽略資金管理和風險管理的控管。

首先，從資金管理的角度來看，銀行需要建立完善的內部控制與內部稽核制度，以防止員工進行不當的金融交易。在這個案例中，新變商業銀行的理財專員透過通訊軟體與客戶互傳資料，假借推銷新金融商品為由，並推薦客戶投資非屬該行銷售之金融商品；這種行為不僅影響銀行的信譽，也損害客戶的權益。

其次，從風險管理的角度來看，銀行有必要建立一套完整的交易監控系統，以便能夠迅速識別並處理所有異常或可疑的交易。在這個案例中，新變商業銀行未能即時發現這位理財專員的客戶，在一段特定的時間內，透過該行的帳戶匯款到其他銀行的同一個收款人；且匯款金額達到一定的數額，銀行沒有異常偵測警告通報系統。這種異常情況，顯示銀行在交易監控方面的缺陷。

在這個案例中，銀行的理財專員推薦客戶投資非本行銷售的金融商品，這種行為違反法律規定，也損害了客戶的權益。總的來說，這個案例提醒我們，商業銀行在進行金融商品銷售時，必須遵守法律規定，並尊重客戶的權益。同時，銀

行也需要不斷提升其內部控制與內部稽核制度和交易監控的能力，以應對各種風險與挑戰。

機電設備當機中斷金融服務

真真商業銀行在今年 10 月 8 日及 11 月 29 日發生了兩次重大的金融服務中斷事件。第一次事件是由於機房電力設備異常，導致系統過熱問題。第二次事件則是由於對中台服務系統的管理不足，導致後端交易資訊累積，影響網路銀行及行動銀行的交易速度。此外，當施工發生事故時，真真銀行未能妥適安排緊急應變方案，導致無替代電力來源可供應變。

對於這些問題，金管會提出了一些改善建議。首先，真真銀行需要加強機房電力設備的維護和測試，以避免在嚴重情況下再度發生相同問題。其次，真真銀行需要完善對中台服務系統的管理，並在擴充資源前進行完整評估，同步調整各模組所需資源，並加強問題判斷及處理能力。最後，真真銀行需要嚴格執行對服務供應商的管理，並針對不符合預期狀況者提出改善或預防措施，且妥適安排施工發生事故時的緊急應變方案。

除了處以罰鍰及糾正外，金管會還做了一些其他的處理措施。首先，金管會要求真真銀行調降總經理每月月薪 30%，為期 3 個月。其次，金管會要求真真銀行未來就所提改善措施，由稽核單位列管追蹤及納入內部查核重點。此外，金管會要求真真銀行全面檢討本案所涉當責人員責任，並研議對委外廠商追償。最後，金管會要求真真銀行加強消費者保護措施，包括在第一時間即時對外說明、加強客服說明、提供多元協處管道等項目。

因此，真真銀行的審計委員會要求公司重新檢視公司的內部控制制度，內容至少應包括下列事項：⑴組織架構、⑵業務政策及作業程序、⑶風險管理、⑷資訊與通訊、⑸監督與評估。公司落實內部控制，應能確保其營運活動符合法令規定及其自訂之政策與程序，並能有效防範各項風險，以維護其資產安全、確保財務報告之正確性、提高經營效率與效果，以及促進企業目標之達成。

未落實辦理臨櫃交易確認機制

在過去 5 年期間，和平銀行的前理財專員把客戶資金存入自己帳戶，作為個人投資周轉用途，並與客戶間發生異常的資金往來和不當行為。這些行為違反《銀

行法》第 45 條之 1 第 1 項，以及《金融控股公司及銀行業內部控制及稽核制度實施辦法》等相關規定。

　　和平銀行的違法行為主要包括三個方面。首先，銀行未能落實辦理臨櫃交易確認機制，導致理專能夠多次代客戶全程臨櫃辦理匯款交易，而存匯作業人員則未能覈實確認客戶的身分和交易內容。其次，銀行未能落實督導和管理理財專員遵守行為標準規範，導致理專能夠向客戶借貸、私下與客戶成立投資委任關係，投資非屬該行核准銷售之金融商品、保管客戶已簽署的空白單據，以及自製對帳單提供給客戶等不當行為。最後，銀行未能落實重大偶發事件通報處理機制，導致相關查核報告未能有效釐清案情全貌。

　　對於這些違法行為，和平銀行應該採取以下幾種改善措施。首先，銀行應該加強執行臨櫃交易確認機制，並定期進行抽查或測試，以確保存匯作業人員能正確辨識客戶身分及交易內容。其次，銀行應該加強督導及管理理財專員遵守行為標準規範，並建立有效的警示或追蹤系統，以即時發現或處理理財專員的異常或不當行為。最後，銀行應該落實重大偶發事件通報處理機制，並由總行或其他單位協助查核或監督重大偶發事件的處置情形。

　　除處以罰鍰及糾正之外，金管會還對和平銀行採取其他處理措施。金管會要求和平銀行調降副總經理每月月薪 30%，為期 3 個月。此外，金管會還要求和平銀行未來就所提改善措施，由稽核單位列管追蹤及納入內部查核重點。根據「銀行資本適足性及資本等級管理辦法」第 18 條第 3 項規定，金管會就第二支柱監理審查，要求和平銀行增加作業風險之相關資本計提。最後，金管會還要求和平銀行全面檢討本案所涉當責人員責任。

5.3.2 融資公司案例

租賃風險管理問題

　　客客融資公司是一家融資性租賃的公司，該公司在 2020 年至 2023 年間，因為對於租賃風險管理的疏忽，導致了一系列的問題。首先，該公司未能有效地評估租賃客戶的信用風險，導致大量的壞帳發生。其次，該公司在租賃合約的設計上存在缺陷，未能對租賃物的損壞或遺失，進行有效的風險控制。最後，該公司

未能建立有效的租賃物追蹤和管理系統，導致租賃物的管理混亂。對於這些問題，客客融資公司應該加強信用風險評估，改善租賃合約的設計，並建立有效的租賃物追蹤和管理系統。

融資策略問題

佳佳融資公司是一家專注於提供融資解決方案的公司。然而，在 2023 年，該公司因為融資策略的問題，導致了營運困難。首先，該公司的融資策略過於保守，導致融資規模的縮小，並影響公司的營運效率。其次，該公司在融資產品的設計上缺乏創新，無法滿足市場的需求，導致市場占有率的下滑。最後，該公司在融資風險的控制存在缺陷，導致發生大量的壞帳。對於這些問題，佳佳融資公司應該調整融資策略，提高融資規模，加強融資產品的創新，並加強融資風險的控制。

騙走九家銀行 386 億元

石石集團是一個老牌貿易商，涉嫌長年偽造不實交易文件，以應收帳款融資向九家銀行騙走高達 386 億元。應收帳款融資是一種常見的融資方式，通常是賣方銷貨給買方後，銀行確認雙方的實質交易單後，先付錢給賣方，日後買方再將貨款付給銀行。在這個案例中，石石集團利用應收帳款融資的制度漏洞，製作不實買賣合約書、偽造買方簽章、虛報貨物數量等手法，欺騙銀行的信用審查。這起案件對於我國融資制度造成了嚴重的衝擊和損失，也暴露許多內部控制制度上的缺陷。這個案例提醒我們，需要加強銀行間企業融資貸放實質登記制，以及落實企業徵信，才能避免錯誤再度發生。

5.4 本章重點提示

本章主要探討商業銀行與融資公司的定義、特性、相關法規以及實務案例。首先，定義商業銀行與融資公司，並探討兩者的主要特性。商業銀行主要提供存款、貸款和其他相關的金融服務，而融資公司則專注於融資性租賃等特定領域。此外，還比較商業銀行與融資公司的主要差異。接著，敘述我國對商業銀行與融資公司的相關法規，這些法規主要規範商業銀行與融資公司的營運行為，以確保金融市場的穩定與公平。最後，透過實務案例來探討商業銀行與融資公司，在營

運過程中可能遇到的問題，也提供在經營商業銀行與融資公司時需要注意的重要警訊。

📝 *5.5 自我評量與挑戰*

📋 是非題

1. 商業銀行的主要任務是否為收受支票存款、活期存款、定期存款，並提供短期、中期信用？

2. 商業銀行的業務範圍是否僅限於收取存款和發放貸款？

3. 商業銀行的資產業務是否包括收受存款、發行債券、借入其他資金等？

4. 商業銀行的存款業務是否包括接受客戶的活期存款、定期存款和儲蓄存款，並支付相應的利息給客戶？

5. 融資公司的主要業務是否為提供各種貸款服務，包括個人貸款、汽車貸款、房屋抵押貸款、商業貸款，以及學生貸款？

6. 融資公司的貸款利率是否通常較銀行的貸款利率低？

7. 融資公司的主要業務是否只包括租賃業務？

8. 銀行和融資公司的資金來源是否相同？

9. 銀行和融資公司在破產時的影響程度是否相同？

10. 商業銀行是否只須遵守銀行法和金融消費者保護法？

11.商業銀行和融資公司是否都需要關注資金管理、風險管理和內部控制？

選擇題

1.商業銀行的主要目的是什麼？
　(A)提供多元化金融服務
　(B)保護客戶存款
　(C)支持專業領域的金融業務
　(D)實現營利目的

2.商業銀行的資金籌集方式包括哪些？
　(A)支票存款和活期存款
　(B)存款保險和財務債券
　(C)投資證券和外匯交易
　(D)定期存款和金融債券

3.商業銀行的資產業務是指什麼？
　(A)收受存款和發行債券
　(B)提供貸款和進行投資
　(C)提供信用卡業務和私人財富管理
　(D)提供中介服務和金融產品銷售代理

4.商業銀行的存款業務包括哪些類型的存款？
　(A)活期存款、定期存款和儲蓄存款
　(B)信用貸款、抵押貸款和保證貸款
　(C)債券、股票、外匯和衍生性商品
　(D)匯兌、結算、托收和托付

5.哪一家商業銀行是專注於支持中小企業發展的銀行機構？

(A)臺灣銀行 (Bank of Taiwan)

(B)彰化銀行 (Chang Hwa Bank)

(C)第一銀行 (First Bank)

(D)臺灣中小企業銀行 (SME Bank, Taiwan)

6.融資公司的業務範疇不包括以下哪一項？

(A)租賃業務

(B)買斷業務

(C)售後服務

(D)投資管理

7.房屋貸款型融資公司主要提供哪種貸款服務？

(A)信用貸款

(B)機車貸款

(C)應收帳款承購

(D)房屋貸款

8.商業銀行和融資公司的資金來源有何不同？

(A)銀行和融資公司都依賴大股東的資金挹注

(B)銀行的資金來自公眾的存款，而融資公司的資金來自市場籌措

(C)銀行和融資公司都依賴政府的資金注入

(D)銀行的資金來自市場籌措，而融資公司的資金來自大股東的資金挹注

9.商業銀行和融資公司的不同之處是什麼？

(A)銀行和融資公司都是註冊的金融機構，受到政府機關的監管

(B)銀行可以接受存款，融資公司不接受存款

(C)銀行和融資公司都主要依賴於資本市場活動

(D)銀行和融資公司的業務範圍完全相同

10.商業銀行必須根據哪一個法令參與存款保險制度？

　(A)《中央銀行法》

　(B)《金融控股公司法》

　(C)《銀行法》

　(D)《存款保險條例》

問答題

1.商業銀行的主要特徵是什麼？

2.商業銀行的主要業務有哪些？

3.房屋貸款型融資公司主要提供哪些貸款服務？適合哪些客戶？

4.商業銀行和融資公司在金融服務方面有哪些相同之處？

5.商業銀行和融資公司在機構結構方面有哪些不同之處？

個案討論題

1.發發商業銀行是一家頗具規模和影響力的金融機構，長久以來以優質的金融服務著稱。然而，董事會意識到法令遵循對於商業銀行的永續發展和風險控制至關重要。他們決定請你作為公司治理部門的主管，提出商業銀行在法令遵循方面需要遵守的法令規定。根據前述情境，商業銀行在法令遵循方面需要遵守哪些法令規定？

2.假設你是融資公司的公司治理部門主管，董事會要求你提出報告，說明公司在法令遵循方面需要遵守哪些法律規定？

📋 是非題答案

1.是。　　2.否。　　3.否。　　4.是。　　5.是。　　6.否。　　7.否。　　8.否。　　9.否。

10.否。　　11.是。

📋 選擇題答案

1.(D)。　　2.(D)。　　3.(B)。　　4.(A)。　　5.(D)。　　6.(D)。　　7.(D)。　　8.(B)。　　9.(B)。

10.(D)。

📋 問答題答案

1. 商業銀行的主要特徵包括營利目的、吸收存款、多樣化的金融資產和信用創造功能。商業銀行透過各種金融活動獲取收入並實現營利目的，通過各種金融負債形式籌集資金，以多種金融資產為經營對象，同時具有信用創造的能力。

2. 商業銀行的主要業務包括存款業務、貸款業務、投資業務和中介業務。

   說明：商業銀行的主要業務涵蓋存款業務（接受各種存款並支付利息）、貸款業務（向客戶提供各種類型的貸款並收取利息）、投資業務（利用閒置資金進行投資以獲取收益）和中介業務（提供匯兌、結算、托收、托付、保險和信託等服務）。

3. 房屋貸款型融資公司主要提供以房屋為抵押品的貸款服務，包括一胎房貸、二胎房貸、增貸、轉增貸等。這類公司適合有房產但現金流短缺的客戶，或是想要利用房產進行投資的客戶。

4. 銀行和融資公司在金融服務方面有三個相同之處：提供各種金融服務，包括貸款、融資等；為了滿足個人和企業的財務需求而存在；進行風險評估，以確定借款人的信用風險和還款能力。

5. 銀行是註冊的金融機構，可以接受存款並發放貸款，受到政府機關（例如金管會和中央銀行）的監管。融資公司通常是非銀行金融機構，主要提供融資和貸款服務，受到不同的政府機關（例如經濟部）的監管。

📋個案討論題答案

1.發發商業銀行作為一家優秀的金融機構，必須遵守多項法令規定以確保合法合規營運。根據情境描述，商業銀行在法令遵循方面需要遵守以下法令規定：

⑴《中央銀行法》：根據《中央銀行法》的規定，商業銀行需要遵守中央銀行的監管和監督。這包括遵從中央銀行制定的貨幣政策，執行相應措施，確保金融體系穩定和風險監控的規範。

⑵《金融控股公司法》：商業銀行如果被歸類為金融控股公司集團的子公司，則需要遵守《金融控股公司法》的要求。這些要求包括資本適足性要求、持股比例限制、風險管理和財務報告等方面的規範。

⑶《銀行法》：《銀行法》是商業銀行的基本法，規範其設立、管理、業務、資本、監督等事項。商業銀行必須遵守《銀行法》的規定進行經營活動，包括設立條件、營運要求和業務範圍等方面的規範。此外，商業銀行也需要遵守風險管理規定、業務操作的透明度要求，以及遵循監管機構的要求進行報告和監測。

⑷《存款保險條例》：商業銀行需要根據《存款保險條例》的要求參與存款保險制度。這意味著商業銀行必須支付相應的保險費用，以保障客戶的存款免於遭受損失的威脅。《存款保險條例》規定了保險金額的範圍和支付條件，商業銀行必須遵守這些規範，確保存款保險的有效運作。

⑸《金融消費者保護法》：商業銀行受《金融消費者保護法》約束，該法旨在保護金融消費者的權益。商業銀行必須遵守透明度要求，確保合約條款和費用結構的清晰明確；同時需要建立有效的投訴處理機制，並依法處理客戶投訴和交易糾紛。

除了上述提到的法令規定外，發發商業銀行還應遵守主管機關金融監督管理委員會所發布的各種命令、公告、函釋等規範。

在日常營運中，發發商業銀行應特別注意下列重點：

⑴支票存款：根據約定，接受存款人簽發的支票，並可使用自動化設備進行支付。

⑵活期存款：存款人可以隨時提取存款，並可以憑存摺或按約定方式進行操

　　　　作。

　　⑶定期存款：存款有一定時期的限制，存款人需憑存單或按約定方式提取存款。

　　⑷定期存款到期：存款人在存期屆滿前不能提取存款，但可以以質借方式進行提款，或在七天前通知銀行提前解約。質借和中途解約的具體辦法，由主管機關與中央銀行協商確定。

2.融資公司如果由金融控股公司持有或控制，需遵守《金融控股公司法》的設立、營運、監管等相關事項規定。這些規定旨在確保金融控股公司及其子公司的合法運作，包括資本適足性、持股比例限制和風險管理等。

　　融資公司在法令遵循方面，需要特別注意遵守《金融控股公司法》、《銀行法》和《金融機構管理法》的規定。這些法律規定有助於確保公司的合法性，同時保護公司和客戶的利益，維護金融體系的穩定性。各家融資公司根據公司業務性質和規模的不同，還可能要遵守其他相關法令規定。

« 第 *6* 章　共同基金與對沖基金 »

　　購買共同基金和對沖基金之前，應該設定明確的目標、進行充分的研究、評估風險承受能力，並考慮尋求專業建議；然後，要確保財務規劃充足，理解相關費用，並制定一個明確的投資計畫。投資基金需謹記「有賺有賠」的原則。共同基金提供多元化、專業管理和高流動性的投資選擇，但需要注意費用和基金經理的選擇。對沖基金具有投資靈活性和高報酬潛力，但風險較高且需要投資者具備對其策略的基本理解。

6.1 定義與特性

　　由於購買共同基金和對沖基金都是長期投資規劃的一部分，任何一種基金的短期波動都可能存在；但是，需要持有長期的投資視角，才能夠平衡這些波動，並有機會實現更好的投資報酬。共同基金和對沖基金的投資，都是需要注意風險與報酬之投資方式，有必要謹慎選擇投資因素，包括評估風險和報酬、研究共同基金和對沖基金的投資策略和管理團隊等，以及瞭解長期投資的本質，做出明智的決策，並實現理想的投資目標。

6.1.1 共同基金

　　共同基金 (mutual fund) 是一種金融工具，在金融市場廣泛使用：提供一種相對容易和多樣化的投資方式，讓投資者能夠透過集中資金參與股票、債券、貨幣市場工具和其他金融資產的投資組合。這些共同基金通常由專業基金管理公司的基金經理負責選擇和管理投資組合，以追求共同基金份額價值的增長和投資報酬。

共同基金具有專業管理、高流動性和分散風險等基本特性;同時,也提供多種不同類型的基金供投資者選擇。投資者可以依據個人的投資目標,不論是尋求長期增值或穩定收益,選擇適合的共同基金,以獲得不同風險和報酬的投資機會。

請參考圖 6.1 共同基金發行架構圖,共同基金的發行過程涉及基金經理、基金銷售代理人和投資者。共同基金的發行過程始於基金經理,負責管理基金的專業人士,負責研究市場,制定投資策略,並決定如何配置基金的資產;一旦基金公司建立共同基金,這個基金就可以向公眾銷售。基金的銷售通常由基金銷售代理人進行,這些經過訓練並獲得許可的基金銷售代理專業人士,工作是將基金銷售給投資者;他們會向投資者解釋基金的運用方式,並幫助投資者選擇適合他們投資目標和風險承受能力的基金。投資者是購買共同基金的人,將自己的錢投入基金,並期待基金能夠賺取報酬。

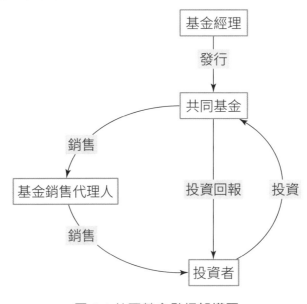

圖 6.1 共同基金發行架構圖

投資者可透過公開管道來購買基金份額參與基金的共同基金,藉由專業團隊負責管理,從而獲取多元化投資所帶來的好處,同時也能隨時買賣基金份額。共同基金具有多元化投資、專業管理、高流動性和基金份額等特性,基本特性說明如下:

⑴ **多元化投資**：共同基金將投資資金集中起來，以購買多種不同類型的金融資產，如股票、債券、貨幣市場工具等。這種多元化投資有助於分散風險，可降低單一資產的波動對整個投資組合的影響。

⑵ **專業管理**：共同基金由專業基金管理公司的基金經理負責管理，他們擁有專業的市場知識和投資經驗，負責選擇和管理投資組合，以追求最佳的投資報酬率。

⑶ **基金份額**：共同基金以基金份額的形式發行。投資者通過購買基金份額來參與基金，每個基金份額代表對基金投資組合的一部分擁有權。基金份額的價值由基金的淨資產價值決定，亦即每股淨資產價值。

⑷ **高流動性**：共同基金具有良好的流動性，投資者可以在公開市場上隨時買賣基金份額。這意味著投資者可以快速進出基金，便於資金的調配和需要現金時的提取。

⑸ **分紅和再投資**：共同基金通常會根據基金的收益情況來分紅，將利息、股息或資本收益分配給投資者。投資者可以選擇將分紅再投資到基金中，增加其持有份額，以享受長期資本增值的潛力。

⑹ **費用結構**：投資共同基金需要支付一定的費用，包括管理費、銷售費用和其他相關費用。這些費用會從基金資產中扣除，並影響基金的表現。因此，投資者應評估這些費用對預期報酬的影響。

問題

王小華從學校畢業後，在公司上班剛滿 2 年，目前有 10 萬元想投資到共同基金。請問王小華需要瞭解哪些訊息，作為選擇共同基金決策參考？

【討論重點】

購買共同基金考量：請問如何依據自己財務狀況和投資目標，來做共同基金購買決策？

投資者應該根據自己的財務狀況和投資目標，選擇最適合自己的基金；如果需要，也可以尋求專業的財務顧問幫助。王小華在選擇共同基金投資時，可考慮

以下幾個因素：

1. 財務狀況與投資目標：王小華需要明確自己的投資目標，是追求長期的資本增值，還是希望獲得定期的收益。此外，他需要評估自己的財務狀況，包括可用於投資的資金、儲蓄、債務、收入穩定性等，以確定自己能承受的風險程度。

2. 風險承受能力：不同的基金有不同的風險等級，王小華需要根據自己的風險承受能力來選擇合適的基金。如果他能接受較高的風險，可能會選擇股票型基金；如果他希望風險較低，則可能選擇債券型或貨幣市場基金。

3. 投資策略與投資標的：王小華需要瞭解基金的投資策略，包括基金投資於資產類型例如股票、債券等、投資市場地區、特定的投資主題等，這些因素會影響基金的風險與報酬特性。

4. 基金的費用：基金通常會收取管理費和銷售費等費用，這些費用會直接影響投資報酬。因此，王小華需要比較不同基金的費用，選擇費用較低的基金。

5. 基金經理的績效：基金經理的能力會直接影響基金的績效。王小華可以查看基金經理的過去績效，以評估他們的管理能力。

6. 基金的歷史績效：過去的績效可以提供一些參考資訊，王小華可以查看基金的歷史報酬率，以及與其比較基準的相對績效。

共同基金的分類標準是一種有效的工具，可以幫助投資者、基金公司和監理機關更容易理解和管理共同基金市場。因此，共同基金的分類標準有以下五個主要的意義：(1)方便投資者選擇－由於不同類型的基金有不同的風險和報酬特性，投資者可以根據自己的風險承受能力和投資目標，選擇最適合自己的基金類型。

(2)提供比較基準—同一類型的基金可以相互比較，投資者可以根據基金的績效、費用、基金經理的經驗等因素，選擇最佳的基金。(3)提供投資策略的多樣性—不同類型的基金代表不同的投資策略，投資者可以根據市場環境的變化，調整自己的投資組合。(4)提供資訊透明度—基金的分類標準可以讓投資者更清楚地瞭解基金的投資策略和風險，提高資訊的透明度。(5)有助於監管—對於監理機關來說，基金的分類標準可以幫助他們更好地監督和管理共同基金市場，確保金融市場的公平和穩定。

請參考表 6.1，有關六種共同基金的種類與案例，分別說明如下：

⑴**投資目標**：共同基金的投資目標可以大致分為成長型和收益型。成長型基金，例如富邦科技基金，主要追求資本增值，通常投資於有高成長潛力的股票。收益型基金，例如國泰債券基金，則主要追求定期收入，通常投資於穩定發放利息的債券。

⑵**投資標的**：共同基金的投資標的可以是股票、債券或其他類型的投資。股票型基金，例如兆豐國際中國 A 股基金，主要投資於股票。債券型基金，例如新光短期收益債券基金，主要投資於債券。

⑶**投資區域**：共同基金的投資區域可以是特定的國家、地區或全球。美國股票基金，例如富邦美國科技基金，主要投資於美國的股票。新興市場基金，例如元大新興市場債券基金，則主要投資於新興市場的股票或債券。

⑷**註冊地點**：共同基金的註冊地點可以是臺灣、盧森堡或其他地方。臺灣註冊基金，例如元大台灣 50 基金。盧森堡註冊基金，例如復華全球不動產證券化基金。

⑸**募集方式**：共同基金的募集方式可以是公開募集或私募。公開募集基金，例如富邦中國 A 股基金，是向所有投資者公開募集的基金。至於私募基金，例如群益全球策略高收益債券基金，則只對特定的合格投資者開放。

⑹**發行後交易方式**：共同基金的發行後交易方式可以是開放型或閉鎖型。開放型基金，例如富邦中小基金，是允許投資者隨時買賣基金份額的基金。關於閉鎖型，例如元大台灣 50 ETF，則是在初次發行後在交易所交易的基金。

表 6.1 共同基金的種類與案例

種類	共同基金名稱案例
投資目標	成長型基金（如：富邦科技基金）、收益型基金（如：國泰債券基金）
投資標的	股票型基金（如：兆豐國際中國 A 股基金）、債券型基金（如：新光短期收益債券基金）
投資區域	美國股票基金（如：富邦美國科技基金）、新興市場基金（如：元大新興市場債券基金）
註冊地點	臺灣註冊基金（如：元大台灣 50 基金）、盧森堡註冊基金（如：復華全球不動產證券化基金）
募集方式	公開募集基金（如：富邦中國 A 股基金）、私募基金（如：群益全球策略高收益債券基金）
發行後交易方式	開放型基金（如：富邦中小基金）、閉鎖型基金（如：元大台灣 50 ETF）

6.1.2 對沖基金

對沖基金 (Hedge Fund) 是一種投資組合，使用各種投資策略，包括使用金融衍生品和槓桿，以期在各種金融市場環境實現高收益。需要注意的是，對沖基金並不僅僅限於使用金融衍生品，可能會投資於各種不同的資產類型，包括股票、債券、商品、房地產等。此外，對沖基金的投資策略，也可能包括長短策略、事件驅動策略、全球宏觀策略等。

對沖基金的名稱源於其最初之目的，即透過對沖策略來減少投資風險；但是，現代的對沖基金已經遠超過這個範疇，對沖基金的投資門檻通常較高，可能有限制贖回的規定，以及可能涉及各種複雜和風險較高的投資策略。因此，對沖基金通常由專業的投資管理公司管理，並且只對合格的投資者開放，這些投資者可能包括富裕的投資人、退休基金、大學捐贈基金、保險公司等。

請參考圖 6.2 對沖基金發行架構圖，提供對沖基金發行的一個基本架構圖；但是，實際的運用會因各種基金的策略和結構而有所不同。投資者是這個流程的起點，他們將資金投入對沖基金。這些資金被集中在對沖基金中，並由基金經理或投資組合經理進行操作；專業經理人和對沖基金有著密切的雙向關係，他們根

據對沖基金的投資策略來選擇資產和進行風險管理，同時他們的操作也會影響對沖基金的策略。在資產選擇部分，專業經理會選擇各種不同類型的金融工具進行投資，例如股票、債券、衍生品等。在風險管理部分，風險經理會對投資組合的風險進行評估，並進行風險分析以管理投資組合的風險。最後，對沖基金會將投資的報酬返回給投資者。

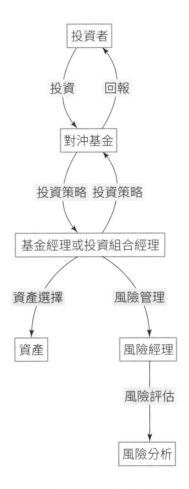

圖 6.2 對沖基金發行架構圖

　　由於對沖基金的投資策略和結構可能非常多樣化，因此不同的對沖基金可能會有不同的特性。以下所列舉是對沖基金的基本特性：

⑴**多樣化的投資策略**：對沖基金使用各種投資策略，包括但不限於對沖、槓桿、套利、短賣、衍生品交易等，以在各種金融市場環境下追求收益。

⑵ **高風險與高收益**：由於對沖基金使用複雜的投資策略，包括使用槓桿和衍生性金融商品，因此通常具有較高的風險，但也有可能獲得較高的收益。

⑶ **專業管理**：對沖基金通常由專業的投資管理公司管理，這些公司有專業的投資經理和風險分析師團隊。

⑷ **限制性的投資門檻**：對沖基金通常只對合格的投資者開放，這些投資者可能包括富裕的個人、機構投資者等。此外，對沖基金的投資門檻通常較高，並且可能有限制贖回的規定。

⑸ **缺乏透明度**：對沖基金的投資策略通常較為複雜，並且可能不公開其具體的投資組合和策略，因此對沖基金通常被批評缺乏透明度。

⑹ **監管環境**：對沖基金的監管環境與傳統的共同基金或 ETF 等投資產品不同。例如，在某些國家和地區，對沖基金可能不需要註冊或遵守某些投資限制。

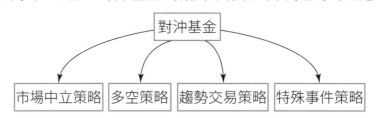

圖 6.3 對沖基金的類型分類標準的架構圖

　　圖 6.3 對沖基金的類型分類標準的架構圖，包括市場中立、多空權益證券、趨勢交易和特殊策略四種類型，這些策略可作一般參考，實際的對沖基金可能會根據金融市場條件和基金經理的判斷，來調整他們的策略。四項對沖基金的類型分類標準，分項說明如下：

市場中立策略：市場中立策略的目標是在任何金融市場環境下，都能獲得穩定的報酬。這種策略通常涉及到同時購買和賣空相關的證券，以抵消市場風險。例如，一個市場中立的對沖基金可能會購買一個公司的股票，同時賣空同一行業的另一家公司的股票。

多空策略：多空策略是一種對沖基金策略，其中基金經理同時購買（做多）他們認為會上漲的股票，並賣空（做空）他們認為會下跌的股票。例如，一個多空策略的對沖基金可能會購買科技股，同時賣空能源股。

趨勢交易策略：趨勢交易策略是一種策略，其中基金經理試圖利用金融市場價格的長期趨勢來獲利。這可能涉及到使用技術分析，來識別和跟隨市場趨勢。例如，一個趨勢交易的對沖基金可能會在識別到股票市場處於上升趨勢時購買股票，並在趨勢轉為下跌時賣出股票。

特殊事件策略：特殊事件策略是一種策略，其中基金經理專注於特定的公司事件，例如合併和收購、股票分割或破產，並試圖從這些事件中獲利。例如，一個特殊事件策略的對沖基金可能會在一家公司宣布合併的消息發布後購買該公司的股票，期待股價上漲。

　　對沖基金根據投資策略和風險偏好，可分為多種類型。投資策略包括市場中性策略、方向性策略和事件驅動策略等。市場中性策略追求無論市場漲跌都能獲利；方向性策略根據市場趨勢進行買入或賣出；事件驅動策略專注於利用公司事件等特殊情況賺取報酬。如表 6.2，根據不同的投資策略和風險偏好，對沖基金可以分為以下幾種類型：

⑴雙向交易 (Long/Short)：這是早期的對沖基金策略，同時買進預期漲價的股票和賣空預期跌價的股票，以減少市場波動的影響，並藉由股票間的相對價值差異獲利。這策略可以是淨多倉或淨空倉，即買進和賣空部位之間可能有正負的差額。

⑵市場中性 (Market Neutral)：這是進階的雙向交易策略，目標是讓買進和賣空部位之間的差額接近零，完全消除市場波動的影響，專注於股票間的相對價值變化。此策略通常需要深入的數量分析和精準的執行能力。

⑶相對價值 (Relative Value)：這種策略利用不同市場或不同工具之間的價格偏差或關聯性變化進行套利交易。例如，可換股公司債套利，買入價格低的可換股債券同時賣空正股，反之亦然；或利率套利，建立多空頭寸於不同國家或期限的利率工具之間。

⑷全球宏觀 (Global Macro)：這種策略從全球經濟金融體系的上層進行分析，根據政經事件和主要趨勢在各種市場工具上進行買賣。例如，在預期某國央行降息時買進該國債券或股票；或者在預期某國通脹加劇時賣空該國貨幣或商品等。

⑸管理期貨 (Managed Futures)：這種策略利用多種期貨和衍生工具的長短倉，以

追求絕對收益。通常運用趨勢追蹤或反轉交易等技術分析方法，判斷市場走勢和時機。

以上五種對沖基金策略根據不同的投資目標和風險偏好，提供了多樣化的選擇，以達到對沖風險和獲取收益的目的。

表 6.2 對沖基金的類型與特性分析

類型	特性
雙向交易	同時買入看漲和賣空看跌的股票
市場中性	讓買進和賣空部位之間的差額接近零
相對價值	利用不同市場或不同工具之間的價格偏差或關聯性變化進行套利交易
全球宏觀	由全球經濟金融體系進行分析，按政經事件及主要趨勢買賣
管理期貨	利用多種期貨和衍生工具的長短倉，以追求絕對收益

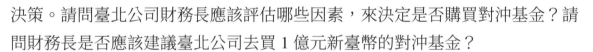

問題

臺北公司是一家電子業廠商，今年有一筆 1 億元新臺幣，是可閒置 2 年的資金。臺北公司財務長正在考慮購買對沖基金決策。請問臺北公司財務長應該評估哪些因素，來決定是否購買對沖基金？請問財務長是否應該建議臺北公司去買 1 億元新臺幣的對沖基金？

【討論重點】

購買對沖基金考量：請問公司財務長要考量哪些因素？

臺北公司財務長在考慮是否購買對沖基金時，可能需要評估以下幾個因素：

1. 風險承受能力：對沖基金的投資策略，通常比共同基金更複雜和風險更高，所以財務長需要評估公司是否能夠承受可能的投資損失。

2. 投資目標：對沖基金的目標是在各種金融市場環境下獲得絕對報酬，財務長需要確定這個報酬是否符合公司的投資目標。

3. 費用結構：對沖基金的費用結構通常包括管理費和業績費，財務長需要評估這些費用是否符合公司的預算。

4. 流動性需求：對沖基金通常有較長的贖回期和鎖定期，這可能會影響公司的資金流動性，財務長需要確定公司是否能夠承受這種流動性風險。

5. 對沖基金的績效和策略：財務長需要評估潛在投資的對沖基金之過去績效和投資策略，以確定是否可能達到公司的投資目標。

至於財務長是否應該建議臺北公司購買 1 億元新臺幣的對沖基金，這完全取決於上述因素的評估結果，以及公司的具體情況。如果公司能夠承受高風險，並且對沖基金的投資策略和績效符合公司的投資目標，那麼購買對沖基金可能是一個好選擇。

然而，如果公司對風險敏感，或者需要高度的資金流動性，那麼購買對沖基金可能不是最佳選擇。這應該由具有專業知識和經驗的財務專家來做投資決策，並且可能需要諮詢投資顧問或其他專業人士的意見。

6.1.3 共同基金與對沖基金的比較

在投資購買共同基金和對沖基金之前，投資者應該設定明確的目標、進行充分的研究、評估風險承受能力，並考慮尋求專業的建議；此外，投資者要確保財務規劃充足，瞭解基金買賣手續與管理相關費用，並制定一個明確的投資計畫。

請參考表 6.3，從投資性質、募資對象、投資門檻、投資策略、法規限制、操作目標、事業關係、管理費用這 8 項來說明共同基金與對沖基金的差異，這些只是一般性的區別，實際的情況可能會根據具體的基金和司法管轄區而不同。

共同基金通常投資於公開市場的股票和債券，並開放給一般社會大眾投資，因此投資門檻較低，適合小額投資者；其投資策略較保守，主要追求穩定的長期報酬，並通常與特定基準指數的表現相關。由於受到嚴格的監管，共同基金的投

資策略和運用方式有較多的限制。在事業關係上，投資者是基金的股東，基金公司為投資者管理資產。至於費用方面，共同基金通常只收取基於資產規模的管理費。

相對於共同基金，對沖基金的投資範圍更廣，除了公開市場的股票和債券，也可能涉及衍生品、私募股權、不動產等。對沖基金主要對富裕的個人和機構投資者開放，因此投資門檻較高。對沖基金的投資策略較具挑戰，可能使用槓桿、短賣等策略以追求較高的報酬，並且通常追求絕對報酬；亦即，無論市場環境情況都試圖獲得正報酬率。由於法規監管相對較少，對沖基金的投資策略和運用方式有較大的靈活性。在事業關係上，投資者通常是基金的有限合夥人，基金經理是無限合夥人，負責管理基金。至於費用方面，對沖基金通常收取基於資產規模的管理費和基於投資報酬的業績費。

由於共同基金與對沖基金有很大的差異，每個投資者的情況都是獨特的，因此在做出投資決策時，應該考慮自己的投資目標、風險承受能力和投資時間範圍。在考慮投資共同基金或對沖基金時，可能會考慮以下四個因素：

1. 風險承受能力：如果投資者能夠承受更高的風險並尋求更高的報酬，他們可能會選擇投資對沖基金；如果他們尋求穩定的報酬並希望風險較低，則可能會選擇共同基金。
2. 投資資金：由於對沖基金通常有較高的最低投資額要求，所以只有資金充足的投資者才能投資對沖基金。
3. 投資知識和經驗：對沖基金的投資策略可能較為複雜，需要投資者有一定的投資知識和經驗才能理解對沖基金的投資操作。
4. 對透明度的需求：如果投資者希望能夠定期查看他們的投資組合和績效，他們可能會選擇共同基金。

表 6.3 共同基金與對沖基金的比較

	共同基金	對沖基金
投資性質	公開	私募
募資對象	一般大眾投資人	資金雄厚的投資人
投資門檻	低	高

投資策略	公司、債券、指數	全部金融商品（包括期貨、衍生性金融商品、房地產等項目）
法規限制	具有許多限制	限制少
操作目標	追求相對報酬	追求絕對報酬
事業關係	經理人只是客戶的代理人	經理人與投資人屬於共同的合夥人
管理費用	主要以資產規模計算，極小部分以績效計算	主要以績效及資產規模計算

6.2 我國法規

　　共同基金和對沖基金在基金的設立、運用和監管，主要受到《證券投資信託及顧問法》規範，該法規定基金的設立程序、資格要求和設立要件。無論是共同基金還是對沖基金，金融監理機關可以要求基金提供報告和資料，進行審核、檢查和調查，並採取必要的監管措施處理違法違規行為。此外，基金管理公司也需要建立內部控制和合法制度，確保基金運用的合法性和風險控制。

6.2.1 共同基金相關法規

　　共同基金是一種投資工具，由證券投資信託公司募集發行受益憑證，由投資人申購所集合成之資金，經由證券投資信託公司之專家來操作，所生之盈虧由投資人自行負擔，型態上分開放式基金及封閉式基金。在我國，共同基金的法令規定主要由金融監督管理委員會所制定，並由證券投資信託暨顧問商業同業公會進行自律管理。與共同基金的設立、運用和監管相關的一些主要的法令規定列舉如下：

1. 《證券投資信託及顧問法》：這是共同基金的主要法源，為健全證券投資信託及顧問業務之經營與發展，增進資產管理服務市場之整合管理，並保障投資而特制定本法。

2. 《證券投資信託基金管理辦法》：進一步詳細闡述《證券投資信託及顧問法》的規定，包括基金的設立、運用、買賣等規定。

3. 《證券暨期貨市場各服務事業建立內部控制制度處理準則》：這是規定基金公司必須設立內部控制及稽核制度，以確保公司運用的合法性和有效性。

4. 《信託業從事廣告、業務招攬及營業促銷活動應遵循事項》：規定基金公司在進行廣告和業務推廣時，必須遵守的規定，以保護投資人的權益。

5. 《證券暨期貨市場各服務事業建立內部控制制度處理準則》：各服務事業之內部控制制度係由服務事業經理人所設計，董事會通過，並由董事會、經理人及其他員工執行之管理過程，其目的在於促進服務事業之健全經營，以合理確保下列目標之達成：
   ㈠營運之效果及效率。
   ㈡報導具可靠性、及時性、透明性及符合相關規範。
   ㈢相關法令規章之遵循。

6. 《金融控股公司法》：如果共同基金由金融控股公司設立或管理，則這部法律也會涉及相關規範。該法規定金融控股公司的業務範圍、資本適足性要求、內部控制等，以確保金融機構的穩健運用和風險管理。

　　以上法令規定，主要是為保護投資人的權益，確保基金市場的公平、透明和穩定；相關的條文，可查詢金融監督管理委員會和證券投資信託暨顧問商業同業公會的官方網站。基本上，《證券投資信託及顧問法》是共同基金設立、運用和監管的主要法源，對共同基金的規範提供明確的指引，分別說明如下：

1. 共同基金設立

   共同基金是由證券投資信託事業設立和管理的一種投資工具。證券投資信託事業是指經主管機關許可，從事資金募集，將資金投資於證券等金融資產，並以受益權單位形式向投資者提供的機構。共同基金的設立需要依照相應的法律和監管機構的要求，提交相關文件和資料，並經主管機關的審核和批准。

2. 共同基金運用

   共同基金的運用由證券投資信託事業負責。證券投資信託事業按照基金契約的規定，將投資者的資金集中起來，投資於證券等金融資產，形成投資組合。共同基金的投資組合通常由專業的基金經理團隊管理和調整，以達到基金的投資目標和策略。證券投資信託事業定期向投資者提供報告，包括基金的運用情況、

投資組合的構成、風險評估和收益分配等資訊。

3. 共同基金監管

共同基金的監管由主管機關負責。主管機關對證券投資信託事業的基金發行、募集、運用和揭露進行監督和檢查。主管機關有權要求證券投資信託事業提供相關報告和資料，並根據發現的違法違規行為採取相應的監管措施。證券投資信託事業應建立健全的內部控制制度，確保基金運用的合法性和風險控制。

需要注意的是，具體的共同基金設立、運用和監管規定，可能因國家或地區的法律、監管機構和市場規則而有所不同。因此，在考慮投資於共同基金或涉及具體法律問題時，建議諮詢專業的法律意見或與當地的監管機構聯繫，以確保你獲得準確和最新的訊息。

6.2.2 對沖基金相關法規

對沖基金是一種專業的投資工具，旨在對沖投資風險、實現穩定和高報酬；其具有高度機動性、多元化的投資策略和專業管理，但也存在著高風險和限制性投資的特點。投資者應該對對沖基金的特性有充分的瞭解，並謹慎評估風險和報酬的平衡。在我國，對沖基金的設立、運用和監管受到以下法令規定：

1. 《證券投資信託及顧問法》、《期貨交易法》：該等法令規範證券投資信託事業及期貨信託事業，其中包括對沖基金的設立和管理。根據這些法律，證券投資信託事業及期貨信託事業需要符合特定的資格和設立要件，並經過主管機關的審核和許可才能設立對沖基金。

2. 《證券投資人及期貨交易人保護法》：為保障證券投資人及期貨交易人之權益，並促進證券及期貨市場健全發展。

3. 《證券投資顧問事業管理規則》：該辦法針對從事證券投資顧問業務的機構，包括提供對沖基金管理服務的機構，制定了相關的管理規範。這些規範包括對沖基金的投資策略和風險管理和合法要求、投資者權益保護等。

4. 《證券暨期貨市場各服務事業建立內部控制制度處理準則》：各服務事業之內部控制制度係由服務事業經理人所設計，董事會通過，並由董事會、經理人及其他員工執行之管理過程，其目的在於促進服務事業之健全經營，以合理確保下

列目標之達成：

㈠營運之效果及效率。

㈡報導具可靠性、及時性、透明性及符合相關規範。

㈢相關法令規章之遵循。

5. 《金融控股公司法》：如果對沖基金由金融控股公司設立或管理，則這部法律也會涉及相關規範。該法規定金融控股公司的業務範圍、資本適足性要求、內部控制等，以確保金融機構的穩健運用和風險管理。

6. 《保險業辦理國外投資管理辦法》：明確規範對沖基金如為國外表彰基金之有價證券，對投資總額、單一基金投資總額有金額規定；此外，對沖基金之基金經理公司須以在主權評等等級經國外信用評等機構評定為 A+ 級或相當等級以上，且屬國際證券管理機構組織 (IOSCO) 多邊合作瞭解備忘錄 （Multilateral Memorandum of Understanding，簡稱 MMoU）之簽署國家或地區主管機關註冊者為限，且管理對沖基金歷史須滿二年以上，管理對沖基金之資產不得少於美金二億元或等值外幣。

以上列舉的法令是基於一般的規範，在實際操作中，對沖基金的設立、運用和監管還受到其他相關法令的影響，如《公司法》、《證券交易法》等。此外，對沖基金的管理機構還要遵循金融監理機關發布相關的函釋、通知或指引，用於解釋和補充相關法令的執行細則。

6.3 實務案例

共同基金和對沖基金都是投資工具，但是兩者的運用方式和目標有所不同。共同基金將許多投資者的資金集中在一起，由專業的基金經理人進行管理，投資於股票、債券、貨幣市場工具等各種資產。相對地，對沖基金則是一種更為靈活的投資工具，其基金經理人可以進行更為多元的投資策略，包括做多、做空、套利等，目標是在各種市場環境下都能獲得正向的報酬。無論是共同基金還是對沖基金，投資都有風險，投資前應詳細研究並謹慎考慮，本節列舉國外和我國的基金案例。

6.3.1 共同基金案例

　　共同基金是一種投資工具，將許多投資者的資金集結在一起，由專業的基金經理進行管理。這種基金的主要優點在於提供投資多元化的機會，因為基金通常投資於多種不同的證券，如股票、債券和貨幣市場工具。這種多元化投資，可以幫助降低投資風險。此外，由於基金由專業基金經理管理，可以專業知識和經驗來選擇和管理投資組合。共同基金的另一個優點是基金在任何交易日都可以買賣，提供高度的流動性。再者，共同基金管理公司必須定期報告其投資組合的內容和表現，為投資者提供透明投資訊息。由於共同基金管理大量的資金，可以享受到規模經濟以及較低的交易成本的優勢。下面列舉六個共同基金案例，前三個案例是國外案例，另外三個是我國共同基金案例的描述。

1. Vanguard 500 Index Fund

　　這是一個由 Vanguard 集團管理的指數型共同基金，其目標是追蹤標普 500 指數的表現。該基金投資於標普 500 指數的所有成分股，以反映指數的整體表現。這種基金的優點是其多元化的投資組合，可以減少特定股票的風險。此外，由於該基金是被動管理，所以管理費用相對較低，這對於長期投資者來說是一個值得的考慮因素。

　　被動管理的基金，也被稱為指數基金，其主要目標是追蹤特定的市場指數，如標普 500。這種基金的投資組合是由指數的成分股票組成的，並按照在指數中的權重進行分配。基金經理的工作主要是確保基金的投資組合能夠準確地反映其追蹤的指數，而不是試圖預測哪些股票會表現得比市場更好或更差。

　　被動管理的基金的主要優點是成本低。由於基金經理不需要進行大量的市場研究或頻繁交易，所以管理費和交易成本都相對較低。此外，這些基金的目標是追蹤指數，所以通常能夠提供與市場相當的報酬。這對於希望長期投資並獲得穩定報酬的投資者來說，是一個很好的選擇。

　　然而，被動管理的基金也有其限制。由於該基金只是追蹤指數，所以當市場下跌時，這些基金也會跟著下跌。此外，也無法利用市場的短期波動或特定股票的價值機會來提高報酬。因此，被動管理的基金可能不適合那些尋求超越市場平均報酬或願意承擔更高風險的投資者。

2. Fidelity Contrafund

這是一個由 Fidelity Investments 管理的共同基金，其投資策略是選擇和投資在市場上被低估的成長股票。該基金的基金經理會進行深入的公司研究，並尋找那些具有長期成長潛力但目前市場價格未能反映其真實價值的股票。這種基金的風險較高，但同時也提供較高的收益潛力。

3. PIMCO Total Return Fund

這是一個由 Pacific Investment Management Company (PIMCO) 管理的固定收益型共同基金。該基金投資於各種類型的債券，包括政府債券、企業債券和抵押債券等。基金經理會根據對利率環境、信用風險和市場趨勢的判斷，來選擇和調整投資組合。這種基金的目標是提供穩定的收益和保護投資本金。

4. 富蘭克林臺灣基金

這是一個由富蘭克林證券投資信託投資顧問（臺灣）有限公司管理的共同基金；該基金的目標是追蹤臺灣證券交易所加權股價指數 (TAIEX) 的表現。該基金投資於臺灣的上市股票，並且試圖反映臺灣整體股市的表現。這種基金提供一個方便的方式，讓投資者能夠參與並獲得臺灣股市的報酬。

5. 野村臺灣動力基金

這是一個由野村證券投資顧問（臺灣）有限公司管理的共同基金。該基金的投資策略是選擇和投資在臺灣市場上具有成長潛力的股票。基金經理會進行深入的公司研究，並尋找那些具有長期成長潛力的公司。這種基金的風險較高，但同時也提供較高的收益潛力。

6. 群益臺灣高股息基金

這是一個由群益投資信託管理公司管理的股息型共同基金。該基金的目標是提供穩定的股息收入和長期資本增值。該基金投資於臺灣市場上具有良好股息紀錄的股票，並且試圖提供一個高於平均水準的現金收益。這種基金適合那些尋求穩定現金流入的投資者。

6.3.2 對沖基金案例

對沖基金是一種特殊類型的投資組合，其目標是在各種市場環境下都能實現

最大的絕對報酬。這種基金的特點在於其高度的投資靈活性和專業的風險管理策略。對沖基金可以在全球各種市場進行長短倉投資，並使用衍生品、槓桿和其他複雜的金融工具，來提高報酬或管理風險。這些基金的風險管理策略，旨在保護投資組合免受不利市場變動的影響，這通常涉及到購買某些證券，同時賣出其他相關證券。此外，對沖基金的費用通常比其他類型的基金更高，這可能會影響投資報酬。最後，由於對沖基金使用槓桿和其他複雜的投資策略，所以可能會面臨較高的市場風險。下面列舉六個對沖基金案例，前三個案例是國外案例，另外三個是虛擬我國對沖基金案例的描述。

1. Bridgewater Pure Alpha Fund

   這是由 Bridgewater Associates 管理的對沖基金，該基金使用全球宏觀策略。基金的目標是利用對全球經濟和金融市場的分析，尋找投資機會並管理風險，以實現穩定的絕對報酬。該基金使用定量模型和定性分析方法，以追求投資組合的多樣化和資本增值。

2. Citadel Global Equities Fund

   這是由 Citadel LLC 管理的對沖基金，該基金使用長短倉策略。基金的投資策略是在全球股票市場中建立多頭和空頭頭寸，以從股票價格的漲跌中獲取收益。該基金運用深入的基本面研究和技術分析，以識別高潛力的投資機會並控制風險。

3. Renaissance Institutional Equities Fund

   Renaissance Institutional Equities Fund 是由 Renaissance Technologies LLC 管理的一種對沖基金，該基金以其先進的量化交易策略而聞名。這種基金的投資策略主要是利用複雜的數學模型和統計分析，來進行大量的數據挖掘和模式識別。這種方法的目的是在股票市場的數據中，找出可以利用的規律和趨勢，並根據這些發現來制定交易策略。

   Renaissance Institutional Equities Fund 的目標是從股票價格的短期波動中獲取利潤，並尋找具有高度可預測性的市場模式。這種基金的投資策略需要大量的計算能力和專業知識，並且需要不斷地更新和調整以適應市場的變化。

   然而，這種基金的策略也有其風險。由於該基金依賴於數據和模型的準確性，

所以如果數據或模型有誤，或者市場行為發生變化，這可能會導致投資策略失效。此外，量化交易策略也可能導致市場的過度反應或其他未預期的市場行為。因此，投資者在投資這種基金時需要謹慎考慮其風險。

　　由於在我國的對沖基金市場相對較小，對沖基金的交易和銷售情況可能有限，以下案例是我國金融市場情境中虛擬的對沖基金實務案例：

1. ABC 對沖基金：ABC 對沖基金是一家在臺灣運用的對沖基金，其策略主要集中在市場中性和相對價值的交易。該基金使用量化模型和技術分析來尋找價格偏離和套利機會，以達到對沖和穩定收益的目標。

2. XYZ 全球宏觀對沖基金：XYZ 全球宏觀對沖基金是一家在臺灣活躍的對沖基金，其策略基於對全球宏觀經濟因素和金融市場的研究和分析。該基金根據國際政經事件和趨勢來調整和平衡投資組合，以追求絕對收益和降低風險。

3. DEF 管理期貨對沖基金：DEF 管理期貨對沖基金是一家在臺灣交易的對沖基金，其策略基於期貨市場的趨勢追蹤和反轉交易。該基金利用技術分析和量化模型來識別市場趨勢，並在期貨市場上建立長短倉位，以追求絕對收益。

6.4 本章重點提示

　　本章主要探討共同基金與對沖基金的定義、特性、相關法規以及實務案例。首先，介紹共同基金與對沖基金的基本定義和特性。共同基金是一種投資工具，將許多投資者的資金集中起來，由專業的基金經理人進行投資管理。對沖基金則是一種私人投資基金，使用各種策略，包括槓桿、衍生品和短賣等，以求在各種市場環境下都能獲得正報酬。接著，比較共同基金與對沖基金的主要差異。共同基金通常是被動管理，追蹤特定的指數，而對沖基金則是主動管理，試圖超越市場表現。此外，對沖基金的投資策略通常更為複雜和風險更高。在討論我國的相關法規時，分別介紹共同基金和對沖基金的法規，主要規範基金的設立、運用、監管等方面，以保護投資者的權益。最後，透過實務案例來進一步說明共同基金和對沖基金的運用。

6.5 自我評量與挑戰

是非題

1.共同基金的投資組合是否只包括股票和債券？

2.共同基金的基本特性是否包括多元化投資、專業管理、高流動性和基金份額？

3.對沖基金通常是否只投資於金融衍生品？

4.對沖基金的多空策略是否只購買股票而不賣空股票？

5.對沖基金的相對價值策略是否主要利用股票間的相對價值變化，來進行交易？

6.投資對沖基金是否通常比投資共同基金具有較低的風險？

7.對沖基金的設立和管理是否受到金融監督管理委員會的法令規定？

選擇題

1.共同基金的投資組合可能包括哪些類型的金融資產？
　(A)只有股票
　(B)只有債券
　(C)股票和債券
　(D)股票、債券、貨幣市場工具和其他金融資產

2.共同基金的流動性是指什麼？
　(A)投資者可以隨時買賣基金份額
　(B)基金可以投資多種不同類型的金融資產
　(C)基金的份額代表對基金投資組合的擁有權

(D)基金會將利息、股息或資本收益分配給投資者

3.共同基金的分類標準對監管機構的主要意義是什麼？
　(A)提供比較基準
　(B)提供資訊透明度
　(C)提供投資策略的多樣性
　(D)有助於監管、

4.共同基金的法令規定主要由哪個機關訂定？
　(A)金融監督管理委員會
　(B)證券投資信託暨顧問商業同業公會
　(C)金融控股公司
　(D)證券暨期貨市場各服務事業

📋問答題
1.投資者購買共同基金的基金份額後，基金份額的價值如何確定？

2.請舉例說明一種共同基金的投資目標和相對應的案例。

3.對沖基金的投資策略和結構具有什麼特點？

4.請問什麼是共同基金？

5.金融監督管理委員會和證券投資信託暨顧問商業同業公會在共同基金的設立和監管中扮演什麼角色？

📋個案討論題
1.假設你是一位基金經理人，將以這個身分向一家上市公司的投資部門主管優化

地介紹共同基金和對沖基金的特性、成本和效益。請問這位基金經理人要如何介紹共同基金與對沖基金的特性、成本和效益？

是非題答案

1.否。　2.是。　3.否。　4.否。　5.是。　6.否。　7.是。

選擇題答案

1.(D)。　2.(A)。　3.(D)。　4.(A)。

問答題答案

1.基金份額的價值由基金的淨資產價值決定，即每股淨資產價值。

2.成長型基金－富邦科技基金。

　成長型基金追求資本增值，通常投資於有高成長潛力的股票。富邦科技基金就是一個成長型基金的例子，它的投資目標是追求科技行業中具有高成長潛力的股票，例如科技公司或創新技術公司。這個基金的投資策略主要集中在科技相關行業，以追求長期的資本增值。

3.對沖基金的投資策略和結構具有多樣性和專業化的特點。

　對沖基金使用各種投資策略，包括對沖、槓桿、套利、短賣、衍生品交易等，以在不同的金融市場環境下追求收益。此外，對沖基金通常由專業的投資管理公司管理，這些公司擁有專業的投資經理和風險分析師團隊。

4.共同基金是一種投資工具，由證券投資信託公司募集發行受益憑證，由投資人申購所集合成之資金，經由證券投資信託公司之專家來操作，所生之盈虧由投資人自行負擔，型態上分開放式基金及封閉式基金。

5.金融監督管理委員會制定共同基金的主要法令規定，並負責監管共同基金。證券投資信託暨顧問商業同業公會則負責進行共同基金的自律管理。

個案討論題答案

1.一、共同基金特性：

共同基金是一種投資工具，由多個投資者共同出資，資金由基金經理人進行管理。其特性如下：

(1)多元化投資：共同基金以集中投資多種資產類別為特點，降低單一投資風險，並提供投資者更廣泛的市場參與。

(2)專業管理：基金經理人負責研究、選擇和管理基金投資組合，以追求穩定和長期的回報，使投資者受益於專業知識和管理經驗。

(3)流動性和便利性：投資者可以透過買賣基金份額來快速進行資金的進出，提高資金的流動性和操作的便利性。

二、對沖基金特性：

對沖基金是一種更為靈活的投資工具，其特性如下：

(1)多元化投資策略：對沖基金可以使用多種投資策略，如做多、做空和套利等，以在各種市場環境下追求正向的報酬，增加投資的靈活性和多元性。

(2)專業管理和靈活性：基金經理人擁有專業知識和技能，能夠根據市場變化靈活調整投資組合，尋找利潤機會，提供更具彈性的投資解決方案。

(3)高風險和高報酬：對沖基金通常承擔較高的風險，但也追求相對高的報酬，這使其成為風險承受能力較高的投資者追求更高回報的選擇。

三、投資成本與效益：

共同基金和對沖基金的投資成本與效益，也有所不同。

(1)共同基金的成本較低：由於共同基金資金集中並由多個投資者共同承擔，個別投資者的成本相對較低。共同基金通常具有較低的管理費和交易成本，提供較為經濟的投資方案。

(2)對沖基金的成本較高：對沖基金通常要求投資者具備較高的最低投資金額，且基金經理人的專業管理和多元化策略的執行也需要相應的成本。然而，這些成本也可能帶來更高的報酬潛力。

(3)成本與效益的平衡：投資者應該謹慎評估風險和報酬的平衡，根據自身的投資目標、時間和風險承受能力選擇合適的投資工具。投資者可以考慮投資組合多元化，結合共同基金和對沖基金，以平衡風險和回報的要

求。

投資部門主管需要瞭解共同基金和對沖基金的特性、成本和效益，才能
夠幫助公司更好地管理投資組合，實現風險分散和回報最大化的目標。
同時，投資部門主管持續監測基金經理人的績效和市場環境的變化，進
行風險評估和投資策略調整，以確保投資策略的長期成功。

第 **7** 章　產險公司與壽險公司

　　保險公司是一種金融機構，主要業務為提供各種保險商品和服務，以幫助個人和企業在面對意外風險和損失時，可獲得保障和賠償。這些保險商品包括但不限於人壽保險、財產保險、健康保險、車險和企業保險等。保險公司的運作原理是透過收集一般保戶的保費來建立保險基金，用於賠償那些遭受損失的保險投保人。當客戶購買保險產品時，將與保險公司簽訂保險合約，其中規定保險公司的責任與客戶的權益。保險公司的主要功能包括風險評估、保障提供、理賠處理、投資管理和市場營銷等。保險業是一個重要的社會經濟支柱，不僅為個人和企業提供保障，還在災難時期發揮著穩定經濟的作用。然而，保險公司也面臨著風險管理、市場競爭和金融監理等挑戰。因此，保險公司需要不斷創新和提高服務品質，以滿足客戶的需求，並保持業務的永續發展。

7.1 定義與特性

　　保險公司 (Insurance company) 是採用公司組織形式的保險人，經營保險業務；是依照我國《保險法》和《公司法》設立的經營商業保險業務的金融機構。保險公司主要業務是提供各種保險商品和服務，主要類型分為壽險、產險、再保險，以降低個人和企業在面對意外傷害所受的損失。如表 7.1 所示保險公司主要業務類型，壽險公司專注於提供人壽、意外、健康保險等項目；相對地，產險公司專注於提供車險、家居保險、商業保險等產品，保障車輛損壞和第三方責任、房屋損壞及企業財產損失、責任和員工福利等；再保險公司是一種專門為其他保險公司提供再保險服務的金融機構，在保險市場中扮演重要角色，有助於保險業的發

展和客戶的保障。

表 7.1 保險公司主要業務類型

類型	壽險	產險	再保險
機構名稱	富邦人壽 國泰人壽 南山人壽 新光人壽 中華郵政壽險等	臺灣產物 明台產物 富邦產物 國泰產物 南山產物等	中央再保險公司 英屬百慕達美國再保險公司等

7.1.1 保險公司

　　保險公司是從事保險業務的金融機構，主要功能是向保戶收取保費，承擔投保人的風險，並按照保險合約之約定，對受益人支付保險金或提供其他形式的補償。保險公司主要可以分為人壽保險公司和財產保險公司，前者提供人身保險，如壽險、健康險、意外險等；後者提供財產保險，如車險、火災險、責任險等。保險公司的定義涉及下列幾個要素：

(1)保險人：從事保險業務的金融機構，也稱為承保人或承保方。

(2)投保人：具有保險利益的一方，向保險人申請訂立保險契約，並負有交付保險費義務。

(3)被保險人：在保險事故發生時，遭受損害並享有賠償請求權的一方；投保人也可能是被保險人。

(4)受益人：被保險人或投保人約定享有賠償請求權的一方，投保人或被保險人均可為受益人。

(5)保險標的：受到風險威脅的財產或利益，如房屋、汽車、身體、生命等。

(6)保險利益：投保人對保險標的具有的法律上承認的利益。通常係指投保人因保險標的的損害或喪失而遭受的經濟損失，或因保全保險標的而獲得的收益。

(7)保險費：投保人向保險人支付的費用，以換取風險轉移和補償權利。

(8)保險金：發生約定風險時，由承保方依約給付的金額。

(9)保險契約：投保人與承保方訂立的契約，通常以書面形式表現，也稱為「保單」

或「保險合約」。該契約規定了雙方的權利和義務，以及風險範圍、賠償方式、免責事項等內容。

保險公司是一種重要的金融中介機構，其特徵包括風險轉移和分散、契約型業務和社會福利性質。這些特點使得保險公司成為保障個人和社會的重要機構，並在現代經濟中扮演著不可或缺的角色。保險公司的主要業務是將風險轉移和分散；透過保險合約，保險公司承擔客戶的風險，並在發生意外事故或損失時提供賠償或補償。這種風險轉移機制有助於個人和企業在面對不可預測的風險時獲得保障，降低不確定性，並為社會經濟增加穩定性。

再者，保險公司是契約型機構。保險契約明確規定保險公司的責任和客戶的權益，其中包括保險金額、保險期限、理賠條件等內容。這些契約明確地約束著保險公司在合約期內履行其承諾，同時也受到相關法律和監理機關的監督。這種契約性質可確保保險公司的穩健營運，也保障客戶的權益，並維護保險行業的公平競爭。

此外，保險公司可稱為一種社會福利機構，其使命在於保障社會成員的財產安全和生活品質。透過提供廣泛的保險商品和服務，保險公司有助於減輕個人和企業在遭受損失時的經濟壓力；同時，也在災難和危機時期，發揮著穩定經濟的作用，幫助社會恢復和重建。

保險公司是從事保險業務的金融機構，其主要功能是通過收取保險費，承擔投保人的風險，並在發生保險事故時，按照保險合約的約定，向受益人支付保險金或提供其他形式的補償。保險公司可以根據其組織形式、經營範圍、所有權等不同標準進行分類。如表7.2，介紹保險公司主要組織類型及其特點說明：⑴股份制保險公司：股東出資組成的有限責任公司，可通過股票市場進行股權轉讓，有獨立承擔民事責任的法人資格。⑵相互制保險公司：由投保人自願組成的非營利性法人組織，相互承擔風險，投保人是唯一成員和客戶。⑶專屬制保險公司：為特定行業或團體提供風險保障的有限責任公司，業務範圍和客戶群體有限。⑷再保險公司：專門從事再保險業務的公司，承擔其他直接保險公司轉出的風險，提供技術支持和風險分散。

表 7.2 保險公司主要組織類型

類型	特點說明
股份制保險公司	由發起人根據《公司法》設立，以股份為基本資本單位的有限責任公司。股東可以透過股票市場進行股權轉讓，享有有限責任；可通過增發股票或公開募集資金擴大資本規模。
相互制保險公司	投保人自願組成，以相互承擔風險為目的的非營利性法人組織。投保人是公司的唯一成員和客戶，可參與公司管理和決策，分享盈餘或承擔虧損，且不能發行股票或債券籌集資金。
專屬制保險公司	由特定行業或團體設立，為其成員提供風險保障或再保障的有限責任公司。可根據特定需求提供合適保險產品，減少與其他保險公司競爭，增強行業凝聚力與競爭力。
再保險公司	專門從事再保險業務的保險公司，承擔其他直接保險公司轉出的風險，支付再保險金或補償。可分為專業再保險公司和綜合再保險公司，幫助分散風險，降低賠付波動，提供技術支持。

　　金管會於 2023 年 7 月 18 日宣布 2023 年「公平待客」的評核結果，其中排名後 20% 的後段班，共 21 家金融業者，均限期交檢討報告，證券和保險業限二個月內，銀行業則必須在今年底前提出。通常排名會落到後段班，最大扣分項就是「處分案」和「客訴量」。例如在 2022 年防疫險賣較多的產險業，申訴量多，就易被扣分，或有理專弊案、行員勾結詐騙等重大裁罰案，都會掉到後段班。

　　金管會於 2023 年公布「公平待客評核」新榜單，保險業排名前 25% 業者，共有壽險業 6 家（中壽、南山、國泰、富邦、新壽、遠雄）及產險業 5 家（明台、南山、泰安、新光、台產）。其中，國泰人壽和中國人壽，更是唯二連續 3 年都入榜的保險公司。金管會表示，2023 年仍保留頒發「最佳進步獎」鼓勵有顯著進步並加強落實公平待客的金融業者，壽險業的得主為元大人壽，而產險業得主為第一產物。金管會也公布最佳進步獎得獎公司具體進步優良事蹟，包括設計公平待客十大原則指標燈號，作為公平待客風險監控機制、董事會提出發生頻率高之缺失，建立處置措施並實施制度化管理等。

　　績優的保險公司對於塑造公平待客的企業文化付出相當多心力，許多公司由上而下從董事會帶領成立功能性委員會，積極推動各項與公平待客相關的行動方案、監督具體服務改善和提出建議，例如利用數位科技提升客戶滿意度、主動關

懷客戶、特定族群友善服務等。當業者愈來愈落實公平待客，給予消費者更好的消費金融體驗，也更能降低客訴爭議成本，並獲得消費者信賴與託付。如此，形成金融消費者與金融服務業之間的正向循環。

7.1.2 壽險公司

壽險公司 (life insurance company) 主要業務專注於銷售人壽保險，也被稱為生命保險或人身保險。人壽保險的特質在於集合多數的人，每人各出極少數的錢，交由保險公司匯合成巨額的財力，進行妥善的管理與運用。若其中有人發生約定的身故或生存的保險事故，保險公司會依據公平合理的制度，給予補償以保障本人或其眷屬的生活。換句話說，保險就是透過眾人的力量來「分擔風險、減輕損失」的社會互助制度。

人壽保險之保險標的是被保險人的生命或身體。當約定的身故或生存的保險事故發生時，保險公司需依據約定的金額（保險金額）給付保險金予受益人。簡單來說，壽險公司主要銷售與「人」有關的險種，包括人壽保險、健康保險（醫療險）、傷害保險（意外險）和年金保險等。例如，壽險、醫療險、癌症險、重大疾病險、長期照顧保險、失能扶助險和年金險等都屬於人壽保險的範疇。如表 7.3 所示，保險商品種類與實例，介紹壽險公司提供的具體保險商品種類，並簡要說明每種商品的特點和適用對象。

表 7.3 保險商品種類與實例

保險商品種類	實例
壽險	終身壽險：提供終身保障，無保險期限。 定期壽險：保障有限期間，如 10 年或 20 年。 債務壽險：保障債務還款，如房屋貸款。
健康保險	醫療險：醫療費用保障，包括住院和手術。 重大疾病險：對罹患特定重大疾病給付保險金。 健康檢查險：提供定期健康檢查的補償。
意外險	意外身故險：對意外身故給付保險金。 意外傷害險：對意外傷害醫療費用保障。 交通意外險：對交通事故造成的損害保障。

年金保險	壽險型年金：提供終身或有限期間的年金給付。 變額年金：投資市場表現影響年金給付金額。 年金壽險：結合年金和終身壽險的保險產品。

　　保險規劃服務是壽險公司提供的一項重要服務，其主要目的是幫助客戶根據個人需求和家庭狀況，選擇最適合的保險方案，以確保他們在面對意外風險時能夠得到適當的保障和賠償。保險顧問會深入瞭解客戶的家庭組成、職業和財務狀況，以確定其保險需求。客戶的保險保額也會根據未來支出、償還債務和子女教育等因素進行評估。在保險規劃過程中，保險顧問會介紹不同種類的保險產品，如終身壽險、定期壽險和健康險，並根據客戶需求提供專業建議。此外，保險顧問還會解答客戶對保險條款的疑問，確保客戶充分瞭解所購保險的細節。透過保險規劃服務，客戶能夠為自己和家人選擇適合的保險方案，確保未來在不幸事件發生時有足夠的經濟支援。

問題

假設一位家庭主婦想要為自己和家人購買壽險保障，她可以請壽險公司顧問提供保險規劃服務。請問她可以事先準備哪些資料給顧問？她可以預期顧問會告訴她什麼事情？

【討論重點】

購買壽險保單：請問壽險公司顧問會提供哪些意見給保戶？

壽險公司的專業保險顧問將會與保戶進行詳細的溝通，瞭解她的家庭狀況、收入狀況、償債情況以及未來的規劃需求。在瞭解這些訊息後，保險顧問會幫助她計算所需的保險保額，並根據她的預算和保險需求，提供適合的保險方案選擇。

例如，保險顧問可能建議她購買一份定期壽險，保障期限為 20 年，保障金額足夠支付家庭的債務和子女的教育費用。此外，顧問可能還會推薦她購買一份重

大疾病險，以應對可能發生的嚴重疾病風險。這樣的保險方案能夠確保她和家人在意外事件發生時有足夠的經濟支援，減輕經濟壓力，並確保生活品質得到保障。

透過保險規劃服務，客戶可以根據個人情況制定出全面而有效的保險計畫，為自己和家人的未來提供保障。

如圖 7.1 所示，壽險理賠流程：醫療險為例，簡要介紹壽險公司的理賠流程，包括申請理賠的方式、所需文件和理賠處理時間，以提高客戶對理賠服務的信心。當面臨醫療事件時，理解壽險公司的理賠流程尤為重要。以下是以醫療險為例的理賠流程：

1. **理賠申請**：當被保險人需要理賠時，可以選擇以下方式向壽險公司提出申請：(1)在網上填寫並提交理賠申請表格，(2)透過客戶服務熱線申請，(3)親自前往壽險公司的辦公地點遞交申請。

2. **所需文件**：為確認醫療事件符合保險條款，理賠申請需要提供文件，包括醫療發票或收據、醫療報告或診斷證明、處方箋或藥品收據、身分證明文件（例如身分證、駕照等）。

3. **理賠處理時間**：壽險公司在收到完整的理賠文件後，進行審核和核實，並在確定資料無誤後盡快進行理賠結算，理賠處理時間可能會因個案而有所不同。

壽險公司應提供快速、透明和專業的理賠流程，以提高客戶對理賠服務的信心。客戶可以在壽險公司的官方網站上找到相關理賠申請表格和資訊，也可以透過客戶服務熱線，或親自前往壽險公司的服務處獲得協助。壽險公司秉持尊重客戶權益的原則，確保理賠流程順暢，讓客戶在面對醫療事件時能夠獲得及時的保障和賠償。

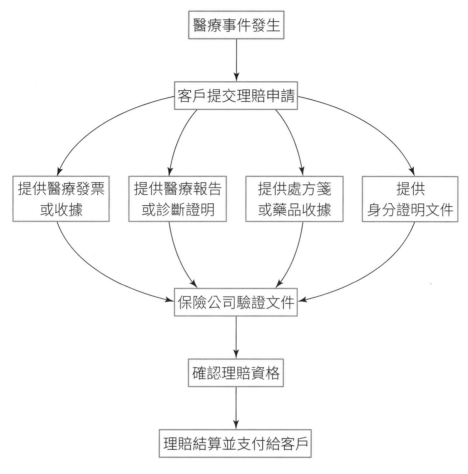

圖 7.1 **壽險理賠流程：醫療險為例**

7.1.3 產險公司

　　產險公司 (property insurance company) 也被稱為產物保險公司或財產保險公司，主要提供對各種財產或責任的保險；其核心目標是為投保人或被保險人的經濟損失提供補償。傳統上，產險公司主要銷售與「財物或責任」相關的保險，如汽機車強制險、第三人責任險、地震險、火災險等。然而，隨著《保險法》的修訂，產險公司的業務範疇已經擴展到與「人」相關的保險，包括可以銷售短期的健康險和意外險。因此，產險公司現在的業務範疇可以分為三大類：財物、責任和人身。產險公司所銷售的產品主要包括：醫療險、意外險、住宅險、責任險、

旅遊平安險、住宅火險、機車保險、汽車保險等。這些產品旨在為客戶提供全面的保障，滿足他們多元化的保險需求。

產險公司主要銷售與財產、責任和短期人身相關的保險。然而，根據保險法規，產險公司無法銷售長期人壽保險，這包括：(1)壽險：這是一種長期保險，保障被保險人的壽命，如果被保險人在保險期間內去世，保險公司將給付死亡給付金。(2)退休保險：這種保險旨在為被保險人的退休生活提供經濟保障。(3)教育保險：這種保險旨在為被保險人的教育費用提供經濟保障。(4)儲蓄型保險：這種保險旨在為被保險人的未來儲蓄提供經濟保障。這些類型的保險通常由壽險公司銷售，因為涉及到長期承諾和風險評估。

問題

假設一位新創軟體公司負責人想要為自己公司購買產險保障，可以請產險公司顧問提供保險規劃服務。請問產險公司會提供給新創業者，哪些最基本的產險項目？

【討論重點】

購買產險項目：請問新創軟體公司需要購買哪些最基本產險項目？

新創軟體公司可能需要考慮的基本產險項目包括：

1. 財產險：這種保險可以保護公司的物理資產，如辦公室設備、電腦硬體、軟體等。如果這些資產因火災、竊盜或其他災害而損失，保險公司將提供賠償。

2. 責任險：這種保險可以保護公司免於第三方的索賠。例如，如果公司的產品或服務導致客戶受傷，或者公司的員工在工作中受傷，責任保險可以提供保護。

3. 專業責任險（也稱為錯誤和遺漏保險）：對於軟體公司來說，這種保險尤為重要。如果公司的軟體或服務導致客戶的財務損失，專業責任保險可以提供保護。

4. 營業中斷險：如果因為火災、洪水或其他災害導致公司無法營運，這種保險可以補償公司在停業期間的損失。

5. 資訊安全險：對於軟體公司來說，保護數據和網路安全非常重要。這種保險可以保護公司免於網路攻擊、數據洩露或其他網路安全事件的損失。

6. 雇主意外責任險：當雇主所雇用的員工發生意外職業災害時，由保險人針對雇主所要面臨的民事損害賠償責任，協助雇主抗辯、和解、訴訟與支付必要費用的保險商品。

以上只是一些基本的保險項目，具體的保險需求可能會根據公司的規模、業務性質和風險承受能力而有所不同。

　　請參考圖 7.2 申請財產險理賠流程，當被保險人需要向保險公司申請財產險理賠時，一般的流程有下列步驟：

⑴報告損失：當財產遭受損失時，您需要立即通知所投保的保險公司。此時，需要提供一些基本資料，例如保單號碼、損失的詳細情況等。

⑵收到確認：保險公司收到您的報告後，將確認收到您的理賠申請，並可能會提供一個理賠案件號碼供您日後詢問追蹤辦理進度。

⑶提交必要文件：保險公司會要求您提供一些必要的文件，以證明您的損失，包括事實照片、收據、警察報告等。

⑷理賠審核：保險公司會審核您提交的所有文件，並確定您的損失是否在保險範圍內。保險公司可能會派出理賠調查員來評估您的損失。

⑸理賠批准或拒絕：保險公司將基於他們的審核結果，決定是否批准您的理賠申請。如果您的申請被批准，他們將計算出應給付的賠償金額；如果您的申請被拒絕，他們將向您解釋原因。

⑹支付賠償金：如果您的理賠申請被批准，保險公司將支付賠償金。支付方式可能包括直接支付給您，或者直接支付給修理您財產設備的承包商。

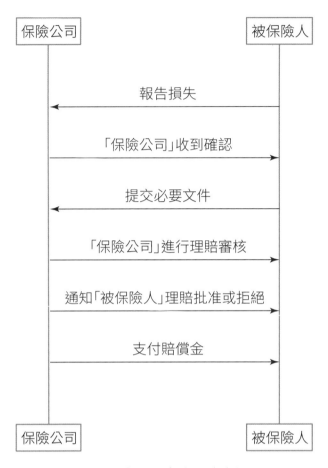

圖 7.2 申請財產險理賠流程

　　有關壽險公司和產險公司的保險商品銷售項目差異，請參考表 7.4。雖然壽險公司和產險公司都提供人身保險，例如意外險和醫療險；然而，兩者之間存在一些差異，主要涉及到保證續保和保費的問題，主要差異說明如下：

(1) **保證續保**：產險公司主要銷售短期保險商品，因此保險法令規定「不保證續保」。這意味著如果被保險人發生事故並申請理賠，在下一年可能無法再投保該險種。相反地，壽險公司主要銷售長年期商品，因此大多數產品都是「保證續保」；即使被保險人今年理賠，明年仍會自動續保，保險公司不得拒絕。但是，並非所有商品都保證續保，自動續保也不等於保證續保。因此，被保險人在購買時，仍需要查看條款或詢問保險公司銷售業務人員。

⑵**保費**：由於產險公司不保證續保，因此在計算保費時通常會較便宜。例如，在計算意外險的保費時，會根據職業危險等級進行分類。第一類的職業風險最低，保費最便宜，例如內勤人員；而第六類的職業風險最高，保費最高，甚至可能會被拒保。壽險公司和產險公司在職業危險等級的費率計算上也有所不同；產險公司的計算通常會比壽險公司低，因此費用較便宜。

　　總的來說，選擇壽險公司或產險公司的產品取決於被保險人的需求和狀況。如果被保險人需要長期保障和保證續保，則可能適合選擇壽險公司的產品。如果被保險人在意保費金額並且不需要保證續保，則產險公司的產品可能更適合。

表 7.4 壽險、產險公司銷售的保險商品差異

保險商品	內容	銷售公司	差異說明
傷害保險	又稱為意外險，當被保險人發生非疾病的意外事故而理賠。	皆可銷售	●壽險公司：大部分保證續保，長年期終身險、短年期定期險都能銷售。 ●產險公司：通常不保證續保，為一年一約的定期險。
醫療險	用來給付住院、手術或治療時所支出的醫療費用。	皆可銷售	
重大疾病險	保戶罹患條款定義的重大疾病，經過醫生診斷證明、確診項目也符合保單條款的理賠門檻，就可以領取保險理賠金。	皆可銷售	
防癌險	理賠癌症住院或手術等癌症醫療相關費用。	皆可銷售	
旅平險	又稱為旅遊平安險，壽險、產險公司共同保障內容為意外事故傷亡失能、海外突發疾病。產險公司旅平險則額外保障旅遊第三人責任險、不便險等項目。	皆可銷售	●壽險公司：著重在人身安全保障，主要以「人」來規劃保障。 ●產險公司：主要以「人＋物」來規劃保障。
責任險、財產險（例如汽車、房屋等）	保障財物、責任的險種。	「產險」公司	僅產險公司可銷售
壽險、儲蓄險、投資型保單、年金險	保障內容分為生存險、死亡險以及生死合險，包含定期與終身險。	「壽險」公司	僅壽險公司可銷售

7.2 我國法規

我國的保險公司在執行保險業務運作時，除遵守《保險法》之外，還需要遵循其他相關法規。這些法規涵蓋廣泛範疇，包括《公司法》、《證券交易法》、《金融控股公司法》等，確保公司的組織運作、股票發行等合法性。同時，《公平交易法》、《個人資料保護法》、《金融消費者保護法》等保障公平競爭、個人資料安全及消費者權益。此外，內部控制相關法規、財務會計準則等也影響業務運作。保險公司應嚴格遵守這些法規，確保業務運作合法、透明、穩健，以保障公司與消費者的權益。

7.2.1 《保險法》介紹

《保險法》是一項重要的金融法規，包含五個主要章節：總則、保險契約、財產保險、人身保險和保險業，請參考表 7.5。《保險法》規範保險業務的組織、經營限制，並確保保險契約的合法性與公平性，保障被保險人的權益及安全。同時，藉由保險業的運作，進一步促進金融科技的發展，會影響對個人、社會與整體經濟的穩定性發展。

表 7.5《保險法》章節的主要內容

章節名稱	重點內容
第一章 總則	介紹《保險法》的目的和適用範圍，定義保險相關名詞，規範保險契約的締結和解釋原則，強調保險業務應遵循道德倫理和商業規範。
第二章 保險契約	解釋保險契約的要件和結構，規範契約成立的法律效力，包括保險範圍、免責條款、保險金額等，強調契約的公平原則。
第三章 財產保險	規範財產保險業務，如汽車保險、住宅保險、商業財產保險等，界定保障範圍和賠償條件，規定理賠程序和賠償金額計算方法。
第四章 人身保險	規範人身保險業務，如壽險、意外險、醫療保險等，界定保障範圍和賠償條件，特別是對於意外傷害或身故的補償，規定理賠程序和賠償金額計算方法。
第五章 保險業	規範保險業務的組織形式，例如股份有限公司、互助組織等，規定許可、監管、風險管理要求，保護被保險人的利益，鼓勵保險業創新發展和金融科技應用。

◆第一章　總則

　　第一章總則是《保險法》中非常重要的一章，是保險公司在進行業務運作時，必須注意的基本概念和法規要求，以確保業務的合法性和穩健運作。首先，在第一節闡明《保險法》中的基本定義及分類，這些內容對保險公司來說，需要特別注意。保險的定義是指一種契約，其中當事人之一支付保險費，而另一方則承擔因不可預知或不可抗力的事故所導致的損害賠償責任。

　　在保險契約中，保險人是指經營保險業務的組織，其在保險契約成立時擁有保險費請求權，並在發生保險事故時負責賠償的義務。要保人是指具有保險利益的人，向保險人申請訂立保險契約，同時負責交付保險費。被保險人是指在保險事故發生時遭受損害的人，具有賠償請求權。受益人則是被保險人或要保人約定，實際享有賠償請求權的人。

　　在保險利益方面，要保人對於財產上的現有利益，或因財產上的現有利益而產生的期待利益，都被認為是保險利益。如果要保人或被保險人對於保險標的物無保險利益，則保險契約將失效。在經營保險業務時，保險費是一個重要的概念。保險費可以一次性交付，也可以分期支付。在保險契約生效前，要交付相應的保險費；另外，保險人的責任是保險業務中不可忽視的一環。保險人對於因不可預知或不可抗力的事故所導致的損害，負有賠償責任，除非在保險契約中有明確的限制。

　　複保險和再保險是兩個重要的保險概念。複保險指的是對於同一保險利益和保險事故，與數保險人分別訂立數個保險契約的行為。再保險是保險人將其所承保的危險，轉向其他保險人的保險契約行為。

◆第二章　保險契約

　　第二章的第一節通則，涵蓋保險契約的基本原則和細節，是保險契約中非常重要的一個部分，對於保險公司而言需要特別注意其中的細節。首先，保險契約的形式必須是保險單或暫保單，並且必須由保險人在要保人提交申請後進行簽訂保險單。這樣的規定確認保險契約的合法性和有效性，才能保護雙方的權益。

　　其次，保險契約的訂立可以透過代理人進行，但必須清楚標明為代訂契約。

如果保險契約由合夥人或共有人中的一人或數人訂立，且其利益關係涵蓋全體合夥人或共有人，則契約內容必須明示為全體合夥人或共有人所訂立。這些條款內容，確保契約訂立的透明度和真實性。

第三，保險契約可約定保險標的物之一部分風險，由要保人自行承擔。這意味著一部分損失，可以由要保人自行負擔，減輕保險公司的賠償責任。第四，保險契約分為定值保險契約和不定值保險契約，不同類型的契約在賠償方式和條件上可能存在差異。這需要保險公司在訂立契約時仔細考慮，確保契約的適用性和合理性。

◆第三章　財產保險

第三章財產保險的第一節火災保險涵蓋財產保險中的重要規定，這些內容對於保險公司非常重要。首先，對於火災保險，保險公司必須賠償因火災導致的保險標的物的損毀或滅失，除非保險合約中有其他規定。此外，如果在救援過程中保險標的物受損，同樣也應該視為保險損失。其次，保險公司應該確保保險金額不超過保險標的物的市價，不能超額承保。在接受保險之前，保險公司應確認保險標的物的市價，以確保賠償的合理性和公正性。

如果保險標的物無法以市價估計，則可以由當事人協商確定其價值。在賠償時，應根據協商的價值來進行。如果保險金額超過保險標的物的價值，且是由當事人的欺詐行為造成的，另一方可以解除合約並請求賠償。如果沒有欺詐行為，契約在保險標的物的價值範圍內有效。如果保險金額不足以賠償保險標的物的價值，保險公司的負擔應按照保險金額對保險標的物的價值的比例來確定。

在責任保險中，如果被保險人需要對第三方承擔法定賠償責任，則保險公司需要負責賠償。在其他財產保險中，如果要保人或被保險人未履行約定的保護責任導致的損失，保險公司不負賠償責任。這些重點規定確保財產保險中保險公司的責任和賠償範圍，同時也保障保險標的物擁有者的權益。

◆第四章　人身保險

第四章人身保險的第一節人壽保險涵蓋人壽保險、健康保險、傷害保險和年

金保險等不同類型的保險規定。保險公司在進行業務運作時，應詳細瞭解這些重要規定，確保在保險合約的訂立、給付等方面遵循法律規定，並保護被保險人和受益人的權益。這些規定為保險業務提供明確的指引，保障保險業務的穩健運作，並確保了保險的合法性和有效性。

在人壽保險中，保險公司需要注意被保險人的年齡要求，特別是未滿十五歲的未成年人，其死亡給付只在滿十五歲後才有效。此外，要保人有權指定受益人，而受益人在未經要保人同意或保險合約允許的情況下，不能轉讓其利益。

在健康保險方面，保險公司需要特別注意被保險人在保險合約訂立時，已有的疾病或妊娠，因為保險公司對這些情況不需支付保險金額。同時，在健康保險中，若被保險人因故意自殺或墮胎所致的疾病、失能、流產或死亡，保險公司也不需支付保險金額。

在傷害保險方面，保險公司需支付因意外傷害導致的失能或死亡的保險金額；但若是被保險人故意自殺或因犯罪行為導致的傷害、失能或死亡，保險公司不負賠償責任。

年金保險是人身保險中的一種特殊形式，它主要關注提供長期的經濟支援和保障，特別是在被保險人退休後。保險公司需要在合約中明確規定給付方式和條件，確保按時支付年金給付，並確保要保人的權益得到保護。年金保險在幫助人們實現退休計畫和長期理財規畫方面，發揮著重要作用。

◆第五章　保險業

在第五章保險業中的條文，涵蓋保險業者在組織形式、經營範圍、資本運用等方面的重要規定。這些條文旨在確保這些保險業務的合法運作、資金的安全運用，以及保障被保險人的權益。在這些條文中，闡明保險業者應該特別注意的重要項目，並且對於保險業的營運和發展具有重要的指導意義，以下將就其中的八個重要項目簡要說明：

(1)保險業組織限制：保險業的組織形式限定為股份有限公司或合作社，除經主管機關核准者外，非保險業不得兼營保險業務。這項規定確保了保險業的法人形式及其營業範圍的合法性。

(2)股份有限公司規定：如果保險業採取股份有限公司形式，則應辦理公開發行股票；除非有法律規定或經主管機關許可的情況下，不必公開發行。未公開發行股票的股份有限公司應設置獨立董事及審計委員會，並以審計委員會替代監察人，以加強公司治理。

(3)保險業務創新實驗：鼓勵保險業進行普惠金融及金融科技發展，保險業等可以申請辦理保險業務創新實驗，經主管機關核准者在此期間及範圍內，可不適用本法之規定；這項條文促進了保險業在新興科技和金融領域的創新發展。

(4)保險業設立及經營規定：保險業必須取得主管機關許可，並經法定程序設立登記、繳存保證金，領得營業執照後方可開始營業。外國保險業在國內經營，準用本法有關保險業之規定，除另有特別規定外。這些規定確保了保險業，在合法許可和規範的基礎上開展業務。

(5)財產保險與人身保險業務限制：財產保險業只能經營財產保險，人身保險業只能經營人身保險。但經主管機關核准的財產保險公司可經營傷害保險及健康保險。這些規定區分財產保險和人身保險業務的範疇。

(6)保險金信託業務：保險業經營保險金信託業務需獲得主管機關許可，其營業及會計必須獨立。規定保險業應提存賠償準備，且有特定的資金運用範圍。這些措施確保了保險業資金的安全運用和賠償準備的有效管理。

(7)股權持有申報及相關限制：同一人或同一關係人持有同一保險公司已發行有表決權股份超過一定比率，需申報或申請核准。關係人範圍包括自然人和法人的關係人。這些限制和申報要求有助於防止資本集中和利益衝突。

(8)保單紅利契約限制：保險公司可簽訂參加保單紅利的保險契約，保險合作社只能參加保單紅利。這項規定規範保險公司與保險合作社在保單紅利分配方面的權限。

7.2.2 保險公司相關法規

我國的保險公司在執行保險業務運作時，除遵守《保險法》之外，還需要遵循其他相關法規。這些法規涵蓋不同範疇，保險公司應該有專人對其進行深入理解和遵循，以確保公司業務的合法性、透明度和穩健運作。下面所列 8 種法令規

範，分別說明如下：

(1)《公司法》：這是我國所有公司必須遵守的法律，包括保險公司；《公司法》條文規範公司組織、董事會的設立與職權、股東權益等方面，確保公司的組織運作符合法律規範。

(2)《證券交易法》：若保險公司是上市櫃公司或公開發行股票公司，須要遵循此法規。《證券交易法》規範公開發行、禁止內線交易、公開資訊揭露等相關規定。

(3)《金融控股公司法》：若保險公司是金融控股公司的子公司，則須遵守《金融控股公司法》的相關法令規定要求。

(4)《公平交易法》：這是確保市場競爭秩序的法律，保險公司不得進行壟斷行為或其他不正當競爭行為，以保障公平交易環境。

(5)《個人資料保護法》：當保險公司處理客戶的個人資料時，必須遵循《個人資料保護法》的要求，確保客戶隱私和資料安全。

(6)內部控制相關法規：保險公司應建立有效的內部控制制度，確保業務運作的合法性和安全性；此外，也需要遵守臺灣證券交易所或櫃檯買賣中心的相關內部控制規範。

(7)《金融消費者保護法》：這是保障金融消費者權益的法律，保險公司在與消費者進行交易時須遵循相應的規定，包括資訊揭露、銷售行為規範等。

(8)國際財務報導準則：保險公司在財務報告的編製與公開資訊揭露方面，上市櫃公司和公開發行公司要遵循國際財務報導準則 (IFRS)，其他保險公司要遵循財團法人中華民國會計研究發展基金會發布的企業會計準則。

除了上述法規外，保險公司還需遵循其他相關監理機關制定的規則和規範。這些法令規定的遵守，確保了保險公司的業務穩健運作，同時保護消費者的權益。保險公司應密切關注這些法規的修訂情況並積極地遵守，以確保公司業務的合法性和長期永續發展。

7.3 實務案例

對保險業而言，遵守法規與行業規範對於維護公司營運穩健與保護消費者權

益是至關重要的。然而，無論是壽險公司還是產險公司，在實際營運過程中都可能面臨到各種法令遵循的問題。這些問題可能涵蓋多個層面，包括內部控制不足、核保評估不當、酬金發放失當、洗錢防制執行不當等情形。透過對這些違規行為的探討，可以瞭解到其中的問題所在，並從中吸取教訓，以提升對於保險業法規與法遵管理的認識。這些個案討論，來自壽險公司和產險公司的裁罰案例，從中討論各案例的違規行為、產生的影響以及相關改善措施等議題。

7.3.1 壽險公司案例

不當處理要保人終止契約

　　仁仁保險公司人壽保險業務部有一位黃姓要保人，持有一份由一位已經離職未滿一年的招攬業務員所招攬的健康保險契約。當黃先生想要終止該保單時，他原本期待得到仁仁保險公司人壽保險業務部有專人提供的專業服務和指導，讓事情可順利且快速的處理。然而，對於黃先生的終止契約要求，仁仁保險公司人壽保險業務部的服務人員卻未能按照法定的程序進行必要的電話訪問，使得黃先生對自己的權益是否得到保障感到疑慮，並對公司的服務品質感到失望。

　　此種違規行為，是在仁仁保險公司內部稽核的過程中被發現。根據《保險法》規定，要保人在要求終止契約時，如果該保單由已經離職未滿一年的招攬業務員所招攬，且保單所屬險種包含健康保險或生效日未滿三年的壽險，保險公司必須進行電話訪問以確認要保人的意願，以及他們對保單終止後可能產生的權益損失的理解。然而，仁仁保險公司人壽保險業務部在處理黃先生的終止契約請求時，並未進行必要的電話訪問，這樣的行為違反《保險法》的規定。

　　對於這種違規行為，仁仁保險公司已立即制定改善計畫。首先，該公司將加強其員工的法規教育和訓練，確保他們瞭解並遵循所有相關的法規和程序。此外，該公司也將改善其內部控制系統，以更有效地檢測並防止這種違規行為的發生。最後，該公司將強化其客戶服務，並確保在處理要保人終止契約的過程中，能夠充分保障客戶的權益。這些改善措施將有助於該公司避免在未來再度發生相同的違規行為，並提升其服務品質和客戶滿意度。

投資風險管理不當

愛愛人壽保險公司在處理大陸地區有價證券投資作業時，出現風險管理不當的缺失。具體來說，公司的董事長在未經過董事會訂定大陸投資風險管理限額規範的情況下，單獨自行決定外匯風險限額。這種行為違反《保險法》的規定，也顯示出公司在投資風險管理方面的控管不足。在一般正常情況下，進行這種投資活動應該是需要經過董事會訂定風險管理限額規範，以確保風險在可控範圍內；然而，在愛愛人壽保險公司在處理大陸地區有價證券投資作業中並未實施。

根據《保險法》規定，保險公司進行國外投資時，必須具有經董事會通過的交易處理程序和風險監控管理措施，並由董事會每年訂定外匯風險管理限額。然而，該公司在進行有價證券投資的過程中，僅由董事長核定外匯風險限額，並未經過董事會的訂定，這樣的行為違反了《保險法》的規定。此種行為不僅違反法律，也可能會對公司的業務風險產生影響。

對於這種違規行為，愛愛人壽保險公司已立即制定改善計畫。首先，該公司將加強其員工的法規教育和訓練，確保他們瞭解並遵循所有相關的法規和程序。此外，該公司也將改善其內部控制系統，以更有效地檢測並防止這種違規行為的發生。最後，該公司將強化其投資風險管理，並確保所有的投資活動都必須經過董事會的訂定和審核。這些改善措施將有助於該公司避免在未來再度發生相同的違規行為，並提升其投資風險管理的效能。

洗錢防制措施執行不當

新新人壽保險公司在進行房地產交易時，違反《洗錢防制法》的規定。該公司在處理建案房屋及車位銷售的過程中，未能對特定承買人進行國內疑似重要政治性職務人士的查詢，也未查詢承買人或公司及其代表人是否為制裁名單或涉及制裁或資恐案件。這些疏忽顯示出該公司在防洗錢機制的執行上存在明顯的不足。

根據《洗錢防制法》規定，金融機構在進行業務時，必須制定和實施有效的客戶身分確認和風險評估政策，以防止洗錢和資恐活動。然而，該公司在處理不動產交易時，並未對特定承買人進行所需的查詢，這種行為違反《洗錢防制法》的規定。

對於此種違規行為，新新人壽保險公司已立即採取行動，制定相關的改善計畫。首先，該公司將加強員工對法規的教育和訓練，以確保他們完全理解和遵守所有相關法規和程序。其次，該公司也將優化其內部控制系統，以更有效地檢測和防止類似違規行為的發生。最後，該公司將加強其洗錢防制措施，確保所有交易都經過嚴格的審核和查詢，以充分保護客戶的權益和維護公司的業務合規性。這些改善措施將有助於該公司在未來避免同樣的違規行為，並提升其整體的業務品質和客戶滿意度。

7.3.2 產險公司案例

住宅火災險核保評估不當

在處理住宅火災保險業務的過程中，高高產物保險公司對位於同一建築物的不同保險標的物，採用不同的建築結構來核定重置成本，並以不同的總樓高或建築等級來計算保費。此外，該公司在建築物裝潢的保險金額上，超過產險公會所訂的「臺灣地區住宅類建築造價參考表」。然而，該公司並未擁有足夠合理的核保評估紀錄，以證明其評價的準確性和合理性。

該公司在內部控制系統上存在一些問題，核保評估紀錄不足，無法對其保險評價過程提供足夠的支持和說明。其次，該公司在評價建築物裝潢保險金額時，未能遵循產險公會的參考標準，導致其評價可能存在偏高的情況。這些問題不僅可能導致該公司在未來面臨法律風險，也可能損害到客戶的權益。

對於上述的問題，高高產物保險公司已提出一套改善計畫。首先，該公司將加強員工的法規教育和訓練，使他們能夠更好地理解和遵循保險評價的相關法規和標準。其次，該公司將改進其內部控制系統，尤其是在核保評估的記錄和管理方面，以確保其業務過程的透明度和準確性。最後，該公司將尋求專業的外部顧問，進行定期的稽核和評估，以確保其改善措施的有效性。這些改善措施將有助於該公司提升其內部管理的效能，並確保其業務操作的合法性和正確性。

汽車險保費佣金發放錯誤

在處理汽車保險業務的過程中，普普產物保險公司存在一些操作不當的情況。該公司在計算佣金的過程中，先根據實收保費來計算佣金，然後再根據其自訂的

「保險業務專員制度實施辦法」來計算業績獎勵金。但是，這兩部分的總和已經超出了直接招攬費用率的上限，這種行為違反相關的法律規定。

該公司在計算佣金的過程中，未能遵循直接招攬費用率的上限，導致其支付給業務專員的佣金超出法定的範圍；其次，該公司在計算業績獎勵金的過程中，也存在類似的問題，使得其總支出超出公司的預期和法規的要求。

對於上述的問題，普普產物保險公司已提出一套改善計畫。首先，該公司將修訂其「保險業務專員制度實施辦法」，以確保其在計算佣金和業績獎勵金的過程中，能夠遵循直接招攬費用率的上限。其次，該公司將加強其內部控制系統，以更有效地監控和管理其保險業務的運作。最後，該公司將定期進行內部稽核，以確保其改善措施的執行效果。這些改善措施將有助於該公司提升其業務運作的合法性，並防止類似的問題未來再出現。

董監獎酬發放失當

迪迪產物保險公司在獎勵金的發放程序上，存在一些違規行為。該公司在發放投資獎勵金的過程中，未將該事項提報董事會進行討論與決議。此外，該公司的董事長酬金是由董事長自己進行核定，沒有經過董事會審議；這種行為未能適當地迴避與董事長自身的利害關係，這也違反相關的法令規定。

該公司在發放投資獎勵金的過程中，未將此事提報董事會進行決議，這違反內部控制的原則。其次，該公司的董事長在決定自己的酬金時，未能適當地迴避與自身的利害關係，這也違反公司治理的基本原則。迪迪產物保險公司在投資獎勵金的發放上，存在內部控制的不足。該公司未經由董事會的審核和決議，就自行發放投資獎勵金，這種行為違反內部控制的基本原則，也使得公司的獎勵金發放缺乏適當的監督與控制，增加了公司營運的風險。這些違規行為都顯示迪迪公司在內部控制和公司治理方面的不足，需要該公司進行適當的改善與補強，以確保公司的法令遵循和營運穩健。

對於上述的違規行為，迪迪產物保險公司已經立即制定一套全面的改善計畫。首先，該公司將進一步加強員工的法規教育和訓練，以確保他們對所有相關的法規和程序有深入的理解並且能夠嚴格遵守。其次，該公司將改革其內部控制系統，以更有效地偵測和防止此種違規行為的發生。最後，該公司將加強客戶服務和公

司治理，確保在處理各種業務的過程中，能夠充分保護客戶的權益並維護公司的業務合法性。這些改善措施將有助於該公司避免未來再度發生類似的違規行為，並提高其業務運作的品質和客戶的滿意度。

7.4 本章重點提示

在本章節中，主要著重於探討壽險公司與產險公司的定義、特性，以及相關的法令規定。首先，對保險公司的概念做出清晰的定義，並進一步區別出壽險公司與產險公司，各自的獨特特性與運作方式的差異。接著，將對我國現行的《保險法》進行深入的分析，並延伸探討相關的法令規定。最後，透過實際案例的探討，來解析壽險公司與產險公司在實務操作中可能遭遇的挑戰，以及相對應的解決方案。透過這些案例的分析，有助於讀者能夠更深入地理解保險公司遵循相關法規；在遇到問題時，如何能有效地提出並執行改善措施。透過本章節的學習，期望讀者能夠對保險公司的運作有更深層次的理解。

7.5 自我評量與挑戰

是非題

1. 保險公司的主要業務類型是否包括壽險、產險、再保險？

2. 保險公司的主要功能是否為向保戶收取保費並承擔投保人風險？

3. 保險公司是否可以根據其組織形式和經營範圍進行分類？

4. 健康保險和汽車保險是否專屬於壽險公司的範疇？

5. 保險顧問在保險規劃過程中是否會介紹不同種類的保險產品，如終身壽險、定期壽險和健康險？

6.產險公司所銷售的保險產品是否包括醫療險、汽車保險、人壽保險等？

7.《保險法》是否規範保險業務的組織、經營限制，並確保保險契約的合法性與公平性，保障被保險人的權益及安全？

8.《公司法》是否為我國保險公司必須遵守的法規？

9.保險公司在實際營運過程中，是否可能面臨到的法令遵循問題僅限於內部控制不足？

選擇題

1.人壽保險公司主要提供哪些保險類型？
(A)壽險、意外險、健康險
(B)車險、火災險、責任險
(C)人壽保險、財產保險
(D)健康險、財產保險

2.人壽保險的保險標的是什麼？
(A)房屋或汽車
(B)被保險人的生命或身體
(C)投資組合
(D)珍貴物品

3.下列哪種保險公司是由投保人自願組成的非營利性法人組織，相互承擔風險，投保人是唯一成員和客戶？
(A)股份制保險公司
(B)相互制保險公司
(C)專屬制保險公司

(D)再保險公司

4.保險規劃服務的主要目的是什麼？
　(A)幫助客戶選擇最便宜的保險方案
　(B)確保客戶在面對意外風險時得到適當的保障和賠償
　(C)提供專業建議，讓客戶選擇最昂貴的保險方案
　(D)僅限於為投資目的提供保險產品

5.《金融消費者保護法》主要保障的是什麼權益？
　(A)公平交易權益
　(B)環境保護權益
　(C)金融消費者權益
　(D)勞工權益

問答題
1.保險公司的主要功能是什麼？並說明其特點。

2.請問為什麼保險公司需要遵守《金融控股公司法》？

個案討論題
1.假設你是醫院的社工，要向出院的病患說明如何申請醫療險的理賠流程。請列
　舉三個步驟，包括申請方式、所需文件和理賠處理時間。

2.小明投保財產險，他的家中因火災遭受嚴重損壞。請解釋並描述小明如何申請
　財產險理賠的流程。

是非題答案
1.是。　　2.是。　　3.是。　　4.否。　　5.是。　　6.否。　　7.是。　　8.是。　　9.否。

選擇題答案

1.(A)。　　2.(B)。　　3.(B)。　　4.(B)。　　5.(C)。

問答題答案

1.保險公司的主要功能是風險轉移和分散。透過保險合約，保險公司承擔客戶的風險，並在發生意外事故或損失時提供賠償或補償。這種風險轉移機制有助於個人和企業在面對不可預測的風險時獲得保障，降低不確定性，並為社會經濟增加穩定性。

2.《金融控股公司法》是針對金融控股公司所訂立的法律，旨在規範金融控股公司的組織、運作和業務範疇，以確保金融體系的穩健發展。如果保險公司是金融控股公司的子公司，則必須遵守《金融控股公司法》的相關法規，以符合金融控股公司的法律要求。

個案討論題答案

1.醫療險的理賠流程三個步驟，包括申請方式、所需文件和理賠處理時間，分別說明如下：

(1)申請方式：您可以選擇以下方式向壽險公司提出醫療險的理賠申請：(A)在網上填寫並提交理賠申請表格。(B)透過壽險公司提供的客戶服務熱線申請。(C)親自前往壽險公司的辦公地點遞交申請。

(2)所需文件：為了確認醫療事件符合保險條款，您需要提供以下文件作為理賠申請的支持文件：(A)醫療發票或收據，詳細列出您接受的醫療治療費用。(B)醫療報告或診斷證明，證明您所接受的醫療治療是出於醫學需要。(C)處方箋或藥品收據，如果您購買了處方藥物。(D)身分證明文件，例如身分證、駕照等，以確認您的身分和保險資料。

(3)理賠處理時間：壽險公司在收到完整的理賠文件後，會進行審核和核實。在確認資料無誤後，壽險公司會盡快進行理賠結算。理賠處理時間可能因個案而有所不同，但壽險公司會盡力提供快速、透明和專業的理賠服務，確保您在面對醫療事件時能夠獲得及時的保障和賠償。

2. 小明申請財產險理賠的流程包含以下步驟：

　(1) 報告損失：當小明的家中發生火災損壞時，他需要立即通知所投保的保險公司，並報告損失。可以透過保險公司提供的客戶服務熱線或在保險公司官方網站填寫理賠申請表格，提供基本資料，如保單號碼、損失的詳細情況等。

　(2) 收到確認：保險公司在收到小明的報告後，會確認收到他的理賠申請，並可能會提供一個理賠案件號碼供日後追蹤辦理進度。

　(3) 提交必要文件：保險公司會要求小明提交一些必要的文件，以證明他的損失情況，這些文件可能包括火災發生的日期、損壞物品的照片、損失估價報告、火災事故報告等，有助於保險公司評估損失的範圍和金額。

　(4) 理賠審核：保險公司會審核小明提交的所有文件，確定損失是否在保險範圍內，並可能會派出理賠調查員前往現場評估損壞情況。

　(5) 理賠批准或拒絕：根據審核結果，保險公司將決定是否批准小明的理賠申請。如果申請被批准，保險公司會計算應給付的賠償金額；如果申請被拒絕，保險公司會向小明解釋拒絕的原因。

　(6) 支付賠償金：如果小明的理賠申請被批准，保險公司將支付賠償金給他。賠償金可能會直接支付給小明，以便他進行修復或重建，或者直接支付給相關的承包商，以進行修復工程。

以上就是小明申請財產險理賠的流程；這個流程主要是讓投保人在面臨意外損失時，能夠快速獲得保障和賠償，減輕個人損失的負擔。

第 *8* 章　金控公司與數位銀行

　　金融控股公司（簡稱金控公司）與數位銀行，是現代金融體系中兩種具有代表性的金融機構。金控公司透過持有多種金融機構的股權，例如銀行、保險公司、證券公司等，將相關資源整合，提供全方位的金融服務。另一方面，數位銀行利用先進的金融科技，例如大數據、人工智慧和區塊鏈等，為客戶提供高效、便捷的全方位數位化金融服務。這兩種金融機構的出現和發展，不僅改變金融業的運作模式和競爭格局，也對消費者的金融消費行為產生巨大且深遠的影響。隨著科技的進步和金融監理政策的改變，這兩種金融機構在未來的金融世界所扮演的角色，會愈來愈受各界所重視。

8.1 定義與特性

　　本章節所討論的三個主要的金融機構，分別為金控公司、數位銀行和電子支付機構。首先，針對金控公司的定義和特性進行探討，重點包括透過整合不同類型的金融機構，如銀行、保險公司和證券公司等，提供全方位的金融服務。接著，討論數位銀行，這種新興的金融機構利用先進的資訊科技，來提供高效且便捷的全數位化服務。最後，著重於討論電子支付機構，在現代經濟扮演極其重要的角色，尤其在商業交易和個人支付中，提升交易的便利性和效率性。

8.1.1 金控公司

　　金融控股公司（financial services holding company，簡稱金控公司）是一種持有和控制二家或多家金融機構的公司，這類型金融機構可能跨業經營銀行、保險

公司、證券公司等二種業別以上。金控公司的主要目的是通過整合這些子公司的資源，達到經營管理整合控管，以提供客戶全方位的金融服務。

金控公司並透過綜合經營實現業務多元化營運。如此，不僅可以提高經營效率，也有助於降低風險。在多數國家，金控公司的設立和營運，都必須接受金融監理機關的高度監管，以確保金融市場的穩定性和保護投資者大眾的權益。

如表 8.1 所示，金控公司擁有主要五大特性：⑴「綜合經營」特性，使其能透過擁有多家金融機構，實現業務多元化，進而提升效率和降低風險。⑵透過有效的「資本運作」，包括購買金融機構的股權或投資金融資產，金控公司能實現資本的增值。⑶透過多元化業務經營來「分散風險」，即使某項業務遭遇問題，也能維護整體營運的穩定性。⑷金控公司的「強大資源整合能力」，使其能提供更全面且優質的金融服務。⑸金控公司「受到嚴格監理」，確保金融市場穩定並保護投資者權益。基於這些特性，可以強化金控公司在金融市場的重要地位。

表 8.1 金控公司的主要特性

特性	說明
綜合經營	擁有多家金融機構，實現多元業務經營，提升效率並降低風險。
資本運作	透過購買金融機構股權或投資金融資產，實現資本增值。
風險分散	透過多元業務經營，即使某業務出問題，也能降低整體風險。
資源整合	金控公司整合旗下金融機構資源，提供更全面優質的金融服務。
嚴格監理	受金融監理機關的嚴格監管，確保市場穩定，保護投資者權益。

隨著金融市場的發展和金融商品的創新，金控公司的業務和結構也會不斷地變化和調整，也可能涵蓋多種業務並跨足多種市場。根據主導業務進行分類，金控公司主要種類有三種：

⑴**銀行**為主的金控公司：這種類型的金控公司主要由銀行發展而來，主導業務為傳統的銀行業務，例如存款、貸款和國際金融等。

⑵**保險**為主的金控公司：這種類型的金控公司主要由保險公司發展而來，主導業務為各種保險服務，例如人壽保險、財產保險、意外保險等。

⑶**證券**為主的金控公司：這種類型的金控公司主要由證券公司發展而來，主導業

務為各種證券服務，例如股票、債券的買賣和投資顧問等。

至 2023 年 6 月 30 日止，我國金控公司有 15 家，以其主要業務類型可以大致分為銀行為主、證券為主、保險為主，以及票券為主等類型，請參考表 8.2。

表 8.2 我國金控公司的種類

種類	公司名稱
銀行為主	兆豐金融控股公司、臺灣金融控股公司、玉山金融控股公司、台新金融控股公司、第一金融控股公司、華南金融控股公司、中華開發金融控股公司、合庫金融控股公司、中國信託金融控股公司、永豐金融控股公司
證券為主	元大金融控股公司
保險為主	富邦金融控股公司、國泰金融控股公司、新光金融控股公司
票券為主	國票金融控股公司

我國金融控股公司主要分布於銀行、證券和保險業務，例如富邦金融控股公司成立於 2001 年，擁有富邦人壽，以及富邦銀行和富邦證券。此外，例如國泰金融控股公司，不僅在保險業務上有著深厚的根基，同時也在銀行和證券等領域展現強大的競爭力。台新金融控股公司和玉山金融控股公司則以其積極發展的數位銀行業務發展備受矚目。每一家金控公司都有其特定的經營策略和市場定位，各自擁有不同的優勢和競爭力，共同構成我國金融市場的多元化特色。

表 8.3 我國主要金融控股公司一覽表

機構名稱	成立時間	主要子公司	特點
華南金控	2001 年 12 月 19 日	華南銀行、華南永昌證券、華南產險、華南金資產管理、華南金創業投資、華南永昌投信、華南金管理顧問	公股金融機構，以華南銀行為主體。
富邦金控	2001 年 12 月 19 日	富邦銀行、富邦證券、富邦產險、富邦人壽、富邦投信、富邦投顧、富邦期貨、富邦行銷	以銀行、證券、產險、壽險，4 個產業平衡發展。
中華開發金控	2001 年 12 月 28 日	中華開發工業銀行、大華證券	唯一以產業為主的金控股公司，主體為開發工銀。
國泰金控	2001 年 12 月 31 日	國泰人壽、國泰世華銀行、國泰產險、國泰綜合證券、國泰創投、國泰投信	資產規模大，以銀行、產險、壽險為主體。

玉山金控	2002 年 1 月 28 日	玉山銀行、玉山證券、玉山創投、玉山保險經紀	以銀行為主體。
兆豐金控	2002 年 2 月 4 日	兆豐證券、兆豐票券、兆豐銀行、兆豐保險、兆豐資產、兆豐投信、兆豐慈善基金會	公股金融機構,以兆豐銀行為主體。
元大（復華）金控	2002 年 2 月 4 日	元大寶來期貨、元大寶來證券、元大證券金融、元大證券投顧、元大國際資產管理、元大商業銀行、元大創投	以證券為主體;復華金控於 2007 年 4 月與元大京華證券合併,於同年 9 月更名元大。
台新金控	2002 年 2 月 18 日	台新銀行、台新證券、台新投顧、台新創投、台新證券投資信託、台新行銷顧問、台新資產管理、台新金保險經紀	以銀行為主體成立。
新光金控	2002 年 2 月 19 日	新光人壽、新壽證券、新壽保險經紀、新光銀行、新光投信、新光創投	以保險為主體。
國票金控	2002 年 3 月 26 日	國際票券、國票證券、國票創投、國票投顧、國票期貨、華頓投信	唯一由票券業者轉換設立。
永豐（建華）金控	2002 年 5 月 9 日	永豐銀行、永豐金證券、永豐金租賃、永豐投信、永豐客服科技、永豐管理顧問、永豐創業投資、永豐證券投信	以銀行為主體。
中國信託金控	2002 年 5 月 17 日	中國信託商業銀行、中國信託人壽保險、中國信託綜合證券、中國信託保險經紀、中國信託創投、中國信託資產管理、中信保全、台灣彩券	民營;以銀行為主體。
第一金控	2003 年 1 月 2 日	第一銀行、第一金證券、第一金投顧、第一金投信、第一金人壽、第一產代、第一創投	公股金融機構,以第一銀行為主體。
臺灣金控	2008 年 1 月 1 日	臺灣銀行、臺銀證券、臺銀人壽	公股金融機構,以臺灣銀行為主體。
合庫金控	2011 年 12 月 1 日	合作金庫銀行、合作金庫證券、合庫資產管理、合作金庫票券、合作金庫人壽、合庫巴黎投信	公股金融機構,以合作金庫銀行為主體。

8.1.2 數位銀行

　　數位銀行 (digital bank) 也被稱為網路銀行，是一種以互聯網為主要服務，透過線上平台或移動應用程式提供全套金融服務的銀行。這種銀行模式讓客戶可進行各種交易，包括開設帳戶、存款、提款、轉帳、支付、貸款、以及購買投資商品等各種金融服務。數位銀行並不完全替代傳統銀行，有些顧客喜歡到銀行臨櫃辦理業務並與行員互動溝通，因此傳統銀行仍然擁有大量的客戶群體。然而，數位銀行的興起，無疑為金融服務業帶來新的競爭和機會。

　　從表 8.4 數位銀行的主要特性顯示，數位銀行在金融產業中帶來革新，主要特性包含以下六點：

⑴ **無需實體據點**：數位銀行將傳統分行的服務完全轉移到網路線上。客戶無需親自前往銀行，透過網路平台便能完成開戶、存款、轉帳、貸款等各類銀行業務。這種線上營運模式不僅便利了客戶，也大幅降低銀行的營運成本。

⑵ **全天候服務**：數位銀行不受營業時間限制，無論何時何地，只要有網路連線，客戶都能夠使用銀行服務。這種 24 小時的全天候服務，提供很高的靈活性，讓客戶可以隨時進行金融交易業務。

⑶ **高效能服務**：所有金融業務流程在線上進行，大大提高處理交易的速度和效率。客戶無需等待，便能完成各種金融業務，讓人感受到數位銀行服務的便利性和高效能。

⑷ **個性化服務**：數位銀行利用先進科技的數據分析技術，根據每個客戶的行為和需求，提供個性化的金融商品和服務。這種個性化的金融服務能更好地滿足客戶的金融服務需求，有助於提高客戶滿意度。

⑸ **創新服務**：數位銀行不僅提供傳統的金融服務，更積極開發和推出新的金融商品和服務，例如虛擬貨幣交易、即時國際轉帳等，以滿足不斷變化的金融市場需求和客戶需求。

⑹ **營運成本低**：由於數位銀行沒有實體分行和大量的人工服務，因此其營運成本遠低於傳統銀行。這種低成本的營運模式，讓數位銀行能提供更具競爭力的利率和服務。

這些特性使得數位銀行能更好地滿足現代客戶的金融服務需求，並在金融市場中贏得競爭優勢。然而，面對網路安全、客戶個人資訊保護等問題，數位銀行仍需不斷提升服務品質和風險管理能力。

表 8.4 數位銀行的主要特性

主要特性	說明
無需實體據點	完全線上營運，不需實體分行。
全天候服務	24 小時不間斷服務，無地點限制。
高效能服務	所有流程線上進行，效率高。
個性化服務	用數據分析提供個性化服務。
創新服務	提供創新產品，如虛擬貨幣交易。
營運成本低	無實體分行，人工成本低，降低營運成本。

數位銀行正展現出前所未有的發展，其內在驅動力源於科技的快速發展，特別是人工智慧、大數據、區塊鏈等創新技術應用的崛起，這些不僅讓數位銀行能提供更多元化、客製化的金融服務，同時也使金融交易更加快速與透明。此外，全球監理環境對數位銀行也日益友善，例如開放數位銀行等金融監理政策，不僅帶來創新與競爭，同時也提供數位金融發展的空間與可能性。

隨著 5G 與物聯網等技術的應用進展，數位銀行的服務將更加即時性與全面化，提供客戶更高的金融便利性。在未來的金融市場中，數位銀行將能覆蓋更廣大的顧客群，包括傳統銀行難以觸及的客戶族群。

同時，數位銀行的發展也符合全球綠色金融的趨勢，線上操作不僅為客戶提供了便利，也有助於減少碳排放，實現永續發展目標。然而，數位銀行在前進的道路上也不乏挑戰，例如網路安全、隱私保護等問題。隨著技術的進步與優化，這些問題將會逐步獲得解決，轉化為數位銀行的新的成長動能。總體而言，數位銀行的未來充滿機會與挑戰，數位銀行已經在金融生態系中扮演愈來愈重要的角色，將會引領未來的金融發展趨勢。

問題

假設張小姐是一位軟體開發者，她的客戶遍布全球。最近，她為外國客戶完成專案項目後，遇到一些數位金融服務的問題。由於張小姐與她的外國客戶使用不同國籍的貨幣，這使得她收款的轉帳變得非常困難。她嘗試使用傳統銀行進行轉帳，但是轉帳過程繁瑣與耗時，而且轉帳費用高昂。請問張小姐是否可使用數位銀行來解決她的不同國籍幣別轉帳問題？

【討論重點】

不同國籍幣別轉帳：請問數位銀行可以提供哪些服務來解決張小姐所面臨的問題？

張小姐可嘗試使用數位銀行的服務，來處理收入來自不同國籍幣別的轉帳問題。數位銀行不僅提供全天候的服務，而且能夠實現跨國轉帳的即時性，讓張小姐能夠隨時隨地接收來自不同國家的款項，不再受限於傳統銀行的營業時間。此外，一些數位銀行還提供更有利的匯率，也可減少由於匯率變動帶來的匯兌損失。至於轉帳費用問題，許多數位銀行由於營運成本低，因此能夠提供更低的轉帳費用。

使用數位銀行後，張小姐發現她的金融問題得到了有效的解決，不僅提高工作效率，還增加收入總金額。這也讓她對數位銀行的服務，有了更深的瞭解和信任。

8.1.3 電子支付機構

　　電子支付機構 (electronic payment enterprises) 又稱電子支付服務供應商或電子金流平台，主要是指在網路環境中，提供消費者或商家進行交易付款或收款的

服務機構。這些機構通常提供一個平台或系統，允許用戶進行存款、轉帳、付款、收款等操作，其服務的提供形式多樣，包括但不限於行動支付、線上銀行轉帳、信用卡支付、數位錢包、預付卡支付等項目。

　　電子支付機構的崛起，一方面得益於科技的快速發展，特別是網路科技、行動通訊科技和金融科技的進步；另一方面，也得益於全球消費者和店家對於方便、快捷、安全支付方式的需求持續增加。不同國家的金融監理機關，對於電子支付機構的管理政策和監理規定會有所不同；但是，總體來說，其目標都是確保金融交易的安全與公平，並保護消費者的權益。

　　請參考表 8.5，電子支付機構主要特性包含：(1)全天候的服務，任何時間都能提供服務；(2)便利性，透過網路或手機應用進行交易；(3)快速交易處理，利用自動化系統和網路科技達成即時處理；(4)安全性，使用加密技術和二次驗證確保用戶資訊安全；(5)簡化交易過程，讓用戶更輕易完成交易；(6)支援多種支付方式，例如信用卡、網路銀行、行動支付等，滿足多樣化需求；(7)跨境支付，提供跨國或跨地區的支付服務；(8)降低成本，透過自動化和大規模營運，減少交易成本。

表 8.5 電子支付機構主要特性

特性	說明
全天候服務	提供 24 小時不間斷的服務。
便利性	透過網路或手機應用進行交易。
快速交易處理	自動化系統和網路科技確保快速處理。
安全性	透過加密技術、二次驗證等確保資料安全。
簡化交易過程	提供簡化的交易流程，方便用戶交易。
支援多種支付方式	支援信用卡、網路銀行、行動支付等。
跨境支付	支援跨國或跨地區的支付服務。
降低成本	透過自動化和大規模營運降低交易成本。

　　電子支付機構的種類很多，主要是因應各種不同的支付需求與使用情境而產生。電子支付機構不僅在全球金融系統所扮演的角色愈來愈重要，更是推動金融科技發展的主要力量。主要的電子支付機構類型，分別說明如下：

(1)數位錢包：如街口支付 (JkoPay)、LINE PAY 等，這些平台提供一種儲存支付

信息的方式，讓用戶可以透過智能設備進行付款。

⑵**行動支付平台**：如 Apple Pay、Google Wallet 等，主要在手機應用程式上進行支付，並且常常內建在各種應用程式中，方便用戶進行支付。

⑶**網路支付平台**：如 PayPal 和 Stripe 等，讓用戶可以透過網路進行購物或轉帳。

⑷**P2P 支付服務**：如 Venmo 和 Zelle 等，這些服務讓用戶可以直接將錢轉帳給其他人，不論是分攤餐費還是支付租金。

⑸**預付卡服務**：如 Payoneer 和 Neteller 等，提供一種類似於信用卡的支付方式，但需要先儲值。

⑹**虛擬貨幣支付**：如 Coinbase 和 BitPay 等，這些平台專門處理比特幣等虛擬貨幣的支付。

⑺**國家支付平台**：如台灣 Pay，透過國家層級的支付平台，整合銀行資源，提供全國性的行動支付服務。

⑻**電商平台內建支付**：如 MOMO 幣，這類支付方式通常為特定電商平台所設立，讓消費者能在該平台內直接完成支付流程。

⑼**其他**：悠遊卡可以被視為一種電子支付方式，特別是在臺灣。悠遊卡屬於「電子錢包」或「預付卡」的類型，用戶可以預先儲值，在公共交通、零售店、自動販賣機等地方進行無接觸式支付。

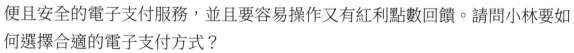

問題

小林是個喜歡網購的年輕人，但是網購可使用不同的電子支付方式，讓他感到疑惑不解。因此，他開始考慮尋找一種方便且安全的電子支付服務，並且要容易操作又有紅利點數回饋。請問小林要如何選擇合適的電子支付方式？

【討論重點】

選擇適當的電子支付方式：顧及電子支付方式的安全性與方便性，又可預防被詐騙，請問小林要考慮哪些因素？

他開始考慮尋找一種方便且安全的電子支付服務，思考的重點：

1. 使用便利性：小林應評估各種支付服務的店家接受度，也就是在他常購物的網站或實體店家是否能接受這種支付方式。

2. 安全性：小林應認清服務提供者是否使用資料加密、二次驗證等安全措施，以確保交易資訊不被洩露。

3. 費用：小林需要確認電子支付服務是否會收取額外的手續費或其他費用。

再者，小林要考慮預防被詐騙的方法：

1. 應使用知名度高、信譽良好的電子支付服務，避免使用無名的或有負評的支付服務。

2. 遇到任何要求提供密碼或銀行資訊的訊息時，應確認訊息的來源是否可靠。小林應該直接聯絡服務提供者確認，而不是立即點擊郵件中的連結被詐騙。

8.2 我國法規

　　金融科技快速發展正在改變全球金融業運作方式，數位金融服務自然成為不可或缺的一環，為投資者和消費者帶來便利。本節探討《金融控股公司法》及數位金融服務相關法規。首先，解析《金融控股公司法》對金融機構組織架構、風險管理等影響。其次，研究《個人資料保護法》、《電子支付機構管理條例》、虛擬貨幣相關法規、《金融消費者保護法》、數位金融安全相關法規及數位金融業務監管相關法規，確保數位金融服務安全穩健，並保護消費者權益。藉此，提供金融業界和監理機關指引，促進金融科技健康發展。

8.2.1 金融控股公司法重點分析

　　金融控股公司，簡稱金控公司，是透過控制股權來主導兩種或以上類型的金融業務，如銀行、證券、保險等不同金融服務領域的企業。這種結構的公司在全球多數國家皆有，並均受到各自國家特定的金融法規監控。在我國，金控公司的設立與經營規範主要來自《金融控股公司法》。該法主要涵蓋了金控公司設立的條件、監理機關的職權、金控公司的業務範疇、資本金規定、投資的範疇與限制、風險控制、公司的合併或解散等相關事宜。

　　在《金融控股公司法》「第一章　總則」，主要關於金融控股公司的設立、管理與監督的相關規定，旨在發揮金融機構綜合經營的效益，強化金融跨業經營的合併監理，促進金融市場的健全發展，並維護公共利益。其中，主管機關為金融監督管理委員會。該法明確定義了許多關鍵詞，如控制性持股、金融控股公司、金融機構、子公司等。控制性持股是指持有超過 25% 的銀行、保險公司或證券商的已發行有表決權股份總數或資本總額，或能選任或指派一銀行、保險公司或證券商過半數的董事。

　　金融控股公司是對一銀行、保險公司或證券商有控制性持股，並依法設立的公司。若同一人或同一關係人對一銀行、保險公司或證券商有控制性持股，除政府持股或為處理問題金融機構的需要且經主管機關核准外，應向主管機關申請許可設立金融控股公司，其組織型態為股份有限公司。在解散時，金融控股公司必須向主管機關提出申請，並提供清償債務的計畫以及子公司或投資事業的處分期限和處理計畫。在清算過程中，必須先清償全部債務，才能退還股本或分配股利。

　　外國金融控股公司在符合特定規定下，經主管機關許可，可以不在我國再另外設立金融控股公司，其規定包括該外國金融控股公司已具有金融控股公司方式經營管理的經驗，且信譽卓著，其母國金融主管機關同意該外國金融控股公司在我國境內投資持有子公司，並與我國合作分擔金融合併監督管理義務等。整體來說，《金融控股公司法》針對金融控股公司的設立、運作和管理提供相關的法律架構和規定，以確保金融市場的健全發展，並維護公共利益。

　　有關於金控公司業務項目與注意事項，在《金融控股公司法》「第三章　業務

及財務」規範。金控公司是在金融產業中具有重要地位的機構，其主要業務是投資及對被投資事業進行管理。根據相關法規，金控公司可以向主管機關申請核准投資多種金融相關事業，包括銀行業、保險業、證券業、期貨業、信託業等，也可以投資創業投資事業和經主管機關核准的外國金融機構。此外，金控公司也可申請核准投資其他被主管機關認定與金融業務相關的事業。

請參考表 8.6，金控公司在投資相關事業時必須遵守相關法規的規定。例如，對於銀行業、保險業、證券業和期貨業的投資，主管機關在收到申請書件後有一定的審查期限，如果主管機關在期限內未表示反對，則視為已核准。但是，金控公司及其直接或間接控制的關係企業未經核准的投資是被禁止的，否則將受到罰鍰處罰並可能失去投資的表決權。另外，金控公司投資其他金融相關事業時，也有特定的投資比例和額度限制，如持股比率不得超過被投資事業已發行有表決權股份總數的百分之十五等。金控公司在進行共同行銷、授信、資本適足性比率等方面，也有相應的限制與要求。

總體而言，金控公司的業務項目非常多樣化，在進行投資及管理子公司的過程中，必須嚴格遵守相關法規和主管機關的指示，確保其業務的合法性、健康性和穩健性。金控公司要遵守法令規定，才能有效營運其業務，同時為金融市場的穩定發展做出積極貢獻。

表 8.6 金控公司經營項目與注意重點

編號	經營項目	注意重點
1	投資及對被投資事業管理	金控公司需確保子公司健全經營。投資項目：金融業、保險業、證券業、期貨業、創業投資等。
2	銀行業	包括商業銀行、專業銀行及信託投資公司。投資須符合相關法規。
3	保險業	財產保險、人身保險、再保險公司、保險代理人等。須遵守相關法規。
4	證券業	證券商、投資信託、投資顧問等。需遵守特定規定。
5	期貨業	期貨商、槓桿交易商、期貨信託等。須符合相應法規。
6	創業投資事業	負責人不得擔任被投資事業之經理人。投資需遵守法規。
7	經核准外國金融機構投資	投資外國金融機構需經主管機關核准。需遵守核准條件。
8	其他金融相關事業	申請投資需經主管機關核准，不得違反法規。

8.2.2 數位金融服務相關法規

　　數位金融服務相關法規是針對透過數位科技和網路平台提供的金融商品和服務，所訂立的法令規範。隨著科技進步和數位化趨勢，數位金融服務在金融業中的地位日益重要。為確保這些數位金融服務的安全性、穩健性以及消費者的權益保護，各國紛紛制定相應的法規和監理措施，以規範和控管數位金融服務的運作。一些常見的數位金融服務相關法規，分別說明如下：

⑴《個人資料保護法》：此法規旨在保護個人資料隱私和權益。對於提供數位金融服務的金融機構而言，必須嚴格遵守這些法規，確保客戶個人資料的安全和保密。

⑵《電子支付機構管理條例》：這是針對電子支付業務的法規，主要規定電子支付業務的監管要求、資本金要求、風險管理和安全措施等。

⑶虛擬貨幣相關法規：提供虛擬貨幣交易和服務的平台，必須遵守不同國家的虛擬貨幣相關法規，例如反洗錢法、反恐怖主義資金來源法等。

⑷《金融消費者保護法》：此法規主要針對金融產品和服務提供商，要求其提供公平、透明、真實的信息，確保消費者得到充分的保護。

⑸數位金融安全相關法規：為保護數位金融服務免於遭受駭客攻擊和數位犯罪，各國都訂立相應的數位金融安全法規，強調金融機構必須設置適當的安全措施和風險管理制度。

⑹數位金融業務監理相關法規：針對數位金融業務，各國都有相應的監理機關和法規，用以監管數位金融平台，確保其合法運作，防範金融風險。

　　除了上述列舉的法規外，實際上各國還有許多其他法規，用於規範不同類型的數位金融業務服務項目，以保障金融市場的穩健運作和消費者的權益。因此，提供數位金融服務的金融機構必須密切關注相關法規的變化，確保業務的合法運作；同時，透過創新和安全的數位金融服務，持續推動金融科技發展。

✨ 8.3 實務案例

8.3.1 金控公司案例

與治理單位溝通管道不完善

點點公司是一家上市的金控公司，公司沒有建立符合公司治理原則的有效溝通機制，以及內部人員傳遞資訊給外部人員缺乏適當的控管機制。因此，點點公司相關人員可以任意向董事會秘書進行資訊陳報，或轉達給董事長有關請示事項。尤其在處理子公司和轉投資事業間的租約議定過程中，相關人員存有利益衝突情況；但是，此訊息沒有正式提報董事會作提案討論。

根據上述情事的調查報告，點點金控公司內部控制制度的缺失明顯違反公司治理的相關原則。公司未能建立合法的內部溝通機制，使得資訊的流通不夠透明和缺乏有效傳遞。同時，未能控管內部人員向外部人員提供公司資料，造成公司機密外洩的風險。此外，對於子公司和轉投資事業之間的利益衝突，公司尚未建立有效的管理機制，沒有明確規定兼職人員處理兼職事務時應遵循的利益衝突迴避原則。

為解決這些問題，點點公司決定積極展開公司治理的改善方案，以確保內部控制有效運作，並保障公司的透明度與合法性。首先，公司將建立完善的內部溝通機制，確保內部人員與董事之間的溝通符合公司治理原則，並明確規定資訊提供的控管機制，以防止機密外洩。其次，公司將制定具體的利益衝突管理機制，針對子公司和轉投資事業之間的利益衝突進行規範，並要求兼職人員嚴格遵守利益衝突迴避原則。

透過這些改善措施，點點金控公司將重塑其公司治理架構，確保內部控制的有效運作，防範利益衝突和機密外洩等風險，提升公司營運的透明度，讓投資者和客戶更有信心，也讓公司更加堅實地走向有效公司治理之路。

董事長對公司督導不良

烏烏金控公司一直由何大大擔任董事長，已經近 6 年的時間。然而，烏烏公司在符合法令及公司治理原則方面存在嚴重缺失，導致子公司內部控制制度無法

有效運作，也未能遵從相關的法規和公司治理準則。這些缺失問題持續出現，顯示公司治理及內部控制制度的執行狀況不佳。由於何董事長缺乏積極有效的監督對策，未能妥善督導金控集團的經營和落實公司治理責任，亟需立即採取改善措施。

因此，烏烏金控在公司治理方面嚴重缺陷，可能涉及董事會運作、決策流程、利益衝突管理等方面的問題，這導致公司內部控制無法有效運作及健全經營。再者，子公司內部控制制度的建立和執行不足，可能導致財務風險、資金流失、不當交易等問題，這種情形在長期間對公司的穩定運作產生影響。

為解決這些問題，烏烏公司提出改善方案，分別說明如下：

1. 強化公司治理：制定更嚴謹的公司治理政策，建立有效的董事會結構，提升董事會成員的專業素養和責任意識，確保公司決策流程透明公正，並適時處理利益衝突。
2. 加強內部控制：重視子公司內部控制制度的建立，設置獨立的內部稽核單位，監督和評估公司各項業務流程，以減少風險發生率並確保公司符合法令規定。
3. 定期評估董事長績效：建立評估董事長績效的機制，定期評估其領導能力和責任履行情況，確保董事長能夠積極有效地導正公司運作的問題。
4. 加強企業文化建設：建立積極透明、擔負責任的企業文化，強調公司價值觀和道德倫理，鼓勵員工保持正確的態度和行為。

透過這些改善方案，烏烏金控公司及其子公司期望能建立更穩固的公司治理體系和內部控制機制，進一步提升營運效率、降低風險，以及保護股東和利害關係人的權益。

8.3.2 數位金融服務機構案例

線上支付和數位錢包服務不良

先先公司是一家新興的數位金融服務公司，專注於提供線上支付和數位錢包服務。該公司成立僅兩年，總經理由王大志擔任。然而，在短短的時間內，公司就面臨一系列的缺失問題，影響其營運模式和客戶信任。

先先公司目前所面臨的問題缺失：(1)資訊安全漏洞：先先公司的數位支付平

台存在資訊安全漏洞，導致客戶的個人資料和金融交易受到威脅。這些漏洞可能使駭客入侵系統，造成客戶資料外洩和財務損失。⑵用戶支援不足：公司未建立有效的客戶支援團隊，客戶在面臨問題時無法及時得到解答或支援，導致客戶投訴增加且滿意度降低。⑶違反法規：先先公司未遵守相關的金融監理規定，例如未設置適當的反洗錢和反恐怖主義融資措施，這使公司面臨嚴重的法律風險。

為解決上述的嚴重問題，王總經理和經營團隊討論，提出下列解決方案：

⑴提升資安防護：先先公司需立即進行全面的資安評估，修補安全漏洞，加強系統保護措施，並建立紅隊測試以持續檢測和改進安全措施。

⑵建立客戶支援團隊：公司應設立全天候的客戶支援團隊，確保客戶能夠隨時獲得解答和協助，並優化客戶服務流程，提高客戶滿意度。

⑶遵守金融監理規定：先先公司應主動配合金融監理機關的法律要求，建立符合標準的反洗錢和反恐怖主義融資措施，確保公司合法營運並減少法律風險。

提供客戶資訊不足

進進公司是一家提供數位投資服務的平台，旨在幫助投資者進行數位化投資。該公司由董事長兼執行長陳美美創立，已營運三年。然而，近期公司面臨一系列的缺失問題，導致其業務運作和品牌形象受到嚴重影響。

目前公司所面臨的問題：⑴透明度不足：進進公司未向客戶充分揭露投資策略和風險評估，客戶對投資產品的運作和風險不瞭解，導致遭受損失。⑵平台系統故障：平台頻繁出現的技術故障和系統崩潰，影響用戶的交易體驗，並引起用戶的不滿和抱怨。⑶專業知識不足：公司內部投資團隊缺乏足夠的專業知識和經驗，導致投資成效不理想，未能達到預期的回報。

針對公司的問題，陳董事長向外找到顧問公司，提出下列改善問題建議：

⑴提高透明度：進進公司需改善投資產品的揭露方式，提供更詳盡的投資策略和風險評估報告，讓客戶能充分瞭解投資風險，做出明智的投資決策。

⑵投資平台升級：公司需投入更多資源升級投資平台基礎設施，提高系統的穩定性和可靠性，減少系統故障發生，強化用戶體驗。

⑶加強專業知識：進進公司應提升內部投資團隊的專業知識和技能，定期培訓投資團隊成員，確保投資決策更科學、合理。

8.4 本章重點提示

　　本章內容涵蓋金控公司與數位銀行的定義、特性、相關法規，以及實務案例討論。首先，介紹金控公司和數位銀行的定義與特性，使讀者對這兩者有初步瞭解。其次，探討我國對金控公司和數位銀行的法令規範，讓讀者瞭解在法律架構下的營運要求與限制。第三，本章提供實務案例，包括金控公司與數位金融服務的具體案例，這些案例可幫助讀者更深入地理解理論與實踐的連結。透過這些重點內容，讀者將對金控公司與數位銀行有更全面的瞭解，並能在實際應用中有所參考。

8.5 自我評量與挑戰

是非題

1. 金融控股公司的設立和營運是否不需接受金融監理機關的監管？

2. 金控公司的業務和結構是否不會隨著金融市場的發展和金融商品的創新而變化？

3. 數位銀行的主要特性之一是否為無需實體據點？

4. 電子支付機構的主要功能是否為提供消費者或商家進行交易付款或收款的服務？

5. 金融控股公司是否為透過控制股權來主導兩種或以上類型的金融業務？

6. 金融控股公司的主要目的是否為提供客戶全方位的金融服務？

7. 金控公司的主要業務是否為投資及對被投資事業進行管理？

8.《個人資料保護法》是否為針對數位金融服務的相關法規之一？

選擇題

1.金控公司通常透過什麼方式實現資本的增值？
(A)購買其他產業的股權
(B)投資不動產市場
(C)貸款給個人客戶
(D)購買金融機構的股權

2.主導業務為各種保險服務的是哪種類型的金控公司？
(A)銀行為主的金控公司
(B)保險為主的金控公司
(C)證券為主的金控公司
(D)信託為主的金控公司

3.數位銀行的主要特性之一是什麼？
(A)提供實體分行服務
(B)全天候服務
(C)高營運成本
(D)提供傳統金融服務

4.請問下列選項哪一個不是電子支付機構的主要特性？
(A)便利性，透過網路或手機應用進行交易
(B)簡化交易過程，讓用戶更輕易完成交易
(C)臨櫃轉帳的支付服務
(D)全天候的服務，任何時間都能提供服務

5.金控公司投資其他金融相關事業時，持股比率不得超過被投資事業已發行有表

決權股份總數的百分之幾？

(A) 5%

(B) 10%

(C) 15%

(D) 20%

問答題

1. 請解釋「行動支付平台」的特點及其在支付上的應用。

2. 數位銀行的主要特性之一是什麼？

3. 數位金融安全相關法規的主要目的是什麼？

個案討論題

1. 張小姐是一家電子支付機構的業務人員，要向銀髮族推廣電子支付工具，請問張小姐要如何撰寫這份推銷的台詞？

2. 陳資訊長要向卡卡公司董事會成員，說明公司可能面臨的 3 個主要資訊安全的嚴重問題，以及公司如何加強資訊安全的硬體設備、軟體系統以及教育訓練計畫，以避免遭受駭客入侵公司資訊系統。請幫卡卡公司陳資訊長撰寫報告重點。

是非題答案

1. 否。　2. 否。　3. 是。　4. 是。　5. 是。　6. 是。　7. 是。　8. 是。

選擇題答案

1. (D)。　2. (B)。　3. (B)。　4. (C)。　5. (C)。

問答題答案

1. 「行動支付平台」是一種電子支付機構，主要在手機應用程式上進行支付，並且常常內建在各種應用程式中，方便用戶進行支付。這種支付方式讓用戶可以透過手機或智能裝置完成付款，無需攜帶實體信用卡或現金。使用行動支付平台時，用戶通常需先在應用程式中註冊帳戶並綁定付款方式，例如信用卡或銀行帳戶。

   行動支付平台的應用非常廣泛，它可以用於各種消費場景。在零售商店，用戶可以通過掃描 QR 碼或近場通訊 (NFC) 技術，用手機直接完成支付。在線上購物，當用戶選擇行動支付平台作為支付方式時，系統會自動導向至相應的行動支付應用程式，用戶只需確認付款即可完成交易。此外，行動支付平台還常常用於訂購外賣、購票、慈善捐款等各種應用情境。

2. 數位銀行的主要特性之一是無需實體據點。數位銀行將傳統分行的服務完全轉移到網路線上，客戶無需親自前往銀行，透過網路平台便能完成開戶、存款、轉帳、貸款等各類銀行業務。這種線上營運模式不僅便利了客戶，也大幅降低了銀行的營運成本。

3. 數位金融安全相關法規的主要目的是保護數位金融服務免於遭受駭客攻擊和數位犯罪。數位金融安全相關法規旨在建立必要的安全措施和風險管理制度，以防範駭客攻擊、數位犯罪，並確保數位金融服務的運作安全可靠。

個案討論題答案

1. 親愛的銀髮族長輩，您好！

   隨著科技的進步，現在是個便利的時代，我們的電子支付機構希望將這份便利帶給每一位尊貴的您。讓我們為您介紹一下我們電子支付機構的主要特性：

   ⑴全天候的服務：不論您身在何地，任何時間，我們的服務都是 24/7 全天候提供，讓您隨時隨地輕鬆完成交易。

   ⑵便利性：只需透過網路或手機應用，就可以輕鬆進行交易，再也不用煩惱出門忘記攜帶錢包的困擾。

   ⑶快速交易處理：我們的自動化系統和網路科技，能夠讓您的交易即時處理，

節省您寶貴的時間。

⑷安全性：您的安全是我們的首要考慮，我們使用先進的加密技術和二次驗證，確保您的資訊永遠不會外洩。

⑸簡化交易過程：讓繁瑣的交易變得簡單，我們致力於讓您的交易過程更加輕鬆和愉快。

⑹支援多種支付方式：無論是信用卡、網路銀行、還是行動支付，我們都能夠支援多種支付方式，滿足您多樣化的需求。

⑺跨境支付：如果您有跨國或跨地區的支付需求，我們也能夠提供便利的跨境支付服務。

⑻降低成本：透過自動化和大規模營運，我們能夠大幅降低交易成本，讓您享受更優惠的價格。

這些特性將會為您的生活帶來極大的便利和安全。請讓電子支付機構成為您的最佳支付夥伴，一同走向更加智慧、便利的未來！謝謝！

2.陳資訊長可分三個方面來向董事會成員報告，分別敘述如下：

一、面臨的資訊安全問題

⑴資訊安全漏洞：公司的數位支付平台存在資訊安全漏洞，這可能導致客戶的個人資料和金融交易受到威脅。黑客可能利用這些漏洞入侵系統，造成客戶資料外洩和財務損失。

⑵用戶支援不足：卡卡公司未建立有效的客戶支援團隊，客戶在面臨問題時無法及時得到解答或支援，導致客戶投訴增加且滿意度降低。這可能影響公司的品牌形象和客戶忠誠度。

⑶違反法規：公司未遵守相關的金融監理規定，例如未設置適當的反洗錢和反恐怖主義融資措施，這使公司面臨嚴重的法律風險。不遵守法規可能導致高額罰款和法律訴訟，影響公司的經營穩定性。

二、解決方案

⑴提升資安防護：卡卡公司需要立即進行全面的資安評估，發現並修補現有的安全漏洞。同時，加強系統保護措施，包括強化防火牆、加密技術、入侵偵測系統等。定期進行紅隊測試，模擬駭客攻擊，以持續檢測和改進安全措施。

⑵建立客戶支援團隊：卡卡公司應設立全天候的客戶支援團隊，提供即時的客戶服務和支援。這可以通過增加客戶服務人員、建立客服熱線、設置線上客戶支援平台等方式實現。同時，優化客戶服務流程，提高客戶滿意度，回應客戶的需求和問題。

⑶遵守金融監理規定：卡卡公司應主動配合金融監理機關的法律要求，建立符合標準的反洗錢和反恐怖主義融資措施。這可能包括設立反洗錢專責部門、制定反洗錢政策、進行相應的風險評估等。確保公司合法營運並減少法律風險。

三、加強資訊安全的教育訓練計畫

除了硬體設備和軟體系統的改進外，卡卡公司還應該實施資訊安全的教育訓練計畫。這包括：

⑴員工資訊安全培訓：向所有員工提供定期的資訊安全培訓，教育員工識別釣魚郵件、惡意軟體，以及如何避免犯下資訊安全的錯誤。

⑵管理層意識提升：向公司高層管理人員提供專門的資訊安全培訓，強調資訊安全的重要性和影響。

⑶客戶教育：主動向客戶提供有關資訊安全的相關資訊和建議，幫助客戶識別詐騙行為，並鼓勵他們加強個人資訊安全。

透過這些解決方案和教育訓練計畫，卡卡公司將能夠加強資訊安全措施，減少資訊安全風險，保護客戶和公司的資訊安全。

第9章 金融機構風險管理

　　近年來數位科技和金融環境的變化，對全球經濟重要支柱的金融業，帶來前所未有的挑戰。在充滿變革和不確定性的時代，金融機構面臨著日益複雜和多樣化的風險。本章旨在探討金融業的變革、金融機構所面臨的風險，以及有效的風險管理策略。首先，討論金融業在全球化、科技創新和金融監理等方面的變革，金融業不僅獲得新機會，也面臨新風險。接著，即檢視金融機構所面臨的不同風險類型，包括信用風險、市場風險、操作風險等，並深入瞭解這些風險相互影響。在面對這些風險的同時，金融機構必須積極採取有效的風險管理，以確保其穩健經營和長期發展。

9.1 金融業的變革

　　本節討論金融業的變革，著重於數位金融和金融創新服務。數位金融改變金融服務方式，提高工作效率和便利性；金融創新服務則透過新興科技，重塑金融業格局。這些變革將引領金融機構因應市場需求，提供更優質的金融服務。

9.1.1 數位金融

　　近年來，金融業在數位化浪潮下，改變舊有經營模式；金管會鼓勵持續進行法規鬆綁，並營造金融業良性競爭環境。在法規鬆綁方面，金管會自 2015 年推動 Bank 3.0 計畫，讓銀行可線上開辦存款、放款、信用卡和財務管理等 12 項服務；2019 年再滾動檢討，開放申請 10 項線上業務，並陸續開放數位存款、法人線上貸款業務等，讓銀行在數位化浪潮下，可有更彈性的經營模式。

在營造金融業良性競爭環境方面，金管會近年開放純網銀、進行電支電票法制整合等，並透過開放銀行政策，鼓勵銀行和第三方服務提供者合作，提升競爭利基。此外，透過業務試辦，讓銀行能以新興業務方式提供客戶不同面向的服務方式，盼透過政策誘導，讓銀行瞭解外在數位變化帶來的衝擊，擺脫舊有經營方式。在強調落實資訊安全和消費者保護的前提下，金管會持續鼓勵金融業者發展數位轉型，以因應不斷變化的市場需求。

從表 9.1 所示，連結數位化金融環境的主要項目和相對應的金融服務，分別說明如下：

1. **智能機器人**：這一特性使得金融機構可以運用系統，自動進行貸款審核和風險評估。因此，不再需要人工參與這些審核過程，可以提高效率並減少錯誤。
2. **數據分析**：金融機構運用數據運算結果，提供客戶行為分析能力。這有助於更深入地瞭解客戶需求和行為模式，以便提供更個性化的金融商品和服務。
3. **電子支付**：數位化金融環境提供各種數位支付方式，如手機支付、數位工具支付等，使得消費者可以在無需攜帶現金的情況下進行買賣交易。
4. **遠距服務**：數位化金融環境提供全天候的網路銀行和金融應用服務，使得消費者可以在任何時間、任何地點進行金融活動。
5. **智能投顧**：在數位化金融環境中，智能投顧提供基於演算法的投資建議。這種服務使投資者可以接收到個性化的投資建議，並有效管理其投資組合。

數位化金融環境的發展，不僅提供消費者更方便的金融服務，也為金融業提供新商機，例如區塊鏈讓金融機構能夠去中心化地提供貸款、投資和保險等項目，無需透過傳統的金融機構。然而，數位化金融環境也帶來新的挑戰，包括數據安全問題、系統監管問題、以及需要更新和適應新科技的需求。

表 9.1 **數位化金融環境**

項目	服務
智能機器人	自動進行貸款審核和風險評估
數據分析	運用數據運算提供客戶行為分析
電子支付	提供手機支付、其他數位工具支付等
遠距服務	提供 24/7 的網路銀行和金融應用
智能投顧	提供演算法基礎的投資建議

9.1.2 金融創新服務

　　在數位化與科技進步的推動下，金融創新服務在我國已經成為一個重要的發展趨勢。請參考表 9.2，政府透過各種政策與法規，如「金融科技發展推動計畫」和《金融科技發展與創新實驗條例》，為金融科技創新提供一個安全的研發試作環境。同時，也推動行動支付與純網路銀行，以提升金融服務的效率與便利性。此外，金管會成立「金融科技發展與創新中心」，作為政府與業者之間的溝通對話窗口，並專責發展金融科技及創新實驗。金融科技創新園區提供業者初期營運的資源，並與產、學、研合作，加強國際鏈結。最後，金管會也重視資訊安全，並透過與國際監理機構的合作，強化國際監理資訊交流及創新合作。

表 9.2 金融創新服務重點政策

項目	相關政策
政策推動與法規環境	金融科技發展推動計畫、《金融科技發展與創新實驗條例》
行動支付與純網路銀行	行動支付推動資訊網、純網路銀行設立資訊
金融科技創新實驗機制與創新中心	金融科技發展與創新中心
金融科技創新園區	金融科技創新園區
資安與監理	金融資安資訊分享與分析中心、金管會與波蘭金融監理總署簽署金融科技 MOU

　　在金融科技浪潮下，傳統金融機構和新興金融科技公司都在尋找新的營運模式和創新策略，以適應這個快速轉變的金融市場。因此，這些組織不僅在組織結構、經營理念、業務流程和產品等方面進行創新；更重要的是，他們都以客戶為中心，利用數據分析和人工智慧等先進技術，提供更個性化、更高效的金融服務。請參考下列各項說明：

1. **組織結構**：許多傳統銀行已開始建立專門的數位創新部門，例如「數位銀行部門」，此部門負責研究和開發新的數位金融服務，並確保這些新服務能與現有的業務流程和系統無縫對接。此外，也有些銀行，透過設立數位學習平台，協助員工提升數位技能和知識。
2. **經營理念**：許多新興的金融科技公司，都強調以客戶為中心的經營理念，透過

大數據和人工智慧 (AI) 來深入理解每一個客戶的需求和行為，並以此為基礎提供個性化的金融服務。

3. 業務流程：金融機構利用機器學習技術，對大量的貸款申請資料進行分析，自動評估借款人的信用風險，並作為批准貸款的決策參考。此外，有些金融機構也開始利用區塊鏈技術，來執行交易和合約，以簡化流程並提高效率。

4. 金融商品：金融機構透過數據分析和 AI 技術，為客戶提供更個性化的金融商品和服務，可以根據每一個客戶的投資目標和風險偏好，提供個性化的投資組合建議。此外，P2P 貸款平台提供了一個供借款人和投資人直接對接的平台，讓借款人可以獲得更低的利率，而投資人可以獲得更高的回報。

問題

李大明是今年剛從商學院畢業的碩士生，在學期間有閱讀一些資料有關 FinTech 和 TechFin，正在思考要到哪一種機構去應徵？因此，李大明向張教授請教他的疑惑。請問張教授要如何以淺顯易懂的方式告訴李大明？

【討論重點】

區分 FinTech 和 TechFin 差異：請問張教授如何教導李大明區分傳統金融機構和新興金融科技公司的營運特性差異？

張教授可告訴李大明，傳統金融機構和新興金融科技公司的營運特性差異，主要在「業務模式」和「創新策略」。這兩者之間的差異，我們通常用 FinTech 和 TechFin 來區分。

1. FinTech：這是指由傳統金融機構推動的金融科技創新。這些機構通常已經有穩定的客戶基礎和豐富的金融服務經驗，他們利用科技來改進現有的金融服務，提高效率、降低成本，並提供更好的客戶體驗。例如，許多傳統銀行現在都提供網路銀行和行動支付服務。

2. **TechFin**：這是指由科技公司進入金融市場，利用他們在大數據、人工智慧等領域的技術優勢，提供創新的金融服務。這些公司通常以客戶為中心，提供更個性化和便利的服務，並能快速適應市場變化。例如，許多科技公司現在都提供 P2P 貸款、智能投顧等服務。

如果你對金融業有深厚的理解，並且希望在一個穩定且具有豐富資源的環境中工作，那麼傳統金融機構可能是一個好選擇。但如果你對科技有熱情，並且希望在一個快速變化且充滿創新的環境中工作，那麼新興的金融科技公司可能更適合你。

9.2 金融機構風險

受到數位化、國際化影響，金融機構需面對各種挑戰與機會。在金融機構的營運過程中，所面臨的各種潛在風險，能夠對金融機構的利潤產生影響，有時甚至可能危及其生存。為保護機構的資產與權益，並確保營運穩定與永續成長，金融機構必須採取有效的風險管理措施，包括對風險的鑑別、評估、監控，以及適時的風險緩解策略，以防範可能出現的重大損失。

9.2.1 風險概念介紹

企業在追求目標時，所做的每一種決策選擇都有其風險，範圍從日常營運決策到董事會重大決策，因為處理這些選擇中的風險是決策一部分。任何組織要成功永續經營，有必要將風險管理及危機處理融入日常作業與決策運作，以降低災害之可能影響，有助於達成組織目標、提升整體績效。因此，需認識下列名詞與定義，分別說明如下：

⑴風險 (Risk)：潛在影響組織目標之事件，及其發生之可能性與嚴重程度。

⑵危機 (Crisis)：發生威脅到組織重大價值之事件，在處理時具有時間壓力，迫使決策者必須做出決策，該決策並可能有重大影響。

⑶**風險管理 (Risk Management)**：為有效管理可能發生事件並降低其不利影響，所執行之步驟與過程。

⑷**危機處理 (Crisis Management)**：為避免或降低危機對組織之傷害，對危機情境維持一種持續性、動態性之監控及管理過程。

⑸**整合性風險管理 (Integrated Risk Management)**：以組織整體觀點，系統性持續進行風險評估、風險處理、風險監控及風險溝通之過程。

⑹**利害關係人 (Stakeholders)**：對於決策或活動，具有影響力、可能受其影響或自認可能被影響之個人或組織。

⑺**風險評估 (Risk Assessment)**：包括風險辨識、風險分析及風險評量之過程。

⑻**風險辨識（確認）(Risk Identification)**：發掘可能發生風險之事件及其發生之原因和方式。

⑼**風險分析 (Risk Analysis)**：系統性運用有效資訊，以判斷特定事件發生之可能性及其影響之嚴重程度。

⑽**風險評量 (Risk Evaluation)**：用以決定風險管理先後順序之步驟，將風險與事先制定之標準比較，以決定該風險之等級。

⑾**風險處理 (Risk Disposal)**：針對風險評量後不可容忍之風險，列出可將風險降低至可容忍程度之對策，進而執行相關對策，以降低事件發生之可能性或其影響之嚴重程度。

⑿**風險規避 (Risk Avoidance)**：決定不涉入或退出的風險處境。

⒀**風險降低 (Risk Reduction)**：選擇使用適當技巧及管理原則，以減低風險或其發生機率。

⒁**風險保有 (Risk Retention)**：特意或非特意承擔風險所造成之損失，或為組織之財物損失負責。

⒂**風險轉移 (Risk Transfer)**：透過立法、合約、保險或其他方式，將損失之責任及其成本轉移至其他團體。

⒃**組織風險圖像 (Organization's Risk Profile)**：指組織主要風險項目及優先順序，以及個別風險項目分析資料；包括風險事件及其影響、緩和風險策略與目標等整體呈現。

⒄監控 (Monitor)：定期及不定期檢查、諮商、觀察及記錄活動、動作或措施之過程。

⒅風險溝通 (Risk Communication)：與利害關係人進行風險意識之傳播與交流，包括傳達內容、溝通方式及溝通管道。

9.2.2 風險資訊揭露

金融業在營運過程中，必須講究透明度、公平性與誠實信用原則。尤其，風險資訊揭露是一種保護消費者權益的方式，讓消費者瞭解投資可能面臨的風險與金融商品或服務的職責範圍。如此，金融機構與消費者的信任關係，才能建立與持續發展。有關金融商品或服務，金融機構需揭露的訊息列舉如下：

1. 揭露風險與說明責任

金融服務業在提供金融商品或服務的契約前，必須向金融消費者充分說明該金融商品或服務的重要內容，並揭露其中的風險。

2. 誠實信用原則

金融服務業在說明與揭露風險時，必須遵守誠實信用原則，所有提供的資訊或資料必須是正確且公平的，不得有虛偽不實、詐欺、隱匿，或會導致他人誤解的情況。

3. 特殊消費者揭露

如果金融消費者是無行為能力人、限制行為能力人、受輔助宣告人或授與締約代理權之本人，那麼金融服務業應向其法定代理人、輔助人或意定代理人說明或揭露事項。

4. 投資風險說明

在揭露風險時，金融服務業必須清楚說明投資型金融商品或服務可能涉及的風險資訊，包括最大可能的損失以及商品所涉及的匯率風險。

5. 說明方式與保存資料

金融服務業必須將重要內容和風險的說明，以顯著的方式表現在公開說明書、投資說明書、商品說明書、風險預告書、客戶須知、約定書、申請書或契約等文件中。如果是透過網路線上成交，則可以透過電話說明；在說明過程中，金融服

務業還必須留存相關資料，包括可能需要的錄音或錄影。

問題

長壽保險公司近期招募一批大學畢業生進入公司，人力資源部辦事員何真真被主管要求設計教育訓練教材，有關於認識「人壽保險邀保書」內容重點。請問何真真要如何準備這份教材？

【討論重點】

「人壽保險邀保書」內容重點：請問何真真要如何提出重點項目和相關說明？

壽險公司在設計一份人壽保險邀保書時，至少需要著重的內容項目如下：

1. 封面與標題：清楚且直接的標題，例如「保障您與家人的未來：您的專屬人壽保險方案」。

2. 公司簡介：介紹保險公司、服務團隊及過去服務實績。

3. 保險規劃：明確說明該保險方案的保障內容與目的，包含生命保險、傷害保險、長期照護、疾病保險等。

4. 保費詳情：提供各種付款選項以及明確的費用結構，包含保險費率、付款期間等。

5. 理賠流程：說明當有需要索賠時，應該如何啟動理賠作業流程，以及保戶所需要的文件等。

6. 特殊情況說明：揭露可能影響保險效力的特殊情況，如預存病史、健康資訊等。

7. 風險揭露：依規定明確揭露投保可能的風險，包含可能影響保險費用或效力的市場風險、利率風險等。

8. 聯絡資訊：提供客戶服務和緊急聯絡方式，至少要有明確的聯絡對象和 24 小時聯絡方式。

這份人壽保險的邀保書應該以簡單、明確的語言書寫，使得消費者可以輕鬆理解其內容，並明白他們的權利與責任，以作出最適合自己的決定。

9.3 風險管理

風險管理是一種精細的管理流程，旨在明確、衡量、評估風險並制定相關策略，其終極目的在於將可避免的風險、成本及損失降至最低。一個優質的風險管理策略應事先確定處理風險的優先順序，立即處理可能引致最大損失並具高發生機率的風險，其後再處理相對風險較低的問題。

風險的起源眾多，包含金融市場波動、專案失敗可能性、法律責任、信用風險、自然災害，甚至包含競爭對手的故意攻擊或不確定性事件等。在現實狀況下，風險的嚴重程度與其發生機率通常不會完全相對應，因此決定處理順序頗具挑戰；此時，需透過對兩者權重的精細衡量，以做出最適當的決策。風險管理更要考量機會成本，面對如何有效運用有限資源的挑戰。理想的風險管理，是在最小的資源投入下，最大化危機的解決效果。

9.3.1 企業風險管理

企業風險管理 (Enterprise Risk Management, ERM) 是一種全面且持續的過程，被用來瞭解和管理企業在追求其目標時所面臨的所有風險。這種管理方式超越列舉式的風險清單，而是結合企業的文化、能力來落實全方位風險管理。

企業風險管理的核心不僅是控制風險，更是掌握風險，更將其轉化為機會，

涵蓋企業策略規劃、治理結構、利害關係人溝通以及績效評估等。每個組織無論大小，都可以運用企業風險管理來優化決策，實現其任務使命和策略目標，並改善組織的整體績效。

落實企業風險管理，組織可以更好地瞭解並預測潛在風險，從而制定出更加全面的風險應對策略。企業風險管理不只是一種風險防範方法，更強調組織在風險與機會間找到平衡點，以達成總體目標。有關企業風險管理對組織經營的重要性，分別說明如下：

⑴**策略整合**：企業風險管理將風險管理與策略制定和實施作緊密連接，促使組織能夠在制定和執行策略時，全面考慮風險，並運用風險管理作為策略規劃的重要考量。

⑵**價值創建與維護**：透過風險管理，組織可以在創建、維護和實現價值的過程中，更好控制可能影響目標實現的風險因素，從而保護組織價值並提升價值。

⑶**全面風險視角**：企業風險管理不僅只是一個「風險清單」，而是一種全面的風險視角，使管理層可以預見並準備應對所有可能的風險。

⑷**增強內部控制與公司治理**：強調內部控制和公司治理，企業風險管理強化組織內部的風險防範機制，提升企業的經營效率和效能。

⑸**有效的溝通與學習**：企業風險管理提供一套原則與流程，以確保關鍵風險資訊的溝通與學習，並持續優化風險管理的效果。

⑹**適應各種規模的組織**：不論組織規模大小，企業風險管理都能發揮作用，讓所有的組織都能以風險管理的角度，來做出更理性的決策。

落實企業風險管理，可防止企業遭受重大損失。例如，一家投資公司在面臨市場波動時，如果沒有適當的風險管理策略，可能會因一次不利的市場變動而遭受重大損失，甚至破產；然而，有企業風險管理策略，公司可以事前鑑別風險，並採取適當的措施來降低損失。再者，企業風險管理能增強決策制定品質，可以幫助企業更好地理解其業務和市場環境中的風險，從而做出更好的決策。

良好的企業風險管理能提高企業的聲譽，尤其在經濟不景氣時期，有效地管理風險並避免重大問題，企業更可以贏得客戶、投資者和其他利害關係人的信任。總之，企業風險管理是任何成功企業的關鍵組成要素，可以幫助企業鑑別和管理

風險，避免遭受重大損失，並符合法規要求。

9.3.2 金融機構風險管理

　　金融機構建立和執行企業風險管理制度，是金融機構從治理單位、經營高階、部室主管、分行經理、乃至「經辦人」，每一個人都要扮演適當的角色，並且要認真地執行所分配的任務工作。健全的企業風險管理制度，並非僅控管各種風險的技術層面分析，就能解決問題；相對地，必須將風險管理的策略、組織與人才，加以整體組合，才能發揮綜效。尤其，企業經營判斷與風險管理更有密切的關連性。高階主管的正確經營判斷，有賴於適時的、正確的風險管理情報；有效的風險管理，更須經營決策的支持。

　　金融機構的風險管理是一個極為重要的過程，涉及鑑別、評估和控制可能對機構的財務和營運產生負面影響的風險。以下敘述有關於一些主要的風險類型，以及金融機構管理這些風險的方式：

1. **信用風險**：這是金融機構面臨的最主要風險之一，特別是對於銀行業。信用風險源於借款人，未能履行其合約義務；管理信用風險的方式包括進行嚴格的信用評估、設定信用限額、進行風險分散等。金融機構通常會進行詳細的信用評估，以確定借款人的信用風險，這可能包括檢查借款人的信用記錄、財務狀況和償債能力。金融機構也可能設定信用限額，以限制對單一借款人或單一風險類別的曝險；此外，針對貸款組合的多元化，風險分散也是一種常見的管理信用風險策略。

2. **市場風險**：這是由於金融市場價格變動，例如利率、匯率、股價等變動而產生的風險。金融機構通常會使用各種金融衍生工具，來對沖市場風險。例如，可能會使用利率期貨或選擇權來對沖利率風險，或者使用貨幣期貨或選擇權來對沖匯率風險。此外，金融機構也可能進行風險敏感度分析，例如金融資產價值在風險或 VaR 分析，以評估市場價格變動可能對其財務狀況的影響。

3. **流動性風險**：金融機構需要保持足夠的現金儲備，以滿足其短期的現金需求；也需要管理其資產和負債的到期結構，以確保長期的流動性。此外，金融機構也可能進行壓力測試，以評估在極端市場條件下其流動性狀況。

4. 操作風險：這是由於資訊系統失敗、人為錯誤、欺詐或其他內部問題導致的損失。金融機構需要建立強大的內部控制系統，以防止人為錯誤、欺詐和其他操作失誤。這可能包括建立清晰的標準作業程序和指導原則，進行定期的內部控制與內部稽核，以及提供員工培訓。金融機構也需要建立備援計劃，以應對系統失敗或其他緊急情況。

5. 法規風險：這是由於違反法律、法規或監管規定而導致的損失或罰款。金融機構需要有法令遵循監督部門，以確保其業務活動符合所有相關的法律和規定；這可能包括監控新的法律和規定的變化，進行法令遵循性評估，以及提供員工相關法令培訓課程。

　　透過這些策略，金融機構可以有效地管理其業務風險，保護其財務狀況，並確保其業務的持續性。因此，金融機構可以降低潛在的損失，提高其業務效率和盈利能力，並贏得客戶和投資者的信任。

問題

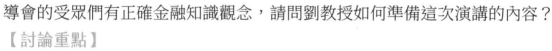

劉教授幫忙政府到地方信用合作社作宣導會，傳授正確的金融知識，主題是認識「赤道原則」、「普惠金融」。為使參加宣導會的受眾們有正確金融知識觀念，請問劉教授如何準備這次演講的內容？

【討論重點】

「赤道原則」與「普惠金融」觀念介紹：請問劉教授演講素材的準備，需掌握什麼重點？

建議劉教授可以先說明基本定義，再以實際案例來說明「赤道原則」和「普惠金融」，有助於增加受眾的接受程度。

1. 赤道原則：赤道原則是一種自願性的風險管理架構，用於確定、評估和管理環境和社會風險，這些原則主要適用於金融機構在進行專案融資時。例如，如果一家銀行正在考慮是否提供融資給一個可能對環境或社區產生重大影響的大型建設專案？那麼該銀行應該遵循赤道原則，進行詳細的環境和社會影

響評估，並採取必要的措施來降低任何潛在的負面影響。

2. 普惠金融：普惠金融是指為低收入和未被傳統金融服務覆蓋的人群，提供可負擔、可接受和適合其需求的金融商品和服務；這可能包括儲蓄、信貸、保險和支付服務。例如，一家金融機構可能會提供小額貸款給低收入家庭，以幫助他們開創自己的微小企業；或者，該機構可能會提供較低費用的外幣匯款服務費用，以滿足各地移民工人匯款給其家人的生活需求款項。

這兩種原則都強調金融機構在社會和環境議題的責任，並鼓勵金融機構在追求經濟利益的同時，也要考慮到其業務活動對社會與環境的影響。

　為讓讀者對金融機構風險管理有更清楚的瞭解，在此以案例分析方式，來說明應用企業風險管理到金融機構的作業流程。請參考圖 9.1 股票購買作業流程，在這個證券公司的股票購買作業流程中，有下列 7 個步驟：

1. 客戶下單：客戶可以選擇網路、電話或現場下單等不同的下單方式。
2. 風險管理檢查：證券公司會進行風險管理檢查，目的是確保交易不會對證券公司造成過大的風險；這可能涉及檢查客戶的信用評級、交易歷史和當前的市場條件。
3. 報價：如果股票下單通過風險管理檢查，證券公司會向客戶報價。
4. 付款：客戶在接受報價後，就進行付款。
5. 轉移資金：證券公司將客戶的資金轉移到銀行。
6. 股票過戶登記：證券公司在集保公司，進行客戶股票過戶登記。
7. 確認：集保公司向客戶確認，股票已過戶登記。

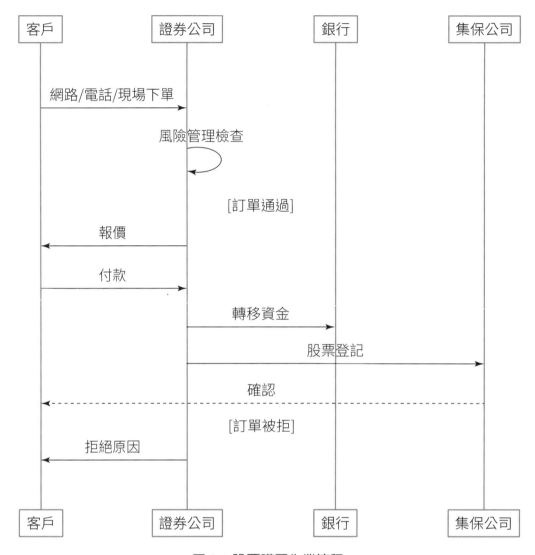

圖 9.1 股票購買作業流程

在這個證券公司的股票購買作業流程中，如果客戶股票下單在風險管理檢查階段被拒絕，證券公司會向客戶說明拒絕的原因；例如，因為客戶的信用評級太低，或者市場條件不適合進行交易。這個流程的每一步驟要有標準作業流程規範以及風險管理機制，都是為管理和降低風險，以確保證券公司和客戶的權益。

9.4 本章重點提示

　　本章探討金融業的變革，特別是數位金融和金融創新服務的興起。隨著科技的進步，金融業的運作方式經歷劇變，新的商業模式和競爭者不斷出現。數位金融利用科技提供更有效率和便利的服務，使更多人能夠接觸到金融服務。同時，金融創新服務，如行動支付系統、網路銀行等，提供更好的客戶體驗。

　　這些變革也帶來新的風險。金融機構需要面對包括信用風險、市場風險、流動性風險和操作風險等多種風險。如果這些風險沒有得到妥善管理，可能會導致金融機構遭受重大損失，甚至破產。因此，風險管理成為金融機構的重要工作。本章討論企業風險管理的重要性，對於金融機構來說，有效的風險管理可以降低潛在的損失，提高業務效率和盈利能力，並贏得客戶和投資者的信任。

9.5 自我評量與挑戰

是非題

1. 數位化金融環境的發展是否只提供消費者更方便的金融服務，並未為金融業提供新商機？

2. 傳統金融機構在金融科技浪潮下，是否並未進行組織結構的創新？

3. 風險管理是否只包括風險的鑑別，並不包括評估、監控或緩解策略？

4. 金融服務業在說明與揭露風險時，是否必須遵守誠實信用原則，所有提供的資訊或資料必須是正確且公平的？

5. 企業風險管理 (Enterprise Risk Management, ERM) 是一種全面且持續的過程，是否被用來瞭解和管理企業在追求其目標時所面臨的所有風險？

6.金融機構的風險管理是否涉及鑑別、評估和控制可能對機構的財務和營運產生負面影響的風險？

選擇題

1.請問下列哪一項不是數位化金融環境的主要特性？
(A)智能機器人
(B)數據分析
(C)電子支付
(D)實體分行

2.金融機構進行創新的方向，下列哪一項不是金融科技浪潮下的新方向？
(A)組織結構
(B)經營理念
(C)業務流程
(D)縮減服務範圍

3.請問下列哪一項不是風險管理的重要組成部分？
(A)風險評估
(B)風險溝通
(C)風險忽視
(D)風險監控

4.請問下列哪一項不是企業風險管理的重要性？
(A)策略整合
(B)價值創建與維護
(C)全面風險視角
(D)提高員工薪資

問答題

1. 請說明數位化金融環境如何提供消費者更方便的金融服務，並為金融業提供新商機？

2. 請說明傳統金融機構如何透過組織結構的創新，來適應金融科技浪潮？

3. 請說明風險管理在金融機構中的重要性。

4. 金融機構在揭露風險資訊時，需要遵守哪些原則？

5. 企業風險管理在策略規劃中的角色是什麼？

6. 金融機構如何管理市場風險？

個案討論題

1. 在當今數位金融創新的大潮下，金金證券公司面臨著老顧客流失和新顧客獲取困難的問題。作為新商品企劃處主管，您如何利用新興科技來留住老顧客，吸引新顧客，並推動公司營業收入與利潤的增長？

2. 流通商業銀行的總經理在董事會上提出，該銀行目前面臨三大主要風險：信用風險、市場風險和操作風險。他認為這些風險可能對銀行的營運和財務狀況產生重大影響。因此，他希望董事會能對他提出的風險管理方案給予支持，以確保銀行的穩定運營。請問這位總經理針對三大主要風險，要如何說明每一種風險的風險管理方案？

是非題答案

1.否。　2.否。　3.否。　4.是。　5.是。　6.是。

選擇題答案

1.(D)。　　2.(D)。　　3.(C)。　　4.(D)。

問答題答案

1. 數位化金融環境提供各種數位支付方式，如手機支付、數位工具支付等，使得消費者可以在無需攜帶現金的情況下進行買賣交易。此外，智能投顧提供基於演算法的投資建議，使投資者可以接收到個性化的投資建議，並有效管理其投資組合。對於金融業來說，數位化金融環境提供新商機，例如區塊鏈讓金融機構能夠去中心化地提供貸款、投資和保險等項目，無需透過傳統的金融機構。

2. 許多傳統銀行已開始建立專門的數位創新部門，例如「數位銀行部門」，此部門負責研究和開發新的數位金融服務，並確保這些新服務能與現有的業務流程和系統無縫對接。此外，也有些銀行，透過設立數位學習平台，協助員工提升數位技能和知識。

3. 風險管理在金融機構中的重要性在於，它可以幫助金融機構識別、評估、監控和緩解可能對其利潤產生影響的風險，有時甚至可能危及其生存。透過有效的風險管理，金融機構可以保護其資產和權益，確保營運穩定和永續成長。

4. 金融機構在揭露風險資訊時，需要遵守誠實信用原則。這意味著所有提供的資訊或資料必須是正確且公平的，不得有虛偽不實、詐欺、隱匿，或會導致他人誤解的情況。

5. 企業風險管理在策略規劃中的角色是將風險管理與策略制定和實施作緊密連接，使組織能夠在制定和執行策略時，全面考慮風險，並運用風險管理作為策略規劃的重要考量。

6. 金融機構通常會使用各種金融衍生工具，來對沖市場風險。例如，可能會使用利率期貨或選擇權來對沖利率風險，或者使用貨幣期貨或選擇權來對沖匯率風險。此外，金融機構也可能進行風險敏感度分析，例如價值在風險或 VaR 分析，以評估市場價格變動可能對其財務狀況的影響。

個案討論題答案

1. 身為金金證券公司新商品企劃處主管，提出透過以下幾種方式，利用新興科技來留住老顧客，吸引新顧客，並推動公司營業收入與利潤的增長：

    (1)數位化服務：對於金金證券公司來說，可以開發一個用戶友善的線上交易平台，提供客戶更便捷的交易體驗。例如，我們可以提供實時的股價資訊、交易分析工具，以及個性化的投資建議等功能。此外，我們也可以開發一款手機應用程式，讓客戶隨時隨地進行交易。

    (2)人工智慧投資顧問：可以利用人工智慧技術，提供個性化的投資建議。例如，我們可以透過機器學習演算法，分析客戶的投資偏好、風險承受能力，以及市場趨勢，來提供個性化的投資建議。

    (3)區塊鏈技術：可以利用區塊鏈技術，提供更安全、透明的交易服務。例如，我們可以利用區塊鏈技術，建立一個去中心化的交易平台，讓客戶可以直接進行交易，而不需要透過中介機構。此外，區塊鏈技術也可以提供更高的交易安全性，防止交易被竄改。

    (4)社群營銷：可以利用社群媒體，進行營銷活動，吸引新的客戶。例如，我們可以在社群媒體上分享投資知識、市場分析報告，以及公司的最新消息等資訊，提高公司的知名度，吸引新的客戶。

    (5)客戶服務：可以透過提供優質的客戶服務，留住老顧客，吸引新顧客。例如，我們可以提供 24 小時的客戶服務，解答客戶的問題；也可以定期舉辦投資講座，提供客戶學習投資知識的機會。

    透過以上的策略，可以幫助金金證券公司善用新興科技，提供更好的服務，留住老顧客，吸引新顧客，從而促進公司的營業收入和利潤的增長。

2. 身為流通商業銀行的總經理，可以透過以下的風險管理方案，來應對目前面臨的三大風險：

    (1)信用風險：可以透過嚴格的信用評估和風險分散來管理信用風險。具體來說，可以對每一個借款人進行詳細的信用評估，包括檢查他們的信用記錄、財務狀況和償債能力。此外，也可以透過風險分散，將貸款組合分散在不同的借款人和產業，以降低單一借款人或產業的信用風險。

⑵市場風險：可以透過金融衍生工具來對沖市場風險。例如，可以使用利率期貨或選擇權來對沖利率風險，或者使用貨幣期貨或選擇權來對沖匯率風險。此外，也可以進行風險敏感度分析，例如價值在風險或 VaR 分析，以評估市場價格變動可能對財務狀況的影響。

⑶操作風險：可以透過建立強大的內部控制系統來管理操作風險。這可能包括建立清晰的標準作業程序和指導原則，進行定期的內部控制與內部稽核，以及提供員工培訓。此外，也需要建立備援計畫，以應對系統失敗或其他緊急情況。

透過以上的風險管理方案，可以有效地應對我們目前面臨的風險，保護財務狀況，並確保穩定運營。希望董事會能對風險管理方案給予支持。

第 *10* 章　市場風險管理

本章內容從整體的結構上看，讓讀者從一個更廣泛的概念「投資風險與巴塞爾協定」開始，然後逐步深入特定的風險領域，例如利率與匯率風險，並最終介紹如何衡量和管理這些風險。整體上，這種架構有助於讀者逐步建立對市場風險管理的理解，先從基礎概念開始，然後深入特定的風險領域，最後探討如何衡量和管理這些風險，這是一種很好的進階式學習市場風險管理的方式。

10.1 投資風險與巴塞爾協定

在本節討論投資組合風險，先由標準差介紹開始，可以為讀者提供一個基礎的風險度量工具。接著，解說「巴塞爾資本協定之標準」，可以幫助讀者理解，依據國際標準來衡量和管理投資相關風險。

10.1.1 投資風險

投資風險先從基礎概念談起，開始先討論標準差衡量投資組合的波動性，再分析「風險值」(VaR)。因為標準差是衡量投資組合或單一資產波動性的最基本工具，是現代投資組合理論的核心；「風險值」是一種相對較新的風險度量方法，用於估計在給定的信心水準和時間段內的潛在最大損失，在實務上非常受到金融機構的青睞。

標準差

標準差是一個統計學工具，用於衡量一組數據的分散程度。在投資領域中，標準差常被用作風險的度量，因為可以幫助投資者瞭解資產回報的不確定性或波

動性。一般來說，標準差愈高，該資產的風險愈大；反之，標準差愈低，該資產的風險愈小。

標準差的計算公式為：

$$\sigma = \sqrt{\frac{1}{N} \sum_{i=1}^{N} (x_i - \mu)^2}$$

其中：

· σ 是標準差
· N 是數據點的數量
· x_i 是每一個數據點
· μ 是數據的平均值

標準差是衡量數據分散性的一種常用工具，能夠反映出數據的波動幅度。在投資領域，標準差通常用來衡量投資組合的風險性。假設一個投資組合的標準差較高，表示該投資組合的價值可能會有較大的波動，因此風險也較高。例如，公平公司有一投資組合的收益率為 5%、10%、15%，然後回到 10%。這組數據的平均值為 10%，標準差則為平方根 $[(5-10)^2 + (10-10)^2 + (15-10)^2 + (10-10)^2] / 4$ = 12.5%，這表示投資組合收益的波動性為 12.5%。

問題

公平公司是一家中型投資公司，專門從事股票和債券投資。近年來，該公司的投資組合表現出色，但公司的首席財務官 (CFO) 希望更深入地瞭解投資組合的波動性，以便更好地評估風險和回報。公平公司的投資組合在過去四季的收益率分別為 8%，12%，14% 和 11%。為更好地評估投資組合的風險，首席財務官想知道這組數據的波動性是多少？

【討論重點】

分析投資組合波動性：請問公平公司在過去四季收益率的波動性是多少？

為得知投資組合收益的波動性，計算過程如下：

計算平均收益率：$(8\% + 12\% + 14\% + 11\%) / 4 = 11.25\%$

計算每季收益率與平均收益率的差異：
第一季：$8\% - 11.25\% = -3.25\%$
第二季：$12\% - 11.25\% = 0.75\%$
第三季：$14\% - 11.25\% = 2.75\%$
第四季：$11\% - 11.25\% = -0.25\%$

計算差異的平方：
第一季：$(-3.25)^2 = 10.56$
第二季：$0.75^2 = 0.56$
第三季：$2.75^2 = 7.56$
第四季：$(-0.25)^2 = 0.06$

計算平均平方差異：$(10.56 + 0.56 + 7.56 + 0.06) / 4 \doteq 4.68$

計算標準差：$\sqrt{4.68} \doteq 2.16(\%)$

結論：公平公司的投資組合在過去四季的波動性為 2.16%。這意味著該投資組合的收益率在平均值上下波動 2.16%。首席財務官可以使用這一資訊來評估公司的投資策略，並確定是否需要調整投資組合以減少風險。

假設好好公司是一家投資機構，該公司有一個投資組合，主要投資於科技股、能源股和消費品股。在過去五個月，由於市場的波動和各種宏觀經濟因素，該投資組合的回報率分別為：5%、7%、6%、8%、7%。

1.計算平均回報率：
$$\mu = \frac{5\% + 7\% + 6\% + 8\% + 7\%}{5} = 6.6\%$$

2. 計算每個月回報率與平均回報率的差值的平方：

$(5\% - 6.6\%)^2, (7\% - 6.6\%)^2, \cdots\cdots$

3. 將上述差值的平方加總，然後除以 5，最後取平方根，得到標準差

　　經由上面計算結果顯示，標準差為 1%；亦即「好好公司」的投資組合，在過去五個月的回報率大部分時間都落在 6.6% ± 1% 之間。這個低標準差顯示投資組合的績效持續穩定，且波動較小。對於偏好低風險的投資者，這是一個吸引人的特點，因為意味著好好公司的投資較不可能出現大幅度的價值波動。

　　對於那些追求高回報的投資者，他們可能會傾向於選擇標準差較高的投資組合；因為高標準差可能帶來更大的回報機會，同時也意味著更高的風險。整體而言，標準差是一個有用的工具，可幫助投資者深入瞭解投資組合的風險和回報，有助其作出明確的投資選擇。

風險值

　　風險值 (Value at Risk, VaR) 在金融風險管理領域中扮演著核心的角色，提供一個方法能夠衡量在特定的信心水準與時間架構下，一個投資組合可能會面臨的最大損失。風險值 (VaR) 用於量化市場風險，常用於交易組合的風險管理，通常採用信心水準有 95% 和 99%；風險值 (VaR) 可以根據歷史資料（歷史模擬法）、模型估計（如變異數─共變異數法）或蒙地卡羅模擬來計算。

　　當金融機構評估其風險時，許多機構會選擇使用自己獨特的方法或模型，這就是所謂的內部模型法。這種方法通常比其他標準方法更為複雜，因為融合多種模型和技術，往往能夠更準確地揭示金融機構特定的風險曝露。然而，這種方法的挑戰是需要得到金融監理機關的批准，並要確保其計算過程的正確性和可靠性。

　　假設新欣銀行有一個價值新臺幣 100,000,000 元的股票組合，風險管理部經理使用內部模型計算出 1 天 99% 信心水準下的風險值 (VaR) 為新臺幣 2,000,000 元；亦即，在正常市場條件下，新欣銀行預計該組合在接下來的一天內有 1% 的機會損失超過新臺幣 2,000,000 元。

計算過程：

1. 計算投資組合的收益率：使用歷史數據計算每支股票的日收益率。
2. 計算投資組合的方差和標準差：使用投資組合的權重和每支股票的方差和共變異數來計算。
3. 選擇信心水準：99%。
4. 找到對應的 Z 值：例如，99% 信心水準的 Z 值為 2.33（這是從常態分配表中獲取的）。
5. 計算 VaR：投資組合的 VaR = 投資組合的價值 × 投資組合收益率的標準差 × Z 值。例如：假設標準差是 σ，則 VaR 的計算如下：

$$2,000,000 = 100,000,000 \times \sigma \times 2.33$$

$$\sigma = \frac{2,000,000}{100,000,000 \times 2.33}$$

　　內部模型法通常會使用更加複雜的模型和方法來取得更精確的風險值 (VaR)，且會考慮到多種市場因素和情境，以進行持續的驗證和測試。

10.1.2 巴塞爾協定

　　巴塞爾資本協定是由國際清算銀行 (BIS) 的巴塞爾銀行監督委員會 (BCBS) 所制定的一套國際銀行監管標準。這套標準主要目的是確保銀行擁有足夠的資本來抵抗潛在的損失，從而維護金融系統的穩定性。巴塞爾資本協定主要分為三個版本：巴塞爾 I、巴塞爾 II 和巴塞爾 III；其中，巴塞爾 II 和巴塞爾 III 對投資風險的管理和衡量進行更為詳細的規定。

　　巴塞爾資本協定的起源，可以追溯到 1970 年代末期的銀行危機。當時，由於多家大型國際銀行因不良貸款而面臨破產的風險，國際社會開始認識到需要一套全球性的銀行監管標準來確保金融系統的穩定性。巴塞爾資本協定的主要發展史說明如下：

巴塞爾 I（1988 年）：這是第一套國際銀行監管標準，主要著重於信用風險的管理，要求銀行保持一定比例的資本與其風險加權資產相對應，以確保銀行有足夠的資本來抵抗潛在的損失。

巴塞爾 II（2004 年）：這一版本對原有的架構進行擴展和深化，加入市場風險和操作風險的管理，並鼓勵銀行使用內部評等系統來評估信用風險。

巴塞爾 III（2010 年）：在 2008 年的全球金融危機後，各國金融監理機關認知到需要進一步加強對銀行監管。巴塞爾 III 引入槓桿比率、流動性覆蓋率和淨穩定資金比率等新的金融監管工具，以確保銀行在極端情況下仍然能夠維持運營。

這三個版本都是由國際清算銀行 (BIS) 的巴塞爾銀行監督委員會 (BCBS) 所制定的。請參考圖 10.1 巴塞爾 I 與巴塞爾 II 和巴塞爾 III 比較，由於巴塞爾 I、巴塞爾 II 和巴塞爾 III 是國際銀行監管的主要架構，三者有一些共同的特點。首先，所有版本都強調要確保銀行要持有足夠的資本，以便銀行在遇到潛在的損失時能夠應付困境。此外，這三個版本都特別強調信用風險的管理。

在巴塞爾 I 和巴塞爾 II 之間，有一些明顯的不同之處。巴塞爾 I 主要集中於信用風險的管理，而巴塞爾 II 則擴展這一架構，不僅包括信用風險，還引入了市場風險和操作風險的管理。此外，巴塞爾 II 還鼓勵銀行使用內部評等系統，來評估信用風險。

與巴塞爾 I 相比，巴塞爾 III 在 2008 年的全球金融危機後被制定，其主要目的是加強銀行監管。為此，巴塞爾 III 引入一些新的監管工具，例如槓桿比率、流動性覆蓋率和淨穩定資金比率。

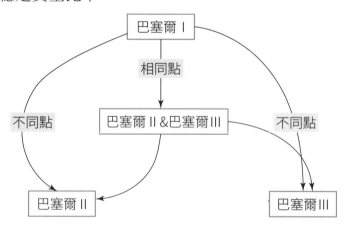

圖 10.1 **巴塞爾 I 與巴塞爾 II 和巴塞爾 III 比較**

巴塞爾 II 和巴塞爾 III 是國際銀行監管的兩個重要架構，在多個方面都有相

似之處。首先，兩者都特別強調信用風險、市場風險和操作風險的管理。此外，兩者核心目的都是確保銀行要持有足夠的資本來對抗潛在的損失，進而確保整個金融系統的穩定性。

巴塞爾 II 和巴塞爾 III 之間，也存在一些明顯的差異。巴塞爾 III 是在 2008 年的全球金融危機之後制定，其主要目的是加強對銀行的監管；而巴塞爾 II 則是在這次危機之前制定。此外，巴塞爾 III 引進一些新的監管工具，例如槓桿比率、流動性覆蓋率和淨穩定資金比率，這些在巴塞爾 II 中並未被明確提及。更重要的是，巴塞爾 III 對銀行的資本結構和資本品質設定更嚴格的標準，以確保即使在極端的金融環境下，銀行也能夠持續經營。

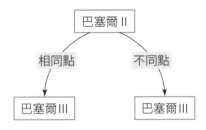

圖 10.2 巴塞爾 II 與巴塞爾 III 比較

巴塞爾資本協定對全球金融業的發展和穩定性，產生深遠的影響，不僅可確保銀行的健康營運，還提高整個金融系統的抗風險能力。有關巴塞爾資本協定對金融業的重要影響，有下列四個方面：

1. **提高銀行資本品質**：巴塞爾資本協定要求銀行持有更高品質的資本，以確保能夠在經濟困難時期繼續經營。
2. **加強風險管理**：協定鼓勵銀行採用更先進的風險管理技術和方法，從而更好地評估和控制風險。
3. **促進國際金融市場的穩定性**：透過確保所有國家的銀行都遵循相同的監管標準，巴塞爾資本協定有助於減少國際金融市場的不穩定性。
4. **增加監管的透明度**：協定要求銀行公開更多的資訊，使投資者和其他利害關係人能夠更好地瞭解銀行的風險狀況。

有關巴塞爾資本協定對企業考慮投資組合風險的主要影響，請參考表 10.1。

作為國際銀行監管主要架構的巴塞爾資本協定，對企業考慮和管理其投資組合風險產生深遠的影響，以下說明是主要的影響及相關的舉例：

1. **要求更高的資本**：巴塞爾資本協定要求銀行持有與其風險加權資產相對應的一定比例的資本。亦即，當企業考慮投資組合時，必須確保有足夠的資本來支撐潛在的風險。假設一家銀行考慮投資於一個高風險的新興市場，根據巴塞爾資本協定的要求，該銀行可能需要持有更多的資本，來應付該市場的潛在風險。

2. **加強風險管理**：巴塞爾資本協定鼓勵銀行採用先進的風險管理技術和方法，從而更好地評估和控制風險。例如一家企業可能會採用內部評等系統，來評估其投資組合中的信用風險，並根據評等結果調整其資本配置。

3. **提高透明度**：巴塞爾資本協定要求銀行提供更多的資訊，使投資者和其他利害關係人能夠更清楚瞭解銀行的風險狀況。如果一家企業公開其投資組合的詳細資訊，投資者可以更容易地評估該企業的風險狀況，從而做出更明智的投資決策。

4. **加強市場紀律**：由於巴塞爾資本協定的要求，銀行可能會更加謹慎地選擇其投資組合，從而避免過度的風險。在 2008 年金融危機後，許多銀行開始重新評估其投資組合，以確保符合巴塞爾 III 的嚴格要求。

表 10.1 巴塞爾協定重點對投資組合影響

巴塞爾協定重點	對投資組合影響
要求更高的資本	企業必須確保有足夠的資本來支撐潛在的風險
加強風險管理	鼓勵企業採用先進的風險管理技術和方法
提高透明度	投資者可以更容易地評估企業的風險狀況
加強市場紀律	銀行可能會更加謹慎地選擇其投資組合

　　巴塞爾資本協定對企業評估和管理其投資組合風險的方式，產生具體的影響。這項協定不僅設定一系列的標準和指引，幫助銀行更加精確地鑑別和應對風險，還進一步鞏固銀行的穩健經營能力。更重要的是，透過這些監管措施，整體金融系統的風險防範能力可以顯著提升，以確保金融市場的穩定發展。

10.2 利率風險

　　在全球金融市場中，利率和匯率是兩個至關重要的經濟變數，對企業、投資者和政府的決策產生深遠的影響。這兩種風險在金融市場中是息息相關且不可分割的，且兩者變動往往會對國際貿易、投資和資本流動產生重大影響。

10.2.1 利率風險衡量

　　利率風險係指由於市場利率變動，而導致的金融工具價值的變動。當市場利率上升時，固定收益金融工具的價值通常會下降，反之亦然。對於持有大量固定收益投資的企業或個人，這種風險可能會對其財務狀況產生重大影響。為更容易理解和管理這種風險，已發展出多種模型和策略。三個主要的「利率風險衡量模式」簡要說明如下：

1. 資金缺口模式

　　資金缺口模式主要關注於重新訂價模式。當金融機構或投資者想要評估短期內利率變動對其淨利息收益的影響時，可考慮使用資金缺口模式。亦即，對於主要關心短期資金流動性和淨利息收益的金融機構或投資者，這是一個很好的模型。重新訂價資產 (RSA) 和重新訂價負債 (RSL) 是該模型的兩個核心概念，分別代表會受到利率變動影響的資產和負債。假設一家銀行的 RSA 為 10 億元，RSL 為 8 億元；當利率上升 1% 時，重新訂價資產的收益將增加 1%，而重新訂價負債的成本也將增加 1%。因此，銀行的淨利息收入將受到利率變動的影響。

問題

端端銀行想要評估短期內利率變動對其淨利息收益的影響。

現有資料顯示：

重新訂價資產 (RSA) = 15 億元

重新訂價負債 (RSL) = 10 億元

預期利率上升 = 1.5%

若未來 RSA 的利率上升，RSL 的利率上升 1.5% 時，端端銀行的淨利息損益將如何變化？

【討論重點】

使用資金缺口模式的淨利息損益計算：請問若未來 RSA 的利率上升，RSL 的利率上升 1.5% 時，端端銀行的淨利息損益的變化為何？

計算公式：

淨利息損益變化 ＝ (RSA − RSL) × 利率變動

計算過程：

$$
\begin{aligned}
淨利息損益變化 &= (15\ 億 − 10\ 億) \times 1.5\% \\
&= 5\ 億元 \times 1.5\% \\
&= 0.075\ 億元 \\
&= 7,500\ 萬元
\end{aligned}
$$

答案：

1. 端端銀行的淨利息損益將增加 7,500 萬元。
2. 在這種情境下，端端銀行應該為未來的利率上升做好準備，因為可能會增加其淨利息收益。

2. 到期期間模式

　　到期期間模式關注於投資組合中，各項資產和負債的到期期間。長期的資產或負債通常比短期的更敏感於利率變動。例如，評估一家銀行持有 10 年期和 2 年期的債券。當利率上升時，10 年期債券的價值可能會比 2 年期債券下降得更多，因為 10 年期債券的到期期間比 2 年期更長。

　　假設常常公司持有一個固定收益投資組合，投資長想要瞭解該組合在利率變動時的價值變化。投資組合的平均到期期間為 5 年，預期利率上升 2%。若利率上升 2%，常常公司的投資組合價值變化的計算過程和答案說明如下：

計算公式：價值變化 = −到期期間 × 利率變動

計算過程：價值變化 = −5 × 2% = −10%

答案：常常公司的投資組合價值將下降 10%，應該考慮重新平衡其投資組合，以減少利率風險。

3. **存續期間模式**

　　存續期間模式考慮的是投資組合中的資產和負債，在整個生命週期中的平均利率敏感性；是一種更為全面的方法，適用於評估利率風險。假設純純銀行的投資組合中，有一部分是 5 年期固定利率的房屋貸款，而另一部分是浮動利率的個人貸款。即使這兩種貸款的到期期間相同，但由於這兩種的利率結構不同，存續期間和對利率變動的敏感性也可能不同。

　　假設張先生持有一個固定利率債券，他想要瞭解該債券在其預期存續期間內對利率變動的敏感性。債券的存續期間為 7 年，預期利率上升為 1.5%。

問題：若利率上升 1.5%，張先生的債券價值將如何變化？

計算公式：價值變化 = −存續期間 × 利率變動

計算過程：價值變化 = −7 × 1.5% = −10.5%

答案：張先生的債券價值將下降 10.5%，他應該考慮賣出該債券或尋找其他投資策略，以減少利率風險。

　　總之，這三種模式都提供不同的角度來評估和管理利率風險，有助於金融機構做出更明智的投資和融資決策。

10.2.2 利率風險管理

　　利率風險是金融機構和其他企業面臨的主要風險之一，尤其當資產和負債的利率結構不匹配時，為了管理這種風險，通常會採用以下方法：「免疫法」和「利率衍生性金融商品」。

利率風險管理－免疫法

　　免疫法是專為減少金融機構對市場利率波動的敏感度而設計的策略。透過確保資產與負債的利率變動相對一致，機構可以保持淨利息收入的穩定。例如家家保險公司出售大量的定期壽險保單，保期為 10 年，並承諾給付固定的利息。為了

確保能夠滿足這些承諾，家家保險公司購買一些 10 年期的政府債券。但是，家家公司擔心如果短期利率上升，短期資金成本會增加；因此，將部分資金投資在短期債券中，以免疫或對沖這一風險。即使短期利率上升，公司從短期債券中獲得的收益也會增加，從而平衡成本的增加。

1. 免疫法於保險公司的應用

保險公司針對其長期負債，例如人壽保險，為匹配其資產與負債的期限，購入長期債券以平衡風險。

2. 免疫法於金融機構的應用

金融機構可以透過調整其資產和負債的組合，來確保其在利率變動時受到的影響，進而達到免疫效果。

利率風險管理－利率衍生性金融商品

利率衍生性金融商品是金融市場上的工具，旨在幫助金融機構和其他參與者管理利率風險。以下簡單描述幾種主要的利率衍生性金融商品及其用途：

1. 利率交換 (Interest Rate Swaps)：允許兩方交換一系列的未來利息付款。最常見的是，一方支付固定利率而另一方支付浮動利率。如此，使得已有固定或浮動利率曝露的金融機構，能夠交換其利率曝露。例如，銀行可能已經給予許多固定利率的貸款，但其來源資金是浮動利率；透過利率交換，該銀行可以轉換一部分固定利率曝露為浮動利率。

2. 利率期權 (Interest Rate Options)：賦予持有者在某個特定日期，按照特定利率購買或賣出某一金融工具的權利，但不承擔任何義務。例如，如果一家公司擔心未來利率會上升，可以購買一個利率上升的期權，以鎖定當前的低利率。

3. 利率期貨 (Interest Rate Futures)：是標準化的合約，參與者同意在未來某日期，以特定價格購買或賣出某金融工具。例如，一家銀行預期未來幾個月會有大量的定期存款到期，為了對沖可能的利率變動，該銀行可以使用利率期貨來鎖定當前的利率。

透過這些工具，金融機構可以更有效地管理其資產和負債的利率曝露，減少因市場利率變動而帶來的不確定性和風險。

10.3 匯率風險

　　匯率風險則涉及外幣價值的變動。當一國的貨幣對其他貨幣貶值時，持有該貨幣的企業和投資者可能會遭受損失。反之，當貨幣升值時，他們可能會獲得利益。對於從事國際貿易或持有外幣資產的企業，匯率風險管理是其日常業務的重要部分。

10.3.1 匯率風險衡量

　　匯率風險係指由於外匯匯率波動而造成的損失風險。公司和投資者在跨國交易時，都可能面臨這種風險。下列三種主要的匯率風險衡量理論，分別說明如下：

1. **交易風險** (Transaction Risk)：當公司進行跨國交易包括進口或出口時，由於在合約簽訂和實際支付之間的匯率變動，可能會對公司的現金流產生直接影響。例如，一家美國公司與一家英國供應商簽訂合約，美國公司承諾三個月後以 100 萬英鎊購買商品。當合約簽訂時，1 英鎊等於 1.5 美元，但三個月後 1 英鎊升至 1.8 美元，這導致該美國公司支付的美元金額比原先預期的多。

2. **經濟風險** (Economic Risk)：也稱競爭風險 (Competitive Risk)。由於長期的匯率變動，可能會影響公司的國際競爭地位和其未來的現金流。例如，一家美國製造商主要在歐洲市場銷售產品。如果美元相對於歐元大幅升值，該公司的產品在歐洲可能變得過於昂貴，從而減少銷售。

3. **轉換風險** (Translation Risk)：當公司擁有海外子公司時，需要將子公司的財務報表轉換成家國貨幣。由於匯率波動，這可能會影響母公司的淨資產、淨收入和其他財務指標。一家英國公司在日本有子公司。由於日元相對於美元的強勢，當將子公司的財務報表從日元轉換成英鎊時，其資產和收益會被放大。

　　匯率風險也稱為外匯風險，係由於外匯匯率變動而導致企業或投資者的投資價值發生變化的風險。這種風險主要影響進行國際交易的企業和投資者，因為收入和支出可能會因匯率變動而受到影響。

　　假設一家臺灣進口公司在美國購買原材料，並且在三個月後支付 100 萬美元。如果當前的匯率是 1 美元 = 新臺幣 30 元，那麼該公司需要支付新臺幣 3,000 萬

元。但是，如果三個月後匯率變為 1 美元 = 新臺幣 32 元，那麼該公司將需要支付新臺幣 3,200 萬元，增加新臺幣 200 萬元的成本。

如果有一家臺灣出口公司，出口商品到美國並收取美元，該公司預計在未來三個月內收到 100 萬美元的收入。該公司想要瞭解，如果匯率在未來三個月內發生變化，衡量分析收入將受到影響的程度，分析步驟如下：

預期匯率變動：

假設基於市場分析，該公司預計匯率可能在 1 美元 = 新臺幣 28 元到 1 美元 = 新臺幣 32 元之間波動。

計算可能的影響：

最佳情境：1 美元 = 新臺幣 32 元；100 萬美元 × 32 = 新臺幣 3,200 萬元

最差情境：1 美元 = 新臺幣 28 元；100 萬美元 × 28 = 新臺幣 2,800 萬元

衡量風險：

可能的影響範圍是新臺幣 2,800 萬元到 3,200 萬元，即新臺幣 400 萬元的風險。

10.3.2 匯率風險管理

匯率風險管理係指金融機構或跨國公司採取的策略或措施，以降低由於外匯匯率的不確定性帶來的潛在損失。管理匯率風險的常見策略，包括使用遠期合約、期權、期貨等金融衍生品，來對沖風險。此外，多元化業務和資金來源，也是一種減少匯率風險的策略。以下是匯率風險管理的主要理論，分別說明如下：

1. **自然對沖 (Natural Hedging)**：透過業務操作調整，例如在同一國家內同時購買和銷售，來平衡外幣資金流入和流出，從而降低匯率風險。假設一家美國汽車製造商在日本賣車，同時也從日本供應商購買零部件。此操作允許公司平衡日元的現金流入和流出，減少其匯率風險。

2. **遠期外匯合約 (Forward Contracts)**：透過遠期合約，公司可以鎖定未來特定日期的匯率，確定將來的外幣支付或收入。假設一家歐洲公司知道三個月後，需要支付 1 百萬美元給其美國供應商；該公司可以今天購買一個遠期合約，鎖定當前的歐元 / 美元匯率，確保三個月後不會因匯率變動而支付更多的歐元。

3. **外匯期權 (Currency Options)**：透過購買外匯期權，公司可以獲得但不是義務，

在未來特定日期以特定匯率購買或出售外幣。假如一家澳大利亞公司預期六個月後收到美元款項，但擔心美元可能貶值；該公司可以購買一個賣出美元的期權，從而在未來保護自己免受匯率下跌的風險。

4. 資金籌集策略：公司可以選擇在哪裡籌集資金，從而影響其外幣曝露。如果一家英國公司在美國有大量業務，可以選擇在美國發行債券，以美元作為債務的貨幣；如此，即使英鎊對美元貶值，其債務負擔也不會增加。

這些策略和工具可以單獨或組合使用，以適應公司的特定需求和市場條件。匯率風險管理之目的，是使公司能夠更有預測性地進行業務操作，減少匯率波動帶來的不確定性。

匯率風險管理是一系列策略和工具，用於保護企業和投資者免受不利的匯率變動的影響。這通常涉及使用金融衍生品，例如遠期合約、期貨和選擇權，來對沖匯率風險。有效的匯率管理可以幫助企業穩定其現金流量和利潤，並為投資者提供更好的報酬。

假設一家臺灣公司計畫在六個月後，支付美國供應商 100 萬美元。該公司擔心在接下來的六個月內，新臺幣對美元的匯率可能會下跌，導致支付成本增加。該公司決定使用遠期合約來對沖其匯率風險；遠期合約允許該公司在未來的某一日期以預定的匯率購買美元。衡量分析支付成本將受到影響的程度，分析步驟如下：

當前匯率：

當前的匯率是 1 美元 = 新臺幣 30 元。

遠期合約的匯率：

該公司與銀行簽訂一份遠期合約，允許在六個月後以 1 美元 = 新臺幣 31 元的匯率購買美元。

計算節省的成本：

如果六個月後的市場匯率是 1 美元 = 新臺幣 33 元，該公司將節省：$(33 - 31) \times 100$ 萬元 = 新臺幣 200 萬元。

🤹 10.4 本章重點提示

　　討論市場風險管理章節中，首先探討投資風險與巴塞爾協定，揭示投資的風險面向，並說明巴塞爾協定為銀行設定風險管理的標準。接著，章節探索利率風險，著重於利率變動對金融機構的資產和負債之影響。最後，將焦點轉向匯率風險，在全球化金融市場中，這一主題更為關鍵，因為匯率的波動經常導致金融市場的不穩定。本章內容期望引領讀者，全面理解市場風險的各面向，並掌握管理這些風險的關鍵策略和工具。

📝 10.5 自我評量與挑戰

📋 是非題

1. 標準差是否用於估計在給定的信心水準和時間段內的潛在最大損失？

2. 「風險值」(VaR) 是否為一種相對較新的風險衡量方法？

3. 風險值 (VaR) 是否不僅針對信心水準為 95% 的情境進行計算？

4. 內部模型法是否為一種複雜的風險評估方法？

5. 巴塞爾 I 的主要焦點是否為信用風險的管理？

6. 巴塞爾 III 的核心目的是否為加強銀行監管，確保金融市場的自由化？

7. 巴塞爾資本協定的主要目的之一是否為確保銀行在經濟困難時仍能繼續經營？

8. 當市場利率上升時，固定收益金融工具的價值是否通常會上升？

9. 免疫法是否為通過確保資產與負債的利率變動完全一致，以保持淨利息收入的穩定？

10. 轉換風險是否僅在於公司需要將海外子公司的財務報表轉換成家國貨幣時，由於匯率波動而受到的影響？

選擇題

1. 標準差在投資領域中的主要用途是什麼？
   (A)衡量投資組合的回報率
   (B)計算投資組合的資產總額
   (C)衡量投資組合或資產的波動性或風險
   (D)估算未來的投資組合價值

2. 利率風險衡量中，哪個模型主要關注於重新訂價模式，用於評估短期內利率變動對淨利息收益的影響？
   (A)資金缺口模式
   (B)到期期間模式
   (C)存續期間模式
   (D)均值－變異數模式

3. 請問下列哪一種是利率期貨 (Interest Rate Futures)？
   (A)兩個金融機構交換未來現金流的工具
   (B)一種利率衍生性金融商品，賦予持有者在特定日期以特定利率購買或賣出某一金融工具的權利
   (C)一種利率風險管理策略，透過確保資產與負債的利率變動相對一致來減少敏感度
   (D)標準化的合約，參與者同意在未來某日期，以特定價格購買或賣出某金融工具

4.匯率風險中的「轉換風險」是指什麼？

　(A)跨國交易時匯率波動對現金流的影響

　(B)長期匯率變動影響公司的國際競爭地位

　(C)將子公司的財務報表轉換成家國貨幣的風險

　(D)購買或賣出某金融工具的權利

5.匯率風險管理中，以下哪種策略可以透過業務操作調整來降低匯率風險？

　(A)遠期外匯合約

　(B)自然對沖 (Natural Hedging)

　(C)外匯期權 (Currency Options)

　(D)資金籌集策略

問答題

1.請問何謂風險值 (Value at Risk, VaR)？在金融風險管理中的作用是什麼？

2.請問何謂利率風險？在金融市場中，利率風險對於企業和投資者有什麼影響？

3.請解釋標準差在投資領域中的重要性。

4.請問為什麼金融機構和企業需要管理利率風險？

5.請問「匯率風險」(Exchange Rate Risk) 和「利率風險」(Interest Rate Risk) 有何不同？

6.匯率風險管理中，請問什麼是遠期外匯合約？是如何幫助公司對沖匯率風險？

個案討論題

1.假設一家公司持有一個投資組合，組合價值為新臺幣 1,000,000 元，並且該投資

組合的預期價值變動率為 1.5%。請計算該投資組合在正常市場條件下，以 95%
信心水準下的一天 VaR (Value at Risk)。

2.假設某公司計畫在六個月後向美國供應商支付 100 萬美元。當前匯率是 1 美元
　＝新臺幣 30 元。該公司擔心在未來六個月內新臺幣對美元的匯率可能下跌，導
　致支付成本增加。該公司決定使用遠期合約來對沖匯率風險。遠期合約的匯率
　為 1 美元＝新臺幣 31 元。請計算該公司使用遠期合約後在六個月後的節省成
　本。

3.假設一家臺灣出口公司在未來三個月內預期收到 100 萬美元的收入。該公司想
　要瞭解如果匯率在未來三個月內發生變化，收入將受到影響的程度。當前匯率
　是 1 美元＝新臺幣 30 元，預期匯率波動範圍為 1 美元＝新臺幣 28 元到 1 美元
　＝新臺幣 32 元。請計算可能的收入變化範圍。

是非題答案
1.否。　　2.是。　　3.是。　　4.是。　　5.是。　　6.是。　　7.是。　　8.否。　　9.是。
10.是。

選擇題答案
1.(C)。　　2.(A)。　　3.(D)。　　4.(C)。　　5.(B)。

問答題答案
1.風險值 (VaR) 是在金融風險管理領域中的一個重要概念，用於衡量在特定的信
　心水準與時間架構下，一個投資組合可能會面臨的最大損失。VaR 用於量化市
　場風險，通常用於交易組合的風險管理。它可以根據歷史資料（歷史模擬法）、
　模型估計（如變異數—共變異數法）或蒙地卡羅模擬來計算。
2.利率風險是指由於市場利率變動而導致的金融工具價值的變動。當市場利率上
　升時，固定收益金融工具的價值通常會下降，反之亦然。對於持有大量固定收

益投資的企業或個人，這種風險可能會對其財務狀況產生重大影響。在全球金融市場中，利率風險與匯率風險一樣重要，對企業、投資者和政府的決策產生深遠的影響。利率風險的波動會影響到債券價格、股票市場、房地產市場和整體經濟活動。為了更好地理解和管理這種風險，已發展出多種模型和策略來量化和應對利率風險。

3. 標準差是衡量一組數據分散程度的工具，特別是在投資領域中，它被用作風險的度量。一個較高的標準差意味著較大的價值波動，因此風險也較高。對投資者來說，瞭解資產回報的不確定性或波動性是非常重要的，因為它可以幫助他們做出更明智的投資決策。

4. 金融機構和企業需要管理利率風險是因為利率變動可能對其財務狀況和獲利能力產生重大影響。當金融機構的資產和負債的利率結構不匹配時，市場利率的波動可能導致淨利息收入的變動，進而影響其盈利能力。若市場利率上升，固定利率的資產價值通常會下降，而浮動利率的負債成本則會上升，導致潛在的損失。因此，管理利率風險是為了減少這些不確定性，確保金融機構和企業能夠穩健地經營，並保持財務的穩定性和健康。透過利率風險管理策略，例如免疫法和利率衍生性金融商品，它們可以有效地對沖或降低對利率波動的敏感度，保護自身免受利率變動帶來的風險。

5. 「匯率風險」和「利率風險」是兩種不同的風險類型。「匯率風險」是由於外匯匯率波動而導致企業或投資者的投資價值發生變化的風險。當公司或投資者進行跨國交易時，可能面臨匯率風險，因為收入和支出可能會因匯率變動而受到影響。例如，一家臺灣進口公司在美國購買原材料，並且在三個月後支付 100 萬美元。如果當前的匯率是 1 美元＝新臺幣 30 元，那麼該公司需要支付新臺幣 3,000 萬元。但是，如果三個月後匯率變為 1 美元＝新臺幣 32 元，那麼該公司將需要支付新臺幣 3,200 萬元，增加新臺幣 200 萬元的成本。

「利率風險」則是金融機構和其他企業面臨的另一種主要風險，它是指由於市場利率變動而導致的金融工具價值的變動。當市場利率上升時，固定收益金融工具的價值通常會下降，反之亦然。對於持有大量固定收益投資的企業或個人，這種風險可能會對其財務狀況產生重大影響。利率風險的衡量方法包括資金缺

口模式、到期期間模式和存續期間模式等。

6. 遠期外匯合約是一種金融衍生品，它允許公司在未來特定日期以預先確定的匯率購買或出售一定數量的外幣。透過遠期外匯合約，公司可以鎖定未來特定日期的匯率，確定將來的外幣支付或收入，從而對沖匯率風險。

舉例說明，假設一家公司計畫在未來三個月向國外供應商支付 100 萬美元，並擔心新臺幣可能在這段期間內貶值，導致支付成本增加。這家公司可以通過購買遠期外匯合約，在當前的匯率水平上確保三個月後能以固定匯率購買 100 萬美元。如果三個月後市場匯率低於合約匯率，這家公司將節省成本，因為他們能夠以較低的匯率購買美元。反之，如果市場匯率高於合約匯率，這家公司仍需按合約匯率購買美元，但這樣可以保護他們免受更高的匯率影響。

個案討論題答案

1. 計算公式：VaR = 投資組合價值 × 價值變動率 × Z 值

在 95% 信心水準下，Z 值約為 1.645（這是從常態分配表中找到的）

計算過程：VaR = 1,000,000 × 0.015 × 1.645 ≈ 新臺幣 24,675 元

答案：在正常市場條件下，以 95% 信心水準下的一天 VaR 為新臺幣 24,675 元。

2. 計算公式：節省成本 = (遠期匯率 − 當前匯率) × 金額

計算過程：節省成本 = (31 − 30) × 100 萬 = 新臺幣 100 萬元

答案：該公司使用遠期合約後，在六個月後的節省成本為新臺幣 100 萬元。

3. 計算公式：收入變化範圍 = (最佳情境匯率 − 最差情境匯率) × 金額

計算過程：最佳情境匯率 = 1 美元 = 新臺幣 32 元

最差情境匯率 = 1 美元 = 新臺幣 28 元

收入變化範圍 = (32 − 28) × 100 萬 = 新臺幣 400 萬元

答案：該公司的收入在未來三個月內可能的變化範圍是新臺幣 400 萬元。

第 *11* 章 流動性與信用風險管理

　　流動性風險與信用風險可視為金融市場的兩項重大風險。流動性風險反映資產不能在所需的時間內或所需的成本上，迅速轉化為現金的風險；信用風險則涉及借款人或對方，不履行其財務義務的可能性。「赤道原則」為一套由金融機構自發制定風險管理和永續發展的指南，可對流動性風險與信用風險提供另一類評估考量。在本章節中，將探討流動性風險與信用風險的衡量與管理，以及赤道原則對這兩種風險評估的影響。此外，依據《公開發行銀行財務報告編製準則》第 21 條規定，期中財務報告應揭露，金融工具所產生之風險及風險管理，包括信用風險、流動性風險及市場風險等之質性及量化揭露資訊。

11.1 赤道原則

　　赤道原則（Equator Principles，簡稱 EPs）是金融機構自願性行為規範，主要是適用在銀行辦理授信融資時，納入借款戶在環境保護、企業誠信經營和社會責任等授信審核條件。若企業未達標準，可以緊縮融資額度，甚至列拒絕往來戶；目的是希望透過赤道原則，促進企業對環境保護及社會發展，發揮正面影響力。赤道原則是金融業的一個重要指南，針對環境與社會議題，制定的風險管理架構。在赤道原則的架構下，流動性風險和信用風險都被視為金融機構需要有效管理的重要風險。在這一小節中，討論赤道原則的定義與規範。

11.1.1 定義與規範

　　赤道原則是國際金融機構的自願性行為規範，於 2003 年首次發布；由數家國

際大銀行共同發起與制定，是一套在融資過程中，用於判斷、評估和管理大型專案融資中，所涉及的環境與社會風險的金融行業基準。亦即，金融機構在投資或放貸時，不僅需要考慮傳統的流動性和信用風險，還需考慮到潛在的環境和社會風險。這不僅是從道德角度出發，更是從實際的經濟效益考慮；因為長期來看，無法永續的投資可能會帶來巨大的隱性成本。隨著全球環境議題逐漸受到重視，赤道原則為金融機構提供一套具體的行動方案參考原則，以確保其業務活動與全球永續發展目標相一致。

赤道原則對金融機構的影響是相當深遠的，尤其在金融監管和風險管理方面提供指導原則，有助於金融機構建立更穩健的業務模式和風險管理機制。具體來說，赤道原則對金融機構的影響包括：

⑴風險管理架構的建立：赤道原則要求金融機構建立有效的風險管理架構，包括資本充足性、風險評估和監測機制。金融機構需要根據不同類型的風險，例如信用風險、市場風險等，來制定相應的策略和措施。

⑵資本充足性的維護：赤道原則強調金融機構需要確保足夠的資本以應對風險，特別是信用風險；這有助於確保金融機構，在面對壓力情況下能夠穩定運營，避免破產風險。

⑶監管法遵性：赤道原則的指導幫助金融機構，確保其監管遵守相關法令和規定；這有助於減少可能的法律風險，維護金融機構的聲譽。

⑷風險文化的塑造：赤道原則鼓勵金融機構建立一個強調風險意識的企業文化，使所有層面的員工都能夠參與風險管理和控制。

基本上，赤道原則可視為大型國際金融機構所採行的風險管理架構，用以決定、衡量及管理專案融資對環境與社會產生之風險；亦即，赤道原則係屬自願性簽署遵循之金融業準則。世界各國對金融機構參加赤道原則，係採取鼓勵性質，而非要求強制加入；因此，各金融機構得視其業務型態及規模，逐步將赤道原則精神落實於其營運業務。有關我國金管會銀行局對於赤道原則的政策推動，可分為以下兩大方向來說明：

提升銀行公會對赤道原則的認知與實踐

於 103 年 4 月 29 日，金管會在《銀行公會會員授信準則》的第 20 條第 5 項

新增規範，明確要求在辦理企業授信審核時，應審慎考慮借款戶在環境保護、誠信經營和社會責任方面的表現。此外，從 2017 年 7 月 5 日開始，此項規範的適用範疇已從「專案融資」，擴展到所有的「企業授信」，鼓勵更多的資金流向環境友善的綠能產業。

結合國際標準，完善會員授信準則

配合金管會政策，銀行公會參考國際赤道原則協會發布的第 4 版赤道原則，亦即赤道原則 4.0 核心內容，其中包括對氣候變遷、溫室氣體排放揭露，以及強化環境和社會風險管理等要素。這些重要指引，已經被納入銀行公會「會員授信準則」的第 20 條第 5 項。金管會於 2022 年 4 月 11 日審查並同意此項修訂，旨在通過金融制度引領企業更加重視環境、社會和公司治理，進一步促使產業朝向永續發展方向邁進，並實現減碳目標。

請參考表 11.1，銀行公會的《會員授信準則》第 20 條第 5 項規範重點說明如下：

(1) 銀行內部應就大型專案融資案件，設置專案評估小組，以進行對環境與社會影響之專案評估審查及貸後監測。

(2) 銀行應確認授信戶已參照「氣候相關財務揭露 (Task Force on Climate-related Financial Disclosures, TCFD)」 架構， 對環境與社會高風險的大型專案融資案件，評估分析其可能遭遇的氣候相關實體風險；並對高碳排量大型專案融資案件，評估分析其氣候相關轉型風險。

(3) 銀行應確認授信戶已參照「聯合國工商企業與人權指導準則 (United Nations Guiding Principles on Business and Human Rights, UNGP)」架構，就大型專案融資案件可能對相關利害關係人，包括當地社區、住民、員工等造成之影響，進行評估調查。

(4) 銀行應確認大型專案融資案件授信戶是否依主管機關規範對該專案進行溫室氣體盤查。

(5) 大型專案融資之授信契約中，應納入授信戶對環境及社會等相關事項之承諾性條款，及授信戶無法符合承諾條款之因應措施。

(6) 大型專案融資案件採聯貸方式辦理者，主辦行或管理行應協助參貸行，取得該

專案融資之環境與社會影響專案評估審查以及貸後監測相關報告資訊。

(7)銀行辦理大型專案融資案件，得視個案需要，請授信戶委託第三方專業機構或獨立專業顧問協助相關評估作業。

表 11.1 銀行授信規範重點

編號	規範重點	內容說明
1	專案評估小組	設立專案評估小組進行環境社會評估及貸後監測
2	TCFD 架構評估	評估氣候相關風險及高碳排放專案的轉型風險
3	UNGP 架構評估	評估專案對利害關係人造成的影響，符合人權指導
4	溫室氣體盤查	確認專案是否符合主管機關溫室氣體盤查規範
5	承諾性條款	納入專案相關環境社會承諾及無法符合的因應措施
6	聯貸案件支援	協助參貸行獲取環境社會影響相關報告資訊
7	第三方協助	根據需要，委託專業機構或顧問進行評估作業

11.1.2 其他相關規範

本小節說明赤道原則 (Equator Principles)、責任投資原則 (Principles for Responsible Investment, PRI)、和責任銀行原則 (Principles for Responsible Banking) 這 3 個金融業的主要永續性重要指引，分析其相同點與不同點。

責任投資原則

責任投資原則（Principles for Responsible Investment，簡稱 PRI），是在 2006 年由聯合國支持的獨立倡議，其目的是鼓勵全球投資者考慮環境、社會和治理 (ESG) 問題，並將其整合到投資和所有權實踐中。對於「責任投資原則之指引文件」，以下是其緣起和內容重點：

緣起：

前聯合國秘書長 Kofi Annan 邀請一些世界最大的機構投資者，開始發展一套基於 ESG 議題的全球最佳實踐原則，這啟動在 2006 年正式啟動的責任投資原則。

內容重點：

責任投資原則包含六大原則，鼓勵簽署機構將環境、社會、治理 (ESG) 議題融入其投資決策中，這六大原則為：(1)將 ESG 問題納入投資分析和決策過程。

⑵將 ESG 問題納入所有權政策和實踐。⑶要求投資實體公開其 ESG 問題。⑷促進對責任投資原則 (PRI) 的接受和實施。⑸透過合作提高效率並增強對 ESG 問題的實踐。⑹在決策過程中,報告其活動和進展。這些原則旨在為投資者提供一個架構,以考慮與 ESG 相關的長期價值與風險。

「赤道原則」和「責任投資原則」都是針對金融機構設定的永續性指引,但是兩者的焦點和目標群體略有不同。表 11.2 列示赤道原則與責任投資原則的相同點和不同點的比較。

表 11.2「赤道原則」和「責任投資原則」比較

相同點	不同點
ESG 關注:兩者都旨在鼓勵金融機構考慮環境、社會和治理 (ESG) 議題,從而促使金融操作更加永續。	緣起: · **赤道原則**於 2003 年首次發布,是由一群全球性的銀行共同制定,目的是為處理與大型開發專案相關的社會和環境議題; · PRI 是由聯合國支持,旨在鼓勵投資者採取永續的投資策略,在 2006 年正式啟動。
透明性與課責性:兩者都強調透明性和課責性,要求其簽署者公開揭露相關的活動和進展。	範疇: · **赤道原則**專注於大型開發專案的環境和社會風險評估與管理; · PRI 著重於如何將 ESG 因素融入整體的投資決策過程中。
全球性的倡議:兩者都是全球性的指引,並吸引來自世界各地的金融機構加入。	參與者: · **赤道原則**主要是為提供給專案融資的銀行一套風險管理架構; · PRI 主要針對投資者,包括資產擁有者和資產經理。

簡單說,赤道原則專注於專案融資中環境和社會的風險管理;責任投資原則 (PRI) 更側重於整體的投資策略和決策。

責任銀行原則

責任銀行原則(Principles for Responsible Banking,簡稱 PRB),是由聯合國環境計畫財金倡議 (UNEP FI) 和全球多家銀行於 2019 年共同推出的;是一套為銀行提供一致性的架構,針對銀行業務層面融入永續發展元素,協助相關銀行為永續社會作出積極貢獻,以利於實現聯合國 2030 年永續發展目標 (SDGs) 及巴黎協

議目標。如表 11.3 所示，責任銀行原則包含「一致性 (Alignment)」、「影響與目標設定 (Impact & Target Setting)」、「與客戶合作 (Clients & Customers)」、「利害關係人 (Stakeholders)」、「治理與文化 (Governance & Culture)」、「透明及課責 (Transparency & Accountability)」等六大原則架構，透過遵循「責任銀行原則」，可將銀行核心本業結合 SDGs 與巴黎氣候協定等目標，關注環境、社會與公司治理 (ESG) 之永續發展。藉此，銀行發展更負責任的金融商品服務與相關作業流程，也讓責任投資與放貸發揮正面積極的影響力，帶給環境與社會更多的正向循環。

表 11.3 責任銀行原則六大原則

編號	原則	內容說明
1	一致性	確保業務策略與社會的永續發展目標相符
2	影響與目標設定	評估業務影響並設定量化目標
3	與客戶合作	提供解決方案協助客戶達成永續發展
4	利害關係人	永續與利害關係人交流並回應其期望
5	治理與文化	強化永續發展的組織文化與治理
6	透明及課責	資訊透明並且對永續行為負責

「赤道原則」和「責任銀行原則」都是銀行業提供有關永續發展業務的指引，有些相同點也有些不同點，請參考表 11.4。

表 11.4 「赤道原則」和「責任銀行原則」比較

相同點	不同點
兩者都旨在鼓勵銀行採取更環保、更具社會責任的策略。	緣起： ・**赤道原則**起源於 2003 年，由數家銀行共同發起； ・責任銀行原則是 2019 年由聯合國環境計畫財金倡議和全球銀行共同開發。
兩者都要求金融機構進行風險評估，以確保其金融活動不會對環境或社會造成嚴重傷害。	範疇： ・**赤道原則**主要專注於專案貸款的環境和社會風險； ・責任銀行原則範圍更加全面，涵蓋銀行業務的所有方面。
兩者都鼓勵透明性，並要求參與者公開揭露其永續發展的策略和成果。	參與者： ・**赤道原則**主要由專案融資的銀行採用； ・責任銀行原則旨在為所有銀行提供指引。

「責任投資原則」和「責任銀行原則」雖然都旨在促進金融業的永續性，但兩者的焦點和範疇有所不同，請參考表 11.5。

表 11.5「責任投資原則」和「責任銀行原則」比較

相同點	不同點
目標一致性：兩者都旨在鼓勵金融機構考慮環境、社會和治理 (ESG) 問題，從而實現更加負責任和永續的金融操作。	**緣起**： ‧PRI 是由聯合國支持，在 2006 年正式啟動； ‧責任銀行原則在 2019 年是由聯合國環境計畫財金倡議 (UNEP FI) 和全球銀行共同開發的。
促進透明性：兩者都強調透明性和課責性，要求參與者定期公開揭露其活動和進展。	**範疇**： ‧PRI 著重於如何將 ESG 因素融入投資決策中； ‧責任銀行原則較為全面，涵蓋銀行的所有業務範疇，包括但不限於貸款和投資活動。
全球性：兩者都是全球性的倡議，參與者來自不同國家和地區。	**參與者**： ‧PRI 主要針對投資者，包括資產擁有者和資產經理； ‧責任銀行原則主要針對銀行業務。

11.2 流動性風險

　　流動性風險係指銀行未能取得資金以支應資產增加或償付到期負債，例如因應存戶提領、授信動撥、或其他利息、費用或表外交易之現金流出等，而可能產生之損失。有效地衡量與管理流動性風險，對金融機構和投資者非常重要。選擇具有較高流動性的資產，以及制定應對市場波動的計畫，都是金融機構日常重要工作項目。流動性風險也可能在金融市場中引發連鎖效應，影響市場穩定性和資產價格。總之，流動性風險關注的是資產能夠以合理的成本、在合理時間內轉換為現金，並能在市場中找到適當交易對手的程度。

11.2.1 流動性風險衡量

　　流動性風險 (Liquidity Risk) 指的是在購買或出售資產時，資產能夠迅速轉換為現金並且成交的程度。流動性風險衡量市場上資產可自由流通並進行交易的能力，以及執行交易所需的時間和成本。當資產流動性較低時，意味著資產交易可能需要更長時間或更高成本，或市場價格不利等影響因素。

流動性風險評估

　　流動性風險評估取決於資產類別、市場深度、交易量和市場參與者等因素；不同資產類別，如股票、債券、外匯和不動產等，每一項具有不同的流動性特徵。高流動性資產如現金，可以迅速轉換為其他資產或不同幣別的現金；低流動性資產如不動產，可能需要更長時間，才能找到適當的交易對手並完成交易來收到現金。

　　有關於評估企業的流動性風險，流動比率和速動比率提供關於企業短期償債能力的資訊；負債比率則提供有關企業負債相對於資產的比例，幫助判斷其流動性風險。基本上，每個指標僅提供有關企業流動性風險的部分視角，金融機構專業人員和投資者通常會綜合考慮多個因素，以全面評估企業的流動性風險。當評估企業的流動性風險時，以下是三種常用的方法：

⑴流動比率 (Current Ratio)：反映企業在短期內能夠償還債務的能力。這種方法計算企業的流動資產與流動負債之間的比例來衡量。一般而言，較高的流動比率表明企業具有較好的流動性，因其有足夠的流動資產可以應對即將到期的負債。

⑵速動比率 (Quick Ratio)：評估企業迅速償還其流動負債的能力。這種方法僅考慮最具流動性的資產，如現金、市場上的有價證券和應收帳款，並排除存貨。高速動比率意味著企業在應對短期債務方面，具有強大的償還能力。

⑶負債比率 (Debt Ratio)：衡量企業的總負債占總資產的比例。這種方法提供企業的負債相對於其資產的整體評估。如果負債比率較高，可能表示企業的資產受到較大的債務負擔，這可能增加流動性風險。

問題

真真公司是一家新成立的小型投資公司，專門從事股票和債券投資。張財務長正在準備資料，要向非財務背景的董事們說明評估流動性風險的主要方法。請問張財務長要如何準備這份報告資料？

【討論重點】

評估流動性風險的主要方法：請舉例說明每一種方法與計算。

當企業評估其流動性風險時，可以使用以下三種方法來衡量：

1.流動比率

假設公司有以下財務數據：

流動資產：100,000 元、流動負債：80,000 元

流動比率 = 流動資產 / 流動負債 = 100,000 / 80,000 = 1.25

在這個例子中，流動比率為 1.25，這意味著公司有 1.25 元的流動資產，可用於支付每 1 元的流動負債。較高的流動比率，通常被視為企業流動性較好，因為公司有足夠的資金償還短期債務。

2.速動比率

假設公司的資產分布如下：

現金：20,000 元、有價證券：10,000 元、應收帳款：30,000 元、

存貨：25,000 元、流動負債：80,000 元

速動比率 = (現金 + 有價證券 + 應收帳款) / 流動負債

= (20,000 + 10,000 + 30,000) / 80,000 = 0.75

在這個例子中，速動比率為 0.75，這意味著公司每 1 元的流動負債，有 0.75 元的最具流動性資產可用於支付。速動比率考慮最具流動性的資產，因此較高的速動比率，表示公司更有能力應對短期債務。

3. 負債比率

　　假設公司有以下財務數據：

　　　　總資產：500,000 元、總負債：220,000 元

　　　　負債比率 = 總負債 / 總資產 = 220,000 / 500,000 = 0.44

　　在這個例子中，負債比率為 0.44，這表示公司的總負債占其總資產的 44%。較高的負債比率，可能表示公司的流動性風險較高，因為公司的資產相對於債務較少，這可能影響其償債能力。

　　上述說明示範三種方法衡量企業的流動性風險。不同方法提供不同層面的評估意見，幫助資訊使用者更客觀地評估企業的財務狀況和流動性狀況。

流動性覆蓋比率

　　流動性覆蓋比率 (Liquidity Coverage Ratio, LCR) 是一種金融指標，評估金融機構應對短期資金需求的能力，主要是透過比較高品質流動性資產與預期未來 30 天的淨現金流出來衡量。高品質流動性資產可以是現金、政府債券等；而淨現金流出考慮金融機構可能面臨的資金流動性需求。LCR 的目標是確保金融機構在市場壓力下有足夠流動性，以應對客戶需求和市場不穩定。這個指標在嚴格的金融監管環境中得到廣泛應用，有助於保護金融體系的穩定性，減少金融風險。

　　考量流動性覆蓋比率主要目的為強化銀行短期流動性之復原能力，衡量銀行於壓力情境下是否具備足夠之合格高品質流動性資產，以因應未來三十日之現金流出需求，若納入我國流動性風險管理架構，可與現行流動準備比率制度相輔相成，將有助於銀行業流動性風險管理更臻精進，以健全銀行體系，爰中央銀行與金融監督管理委員會共同依據《銀行法》第三十六條第二項、第四十三條及《中央銀行法》第二十五條規定，訂定《銀行流動性覆蓋比率實施標準》，其條文要點如下：

一、流動性覆蓋比率之定義，及流動性覆蓋比率計算方法說明及表格，由金管會洽商中央銀行同意後定之。（第二條）

二、銀行於過渡期間內各年度流動性覆蓋比率之最低標準，及自一百零八年一月

一日起流動性覆蓋比率不得低於百分之百。但工業銀行各年度流動性覆蓋比率之最低標準均為百分之六十。金管會及中央銀行並得根據實際情形採行調整措施。（第三條）

三、銀行計算及申報流動性覆蓋比率之期間與方式，及流動性覆蓋比率低於法定最低標準時之通報機制。（第四條）

四、銀行應於自行網站之「資本適足性與風險管理專區」揭露流動性覆蓋比率相關資訊。（第五條）

五、部分銀行得排除適用本標準之規定。（第六條）

六、本標準之施行日期。（第七條）

以下為流動性覆蓋比率之目的與計算方法說明，以及進一步舉例說明相關專有名詞、計算方式與計算結果解析。

⑴目的：為強化銀行短期流動性復原能力，銀行應確保持有足夠未受限制之合格高品質流動性資產，以因應壓力情境下 30 天內之淨現金流出。

⑵計算方法：

$$流動性覆蓋比率 = \frac{合格高品質流動性資產總額}{未來\ 30\ 個日曆日內之淨現金流出總額} \times 100\%$$

案例一：合格高品質流動性資產總額之計算

合格高品質流動性資產係指在壓力情境下仍具有相當流動性之資產，包括第一層資產、第二層 A 級資產及第二層 B 級資產；其中第二層 A 級資產及第二層 B 級資產合計不得超過合格高品質流動性資產總額之 40%，且第二層 B 級資產不得超過合格高品質流動性資產總額之 15%。

當銀行在處理合格高品質流動性資產總額之計算時，會涉及一些特定名詞。這些特定名詞的解釋以及與銀行實務資產相關的案例，分別說明如下：

1. 合格高品質流動性資產：這是指在壓力情境下，仍然非常容易轉換成現金或有價值的資產。這些資產能夠幫助銀行應對可能的資金流出需求，確保流動性。例如，政府發行的高信用評等的國債就是一種合格高品質流動性資產，因為在市場壓力下，這些債券容易轉換成現金。

2. 第一層資產：第一層資產是最容易流動轉換成現金的資產，通常是非常穩定且

易於交易的。在銀行實務中，現金和政府發行的短期債券可以被視為第一層資產。這些資產非常有流動性，因此在短期需求中很容易變現。

3. 第二層 A 級資產：第二層 A 級資產是次於第一層資產，但仍具有相對良好流動性的資產。這些資產可能是金融市場的有價證券，包括高信用評等的公司股票或債券。例如，銀行持有的績優公司的優先股可以被歸類為第二層 A 級資產，這些優先股在市場中仍然具有一定的流動性，即使不如現金或政府債券那麼高的流動性。

4. 第二層 B 級資產：第二層 B 級資產相對於 A 級資產，流動性稍差。這些資產可能是信用評級較低的債券或其他有價值的資產，但在市場壓力下可能較難以轉換成現金，包括銀行可能持有一些低評等債券，這些債券被歸類為第二層 B 級資產。例如，銀行可能持有一些新興市場國家的政府債券，這些債券被歸類為第二層 B 級資產，因為在市場不穩定時可能會面臨較大的流動性風險。

案例一題目：合格高品質流動性資產總額之計算

假設某銀行在壓力情境下計算其合格高品質流動性資產總額，以用於流動性覆蓋比率的計算。銀行擁有以下資料：

– 第一層資產：500 萬元

– 第二層 A 級資產：300 萬元

– 第二層 B 級資產：200 萬元

計算方法：

合格高品質流動性資產總額 = 第一層資產 + 第二層 A 級資產 + 第二層 B 級資產

$$= 500 \text{ 萬元} + 300 \text{ 萬元} + 200 \text{ 萬元}$$

$$= 1000 \text{ 萬元}$$

案例二：淨現金流出總額之計算

　　淨現金流出總額係指在特定壓力情境下，未來 30 個日曆日內之總預期現金流出扣除總預期現金流入之金額。總預期現金流入金額不得超過總預期現金流出金額之 75%。

案例二題目：淨現金流出總額之計算

假設同一銀行計算其淨現金流出總額，以用於流動性覆蓋比率的計算。銀行擁有以下資料：

– 總預期現金流出金額：600 萬元

– 總預期現金流入金額：450 萬元

計算方法：

淨現金流出總額 = 總預期現金流出金額 – 總預期現金流入金額

$$= 600 \text{ 萬元} - 450 \text{ 萬元}$$

$$= 150 \text{ 萬元}$$

11.2.2 流動性風險管理

　　金融機構對流動性風險之辨識、衡量、監督與控制，應建立穩健的作業流程與架構，並訂定適當的內部控制制度，以定期獨立檢視與評估前述風險管理之有效性。此外，金融機構應建置適當之資訊系統以衡量及監控流動性風險，並定期提供報告予董事會及其他相關人員。

　　流動性風險管理是金融機構為確保其在面對各種市場情況下，都能夠應對資金流動需求的過程。這是為確保金融機構能夠在資金需要時，隨時籌集到足夠的資金，以滿足客戶的提款需求、支付債務和營運成本，同時避免流動性危機。流動性風險管理的目標，是確保金融機構在市場壓力和不穩定的環境下，能夠維持穩定的營運和財務狀況。基本上，流動性風險管理涵蓋下列五個主要類型：

(1)**流動性監測與評估**：金融機構需要持續監測和評估其流動性狀況，包括預測未來可能的資金流動需求，以及分析可能的市場壓力情境。

(2)**流動性規劃**：基於對流動性需求的評估，金融機構需要制定適當的流動性規劃，確保儲備足夠的高品質流動性資產，以應對不同情境下的資金需求。

(3)**資產負債管理**：金融機構需要確保其資產和負債之間的平衡，以確保能夠在需要時償還債務，同時維持良好的資金流動性。

(4)**壓力測試**：金融機構進行壓力測試，評估其在不同的市場情境下能夠應對潛在的流動性挑戰能力，並制定應變計畫。

⑸ **流動性備案**：金融機構需要建立和更新流動性備案，其中包括詳細的流動性規劃、儲備的高品質流動性資產和應對危機的應變計畫。

流動性風險管理是金融機構的一項關鍵活動，確保其在市場波動和不確定性時能夠保持穩定的運作，維護金融體系的安全和穩定。請參考表 11.6，敘述五種流動性風險管理的類型與列舉每種類型的案例，同時針對每個案例提供一般實務案例與銀行實務案例。這些案例呈現各種組織管理流動性風險以確保適當的資金供應和穩定的營運，透過監測、規劃、資產負債管理、壓力測試和建立流動性備案，組織可以應對不同的流動性風險挑戰，以確保在需要時有足夠的資金來應對各種情況。

表 11.6 五種流動性風險管理的類型與案例

類型	一般實務案例	銀行實務案例
流動性監測與評估	電信公司監控帳單付款和服務訂閱情況，預測現金流動	銀行監測存款、提款和交易，預測現金需求
流動性規劃	科技公司預測節假日購物季現金需求，增加儲備現金	銀行為應對節假日或特定活動，增加現金儲備
資產負債管理	能源公司預測投資需求和債務償還，考慮出售資產來取得現金	銀行預測資金需求和債務償還，考慮出售非核心資產來取得現金
壓力測試	保險公司進行不同情境的壓力測試，評估資金需求	銀行模擬不同市場壓力情境，評估流動性風險的影響
流動性備案	電力公司建立流動性備案，包括資金預測和應變計畫	銀行建立流動性備案，確保能夠應對未來資金需求

流動性風險管理的目標是確保組織在面對現金流出、市場壓力或其他突發情況時，能夠維持適當的流動性水準，以免影響日常業務運作；其可能包括監測資金流動情況、計算流動性指標，並制定應對策略，以減少流動性風險。

11.3 信用風險

信用風險係指當借款人或交易對象，由於企業狀況惡化或其他外部因素而無

法履行契約義務時，所帶來的潛在損失。具體來說，信用風險可以分為兩大類：
㈠由於借款人或債券發行者無法還款而造成的違約損失，或其信用評等下降的風險。㈡交易對象風險有兩種情況，一種是當交易對象在約定的交割日未按時履行契約義務，銀行可能會蒙受等值本金的損失；另一種是指在合同的最終交割日之前，交易對象違約帶來的風險。

　　尤其在外匯或衍生金融商品交易中，如果價格劇烈波動對交易對象產生不利影響，他們可能選擇不遵守合約而導致銀行損失。因此，金融機構管理這些信用風險，需要有嚴格的策略和方法，並考慮到交易對象的信用狀態、市場環境變化以及其他相關因素。

11.3.1 信用風險衡量

　　信用風險管理 (Credit Risk Management) 是一個多方面的評估過程，通常金融機構會以授信特徵、契約內容和授信戶的財務狀況為評估的基礎。此外，為適應瞬息萬變的環境，金融機構還必須密切關注市場變化，特別是金融市場的波動，並評估對其潛在影響；同時，擔保品和保證是降低金融機構損失的有效工具，因此也是評估的重要環節。最後，金融機構必須具備前瞻性，預測借款人信用狀況的未來走勢，以確保資金的安全。

　　在現代金融體系中，信用風險管理是確保金融穩定和維持信心的基石。如表11.7 所示，談論信用風險衡量時，以下六個指標都是關鍵的因素。

表 11.7 信用風險衡量指標

指標	重點說明
個別交易對象信用評等	評估交易對象違約風險
違約損失率	違約時可能的損失比例
債券評等及結構	債券信用和到期時段分析
債券發行人財務指標	評估發行者的財務狀況
資產品質指標	評估資產組合的品質狀況
呆帳準備覆蓋率	評估支應呆帳風險能力

　　信用風險 VaR (Value at Risk) 是一個用來衡量信用風險的數量工具，代表在一定信心水準和時間範圍內，可能遭受的最大損失。VaR 是一個有用的風險管理工具，可以幫助金融機構理解潛在損失的大小和可能性。以下是一個簡單的信用風險 VaR 的計算案例：

　　假設平平公司持有一個債券組合，面值為 100 萬美元。希望計算持有這些債券，一天內在 95% 的信心水準下，可能遭受的最大損失。相關計算步驟如下：

1. 選擇信心水準：95%。
2. 選擇時間範圍：1 天。
3. 收集資料並計算收益率標準差：需要收集債券組合的歷史收益率數據，並計算其標準差。假設標準差為 2%。
4. 查詢 Z 值：在 95% 信心水準下，Z 值是 1.65。
5. 計算 VaR：將 Z 值乘以標準差，再乘以投資組合的面值。

　　VaR = Z × 標準差 × 面值 = 1.65 × 2% × 100 萬美元 = 33,000 美元

6. 結果

　　在這個情境下，信用風險 VaR 表示在接下來一天內，95% 的信心水準下，可能遭受的最大損失是 33,000 美元。

11.3.2 信用風險管理

　　信用風險管理係指有關於信用風險的辨識、衡量、溝通、監控之作業程序，並確實執行完成。適當規劃並切實執行授信政策與程序，有助於金融機構維持安全穩健授信業務水準、監控信用風險以及辨識並管理異常授信案件。信用評估是信用風險管理的首要步驟，金融機構需要評估借款人或交易對手的信用品質，通常會考慮其財務報表、信用評等、還款歷史等資訊。金融機構在進行信用風險管理時，經常會採用一些評估架構和工具；其中，5C 和 5P 是傳統的評估方法，用於評估借款人的信用風險，分別說明如下：

5C

1. Character（性格）：評估借款人的信譽和道德水準。例如，借款人的還款歷史、

過去與銀行的關係等。

2. Capacity（能力）：評估借款人還款的能力。例如，借款人的收入、資產和債務水準等。

3. Capital（資本）：評估借款人的財務狀況。例如，借款人的資產負債表、槓桿率等。

4. Collateral（擔保）：評估作為擔保的資產的價值和流動性。例如，房地產、股票等資產。

5. Conditions（經濟環境）：評估整體經濟環境和產業趨勢對借款人的影響。

5P

1. People（人）：評估企業管理階層的能力和經驗。

2. Purpose（目的）：評估借款目的之合理性。

3. Profit（利潤）：評估企業的獲利能力。

4. Payment（付款）：評估企業的現金流量和還款計畫。

5. Protection（保護）：評估銀行是否有適當風險控制措施和擔保品來保護資金。

問題

合和公司是一家微型公司，創辦人想向銀行借款，以下是公司部分財務數據：

– 年度收入：$1,000,000

– 年度負債支付：$500,000

– 提供的擔保價值：$750,000

創辦人想瞭解銀行評估貸款的方式，向華華商業銀行企業金融部門專員請教貸款審核的基本條件。

【討論重點】

銀行運用結合 5C 和 5P 的方法評估授信作業：請舉例說明計算過程。

還款能力＝年度收入／年度負債支付＝$1,000,000／$500,000＝2
（這意味著企業的年度收入是其年度負債支付的兩倍）

擔保覆蓋率＝提供的擔保價值／借款金額（假設是 $500,000）
　　　　　＝$750,000／$500,000＝1.5
（這意味著擔保資產價值是借款金額的 1.5 倍）

結合 5C 和 5P 的評估結果，銀行可以決定是否批准該企業的借款申請，以及可能的利率和條件。總之，透過結合 5C 和 5P 的方法，金融機構可以對借款人的信用風險進行全面和深入的評估，並作出更加合理和明智的授信決策。

11.4 本章重點提示

　　本章首先詳細地說明赤道原則的主要定義，及其在金融機構的實施規範。接著，深入探索與赤道原則相關或相似的其他規範。然後，本章介紹流動性風險，分析金融機構可能面對的資金短缺或市場流動性不足的風險；在衡量部分，介紹用於評估流動性風險的各種工具和方法；而在管理部分，探討金融機構如何透過策略和工具來管理和減少流動性風險。最後，本章描述信用風險，亦即金融機構可能因為對手方未能履行其承諾而面臨的風險；在衡量部分，針對如何評估和量化信用風險的方法進行深入的解說；並在信用風險管理部分，闡述金融機構如何利用策略、政策和工具來有效地管理信用風險。

11.5 自我評量與挑戰

是非題

1.赤道原則主要是否用於判斷大型專案融資中的經濟效益？

2. 赤道原則是否於 2003 年首次發布，主要是為了判斷、評估和管理大型專案融資中的環境與社會風險？

3. 赤道原則是否只從道德角度出發，不考慮經濟效益？

4. 責任投資原則是否由聯合國於 2005 年提出？

5. 赤道原則與責任投資原則是否完全相同，並針對同一目標群體？

6. 股票和債券是否都具有相同的流動性特徵？

7. 流動性覆蓋比率的主要目的是否為評估金融機構應對長期資金需求的能力？

8. 如果銀行的流動性覆蓋比率低於法定最低標準，是否無需通報？

9. 流動性風險管理是否只涉及流動性的監測與評估？

10. 壓力測試是否主要用來評估金融機構在正常市場條件下的流動性？

11. 信用風險管理是否不需要考慮交易對手的信用狀態？

12. 信用風險 VaR 是否為一個用來衡量市場風險的工具？

選擇題

1. 赤道原則主要考慮的風險是下列哪一項？
   (A)流動性風險
   (B)信用風險
   (C)市場風險

(D)環境與社會風險

2.赤道原則對金融機構的哪一方面提供指導？
(A)投資策略
(B)風險管理
(C)融資結構
(D)客戶服務

3.赤道原則鼓勵金融機構建立哪一種企業文化？
(A)高效益文化
(B)顧客導向文化
(C)風險意識文化
(D)創新導向文化

4.赤道原則主要是關於什麼的指引？
(A)氣候變遷政策
(B)社會責任投資
(C)金融機構的環境與社會風險管理
(D)聯合國永續發展目標

5.流動比率主要用來評估下列哪一項？
(A)企業的長期資金結構
(B)企業的短期償債能力
(C)企業的盈利能力
(D)企業的成長性

6.請問下列何者為第一層資產的特徵？
(A)高信用評等的公司股票

(B)新興市場國家的政府債券

(C)低評等債券

(D)非常穩定且易於交易的資產

7.請問下列哪一項是流動性覆蓋比率的主要目的？

(A)評估金融機構的獲利能力

(B)強化銀行長期資金需求

(C)評估金融機構的資本適足性

(D)強化銀行短期流動性之復原能力

8.如果金融機構的現金流入超過其現金流出，其流動性覆蓋比率會有什麼變化？

(A)增加

(B)減少

(C)保持不變

(D)無法確定

9.信用風險 VaR 的計算是基於什麼指標？

(A)標準差

(B)平均收益率

(C)偏態

(D)變異數

10.以下哪一個指標屬於信用風險評估的 5P 之一？

(A) Performance（表現）

(B) Purpose（目的）

(C) Probability（概率）

(D) Potential（潛力）

問答題

1. 赤道原則是什麼？是為了解決哪些問題而制定的？

2. 請描述金管會銀行局如何推動赤道原則以及其主要策略方向？

3. 請列出責任投資原則中的三大原則。

4. 責任投資原則 (PRI) 與責任銀行原則之間有什麼主要的不同？

5. 列舉三種常用於評估企業流動性風險的方法及其定義。

6. 請問什麼是信用風險管理？為什麼評估借款人的信用品質是信用風險管理的首
   要步驟？

個案討論題

1. 忠忠公司的李財務長需要向非財務背景的董事們解釋如何評估流動性風險，以
   下是他準備流動性風險評估報告的方式：
   導言：流動性風險是指企業在應對短期債務和營運需求時可能面臨的挑戰。以
   下將介紹三種主要方法來評估流動性風險，並提供每種方法的計算示例。
   ⑴流動比率：
   　流動比率是一種簡單的流動性指標，衡量企業的流動資產能夠償還流動負債
   　的能力。計算公式如下：
   　流動比率 = 流動資產 / 流動負債
   　例如，假設忠忠公司的流動資產總額為 120,000 元，流動負債總額為 90,000
   　元。請問流動比率為何？
   ⑵速動比率：
   　速動比率考慮最具流動性的資產，包括現金、有價證券和應收帳款。計算公
   　式如下：

速動比率＝（現金＋有價證券＋應收帳款）/ 流動負債

假設忠忠公司的現金為 25,000 元，有價證券為 15,000 元，應收帳款為 35,000 元，流動負債為 90,000 元。請問速動比率為何？

(3)負債比率：

負債比率衡量企業的總負債占總資產的比例，反映其資本結構。計算公式如下：

負債比率＝總負債 / 總資產

假設忠忠公司的總負債為 240,000 元，總資產為 600,000 元。請問負債比率為何？

結論：不同的流動性風險評估方法提供了不同層面的信息。流動比率關注整體流動性能力，速動比率考慮最具流動性的資產，負債比率則反映資本結構。結合這些方法可以更全面地評估企業的流動性風險，幫助我們更好地瞭解企業的財務狀況和應對能力。

2. 尖尖公司的信用風險用 VaR 計算，尖尖公司也希望計算其持有的債券組合，在一天內以 95% 的信心水準下，可能遭受的最大信用風險損失。以下是相關計算相關資訊：

(1)選擇信心水準：95%。

(2)選擇時間範圍：1 天。

(3)收集資料並計算收益率標準差：需要收集尖尖公司債券組合的歷史收益率數據，並計算其標準差。假設債券組合的標準差為 1.8%。

(4)查詢 Z 值：在 95% 信心水準下，Z 值是 1.65。

請計算 VaR 值。

是非題答案

1.否。　2.是。　3.否。　4.否。　5.否。　6.否。　7.否。　8.否。　9.否。
10.否。　11.否。　12.否。

📋選擇題答案

1.(D)。　　2.(B)。　　3.(C)。　　4.(C)。　　5.(B)。　　6.(D)。　　7.(D)。　　8.(A)。　　9.(A)。

10.(B)。

📋問答題答案

1. 赤道原則是國際金融機構的自願性行為規範,用於判斷、評估和管理大型專案融資中,所涉及的環境與社會風險的金融行業基準。赤道原則是為了確保金融機構在投資或放貸時,除了考慮傳統的風險外,還要考慮潛在的環境和社會風險,以及確保其業務活動與全球永續發展目標相一致。

2. 金管會銀行局對於推動赤道原則主要有兩大方向:

　一、提升銀行公會對赤道原則的認知與實踐:於 103 年 4 月 29 日,金管會在銀行公會《會員授信準則》的第 20 條第 5 項新增規範,要求銀行在辦理企業授信審核時,應審慎考慮借款戶在環境保護、誠信經營和社會責任方面的表現。並從 106 年 7 月 5 日開始,此項規範的適用範疇擴展到所有的「企業授信」。

　二、結合國際標準,完善《會員授信準則》:銀行公會參考國際赤道原則協會發布的第 4 版赤道原則,即赤道原則 4.0,進行修訂。此修訂主要涵蓋氣候變遷、溫室氣體排放揭露和強化環境和社會風險管理等要素。金管會於 111 年 4 月 11 日審查並同意此項修訂 , 希望通過這些指引引導企業更重視環境、社會和公司治理。

3. ⑴將 ESG 問題納入投資分析和決策過程。

　⑵將 ESG 問題納入所有權政策和實踐。

　⑶要求投資實體公開其 ESG 問題。

4. 主要的不同點是其緣起和範疇。PRI 是由聯合國支持,在 2006 年正式啟動,並著重於如何將 ESG 因素融入投資決策中;而責任銀行原則在 2019 年由聯合國環境計畫財金倡議和全球銀行共同開發,範疇較為全面,涵蓋銀行的所有業務範疇,包括但不限於貸款和投資活動。

5. ⑴流動比率 (Current Ratio):這是用來反映企業在短期內能夠償還債務的能力的指標。它計算企業的流動資產與流動負債之間的比例。一般而言,較高的流

動比率表明企業具有較好的流動性，因其有足夠的流動資產來應對即將到期的負債。

(2)速動比率 (Quick Ratio)：這是用來評估企業在短期內能夠迅速償還其流動負債的能力的指標。此指標僅考慮最具流動性的資產，如現金、市場上的有價證券和應收帳款，並從中排除存貨。一般認為，高速動比率意味著企業在應對短期債務方面具有強大的償還能力。

(3)負債比率 (Debt Ratio)：此指標用於衡量企業的總負債佔總資產的比例。這種方法主要提供企業負債相對於其資產的整體評估。較高的負債比率可能意味著企業的資產受到較大的債務負擔，因此可能增加流動性風險。

6.信用風險管理是有關於辨識、衡量、溝通和監控信用風險的作業程序。評估借款人的信用品質是信用風險管理的首要步驟，因為信用風險管理能夠幫助金融機構確定借款人的還款能力和信用風險水準。這有助於金融機構建立適當的授信政策，避免不良債務的產生，並確保借款人能夠按時還款，從而降低風險。

個案討論題答案

1.(1)流動比率為 120,000 ÷ 90,000 = 1.33 元。這意味著公司有 1.33 元的流動資產，可用於支付每 1 元的流動負債。

(2)速動比率為 0.833。這表示公司每 1 元的流動負債，有 0.833 元的最具流動性資產可用於支付。

(3)負債比率為 0.40。這表示公司的總負債占其總資產的 40%。

2.將 Z 值乘以標準差，再乘以債券組合的面值。

VaR = Z × 標準差 × 面值

= 1.65 × 1.8% × 100 萬美元

= 29,700 美元

結果：在這個情境下，尖尖公司的信用風險 VaR 表示在接下來一天內，以 95% 的信心水準下，可能遭受的最大信用風險損失是 29,700 美元。

這個計算可以幫助尖尖公司評估其持有的債券組合在短期內可能面臨的信用風險，並為風險管理提供參考。

第 *12* 章　資本適足率與資本等級

　　有關氣候金融的領域，探討將環境可持續性納入金融決策的重要性，並討論綠色金融和綠色投資的概念。這不僅是一個全球關切的議題，也是金融業界不可忽視的趨勢。有關資本管理的領域，探討資本適足率的定義、計算和監管。資本適足率在確保金融體系穩健運作方面至關重要，討論其核心概念和運作方式。資本等級的主要內容以及衡量和評估其在金融機構中的應用，將幫助金融專業人士更好地理解和優化資本等級，以確保金融穩定性和永續發展，有助於更好地應對當前和未來的金融挑戰。

12.1 氣候金融

　　氣候金融是指金融機構和金融市場，因應氣候變化所帶來的風險和機會，所採取的因應策略與行動方案。現今環境挑戰包括極端天氣事件、海平面上升和環境生態系統破壞等問題，聯合國積極呼籲世界各國政府要重視與環境保護相關議題，綠色金融與綠色投資都是重點項目。綠色金融關注於透過金融機制和工具，支持環境永續性，並在減少環境風險的同時，實現投資報酬。綠色投資係指將資金投入對環境友好的項目，這些投資有助於減少溫室氣體排放，減緩氣候變化的影響，例如再生能源、循環經濟和永續基礎設施等；同時有望帶來可觀的經濟回報。

12.1.1 綠色金融

　　綠色金融 (green finance) 係指能為環境創造正面影響力的金融活動，藉由企

業貸款、個人投資、銀行發行金融商品等機制，將龐大的資金投入永續發展的項目，鼓勵個人、企業和非營利組織投資於永續發展項目，以減少對於氣候帶來負面影響的活動。綠色金融被視為同時兼顧環境保護與企業持續獲利的商業模式，可說是在利潤與永續之間取得平衡。

為促使金融業和金融機構更加關注永續發展與氣候變遷相關議題，金管會於2017 年推動「綠色金融行動方案 1.0」，並在 2020 年 8 月繼續推動「綠色金融行動方案 2.0」。方案 1.0 的主要重點在於鼓勵金融機構對綠能產業進行投融資，以資金投入支持綠能產業的發展。方案 2.0 則更加全面執行，包括環境、社會和治理 (ESG) 方面，鼓勵金融機構擴展到對永續發展和綠色產業的投融資，同時切入創新方向，發展新型金融商品與服務。透過金融機制的引導，鼓勵金融機構更加重視和實踐永續發展目標與行動，從而進一步構建完整的永續金融生態系統。

在 2021 年 4 月，我國已宣布「2050 淨零排放」為全球與國內共同目標。國家發展委員會於 2022 年 3 月發布「2050 淨零排放路徑」，其中將「綠色金融」列為淨零排放路徑的十二項關鍵戰略之一。永續發展和淨零排放已成為全球和我國永續發展政策的核心目標，金融機構的綠色金融行動方案應更加落實，並積極發展符合潮流與需求。

國際先進國家已積極推動溫室氣體淨零排放、碳關稅、公正轉型等計畫，並強調金融市場在支援低碳轉型方面的重要作用。有鑑於此，金管會於 2022 年 9 月推出「綠色金融行動方案 3.0」，旨在進一步強化金融機構的角色；金融機構可透過對投融資部位的盤查、風險與商機的評估，以及策略的規劃，來鼓勵金融機構進行低碳轉型，以及揭露氣候相關資訊，有助於推動我國實現低碳或零碳經濟的轉型計畫。

如圖 12.1 所示，透過「綠色金融行動方案 3.0」的各項措施，金管會致力於引導金融業融入永續發展的脈絡中。為促進我國綠色金融市場的有效運作，並實現永續金融的全面發展目標。金管會所推出「綠色金融行動方案 3.0」，分別闡述其願景、目標、核心策略、推動面向與具體措施，以及執行方式：

1	願景	**整合金融資源，支持淨零轉型**			
3	核心策略	1. 協力合作深化永續發展及達成淨零目標 2. 揭露碳排資訊，從投融資推動整體產業減碳 3. 整合資料及數據以強化氣候韌性與因應風險之能力			
5	推動面向	布局　　資金　　資料　　培力　　生態系			

圖 12.1　綠色金融行動方案 3.0

一、願景

　　整合金融資源，支持淨零轉型。

二、目標

　　本方案目標在於凝聚金融業共識，提出並發展金融業共通需求指引和資料，促進金融業瞭解其自身及投融資部位的溫室氣體排放情況；進一步推動金融業主動因應和把握氣候相關風險和商機，持續推動金融業支持永續發展，並引導金融機構進行碳減排。本方案重點在於制定金融業溫室氣體盤查和減碳目標的時間表，擴大研究我國永續經濟活動的認定指引，建立並統計 ESG 相關資訊；推動金融業成立淨零工作群和永續金融先行者聯盟。同時，金融主管機關將進行永續金融評鑑，以深化我國永續金融發展，促進整體社會實現淨零轉型目標。

三、核心策略

1. **協力合作深化永續發展及達成淨零目標**：金管會推動金融機構制定減碳策略和目標，組成金融業淨零推動工作群。藉此，促進金融同業間的交流，透過永續金融先行者聯盟的組成，鼓勵金融業者積極行動以應對氣候變遷和推動永續發展。金管會與相關部會合作，優化我國氣候變遷風險相關資料，以支持金融業、產業和利害關係人的運用和風險評估；同時，研究提升永續經濟活動認定指引，

以明確定義永續經濟活動的範圍。從金融機構的投融資推動產業轉型，協助實現淨零目標。

2. **揭露碳排資訊，從投融資推動整體產業減碳**：金管會呼籲金融機構揭露和核實範疇 1、2 和 3 類碳排放，以促使金融業者不僅關注自身的碳排放，還應評估其投融資對象的碳排放；進一步運用金融業的資金和投資影響力，促進整體產業和社會實現淨零轉型。

3. **整合資料及數據以強化氣候韌性與因應風險之能力**：為因應氣候變遷，金融機構需獲取氣候變遷和金融機構 ESG 相關資訊，以識別可能的實體或轉型風險，並進行氣候變遷風險管理。金管會將建立和整合金融機構 ESG 和氣候相關資料，使金融機構能更準確地進行氣候變遷壓力測試和情境分析，並更清楚地識別潛在的風險，以進行氣候風險管理。同時，透過金融機構 ESG 相關資訊的運用，提供未能取得特定金融機構資訊的金融機構、利害關係人和投資者更精確的產業平均數據，以促進分析或比較的一致性，並促進對資訊的應用和蒐集，以更貼近我國產業特性和實務需求。

四、推動面向與具體措施

本方案根據前述核心策略制定具體的推動措施，涵蓋布局、資金、資料、培力以及生態系等五大面向，共計包含 26 項措施，每個面向的具體措施說明如下：

㈠**布局面向** (Deployment)

推動金融機構瞭解其自身及投融資組合的碳排放情況，並制定中長程減碳目標與策略；同時，評估氣候變遷對金融業者和市場的影響，以制定應對氣候相關風險的策略。具體措施如下：

1. 訂定金融業揭露及查證範疇 1 及範疇 2 碳排放的時程規劃。
2. 訂定金融業揭露及查證投融資組合財務碳排放（範疇 3）的時程規劃。
3. 參考科學基礎方法或國家 2050 淨零排放路徑等，制定金融業者的中程及長程減碳目標與策略，並提出時程規劃。
4. 推動個別金融業進行氣候變遷壓力測試，並不斷改進測試模組。
5. 研議監控氣候風險的機制，整合分析整體氣候相關風險管理報告。

㈡**資金面向** (Funding)

　　持續發展永續經濟活動認定指引，鼓勵金融機構制定轉型計畫；並鼓勵金融業納入投融資決策參考，持續投入綠色及永續發展領域，促進我國綠色及永續經濟與市場的發展。具體措施如下：

1. 發布永續經濟活動認定指引，鼓勵金融機構自願揭露其主要經濟活動符合指引情形，以及制定與執行減碳及永續轉型策略。
2. 在金融業同業公會的自律規範中，鼓勵對外標示「綠色」、「ESG」或「永續」等概念的金融業，進行投融資評估、商品設計，參考永續經濟活動認定指引來執行業務。
3. 研議第二階段永續經濟活動認定指引，增加產業及其他環境目的之技術篩選標準。
4. 積極推動獎勵本國銀行辦理六大核心戰略產業放款方案，協助綠色相關產業取得融資。
5. 鼓勵金融機構辦理永續發展領域的投融資。
6. 鼓勵金融業投資我國綠能產業以及綠色債券等綠色金融商品。
7. 持續檢討和發展綠色債券市場，鼓勵綠色債券的發行和投資。

㈢**資料面向** (Data)

　　將整合和優化我國的氣候變遷和 ESG 相關資訊和數據，以便金融機構進行分析和運用；同時，讓金融機構、利害關係人和投資者瞭解我國永續金融的進展，推動各界對永續金融的重視和實踐。具體措施如下：

1. 通過聯徵中心協助建立金融機構 ESG 資料平台。
2. 通過證券交易所擴展上市櫃公司 ESG 資訊平台。
3. 由保險事業發展中心統計應對氣候變遷的承保情況和永續保險商品的相關數據。
4. 與相關部門合作，研究優化氣候變遷風險相關資料庫，供金融業使用並評估氣候相關風險。
5. 建立「永續金融網站」，彙總永續金融統計、相關規範、交流資訊、評估資訊等。
6. 考慮將公司治理評鑑擴展為 ESG 評鑑。

㈣**培力面向** (Empowerment)

　　推動金融機構加強培訓和培育永續金融人才，將永續金融理念由上而下地融入金融機構的組織和文化；並擴展至投融資對象，以影響整個產業和社會，加速我國實現淨零轉型的進程。具體措施如下：

1. 加強金融業董事、高階主管和一般員工的永續金融相關培訓。
2. 計畫推出與永續金融相關的證照。
3. 在金融教育宣導中，納入綠色和永續金融知識和理念，促進綠色和永續相關議題的社會傳播。

㈤**生態系面向** (Ecosystem)

　　推動金融機構之間的合作、促使金融機構積極審視氣候變遷和 ESG 相關風險，並分析國際最佳實踐案例，推動金融科技在綠色金融創新應用方面；藉此，凝聚金融機構的共識，以推動更廣泛且深遠的永續金融影響，進一步完善永續金融生態系。具體措施如下：

1. 推動成立永續金融先行者聯盟。
2. 推動金融業共同組成金融業淨零推動工作群。
3. 計畫實施永續金融評估。
4. 分析國外永續評比機構的監管機制，作為研究引入類似監管機制的參考。
5. 舉辦以「綠色金融科技」為主題的推廣活動。

五、執行方式

　　由於本方案的一部分措施需要跨部會合作，且相關推動措施需要中長期的研究和規劃，金管會將與相關部門、金融業同業公會、金融培訓機構、金融相關機構和非營利組織等合作，共同研究瞭解國際發展趨勢；並根據我國的法制環境和產業發展，制定相關的法規、指引或鼓勵措施等機制，以共同推動我國綠色和永續金融的發展。

　　這些面向和措施的整合，將有助於推動我國金融體系更加積極參與永續發展，應對氣候變遷，並促進綠色和永續經濟的發展；同時，在金融業界和社會中弘揚永續金融理念，以實現更可永續的經濟和環境發展目標。

12.1.2 綠色投資

　　綠色投資 (Green investment) 係指在考慮經濟收益之外，也將環境議題納入投資決策的一種方式；此概念最初起源於歐美的金融投資界，用以對投資項目進行分類。基本上，與傳統金融投資不同，綠色投資將除了經濟回報之外的因素，如環境議題，納入了重要的投資決策考量中，有關綠色投資案例說明如下：

1. 可再生能源項目：投資於太陽能、風能、水力等可再生能源項目，有助於減少對化石燃料的依賴，降低溫室氣體排放，同時促進清潔能源的發展。

2. 節能與能源效率：投資於節能技術、能源效率提升等項目，有助於減少能源浪費，降低能源成本，同時減少對環境的影響。

3. 環保科技公司：投資於環保科技公司，如開發水資源管理系統、廢棄物處理技術等，可以促進環境保護和資源管理。

4. 永續休閒農業：投資於採用有機種植、生態友善的農業方式，減少農藥使用、保護土壤質量，同時確保食品的品質與安全。亦即，投資於採用生態友善的休閒農業方式，減少對環境的影響，同時提供人們有意義的休閒體驗。

5. 綠色建築與基礎設施：投資於符合環保標準的建築項目，例如使用可再生材料、節能設計，降低對能源和資源的消耗。

　　這些案例投資項目，不僅關注經濟效益，還將環境和社會影響納入考慮，進而實現經濟增長和永續發展的目標。由於全球對 ESG 的審核，尚未有一致的規範，導致不肖金融機構或資產公司有機會遊走於灰色地帶，喊出不合理的永續目標、或是在綠色基金內魚目混珠。因此，名不符實的「假永續」的綠色投資商品出現在市場上，這類「漂綠」(Greenwashing) 行為，目前受到世界各國金融監理機關的重視。金管會也效法歐盟，於 2022 年底推出我國的「永續分類標準」，以量化及質化審核標準，定期檢視金融機構對環境帶來的實際影響。預計 2023 年會有更新版，可作為投資人選擇綠色投資標的之重要參考指標。

✊ *12.2 資本適足率*

　　資本適足率是金融機構用來評估其資本充足程度的重要指標。這個指標衡量金融機構的核心資本與其風險暴露之間的比率，以確保在面對可能的損失時，該機構有足夠的資本來保護償還債務和維持穩健的營運。近年來，有一些金融機構已經開始考慮環境、社會、治理 (ESG) 因素，將與環境、社會和治理相關的風險納入資本適足率計算中，以更全面地評估金融機構風險。

12.2.1 定義和重要性

　　銀行業資本適足率（Bank of International Settlement Ratio，簡稱 BIS）又稱為國際清算銀行比率（BIS 比率），以銀行自有資本淨額除以其風險性資產總額而得的比率。我國《銀行法》規定，銀行的資本適足比率必須達到 8%；這一規定主要在限制金融機構持有過多的風險性資產，以確保銀行業務的穩健運作和財務的健全。透過維持足夠的資本儲備，金融機構能夠更好地應對可能出現的經濟變動和金融市場波動，同時降低金融體系的整體風險。

　　保險業施行之資本適足性，為美國風險基礎資本（Risk-Based Capital，簡稱 RBC）制度之產物。在我國主要法源為《保險法》、《保險業資本適足性管理辦法》等，保險業應依人身保險業或財產保險業來揭露每營業年度及每半營業年度之資本適足率及淨值比率。

　　因此，資本適足率是金融體系的一個重要指標，幫助金融監理機關評估金融機構的風險防範能力，確保金融體系的穩定性，並保障投資人和存款人的權益。這項指標的合理運用，有助於建立投資人信心，促進金融市場的良性運作。資本適足率的重要性有四項，分別說明如下：

1. 風險管理：資本適足率是金融機構確保其風險承受能力的關鍵指標。適當的資本適足率，可以幫助金融機構在面對外部環境變化和風險時更好地應對損失，減少金融危機的風險。

2. 保護存款人和投資者：較高資本適足率可以確保金融機構具有足夠的備付金，來保護存款人和投資者的利益。這有助於維護金融體系的穩定性，減少金融機構破產而對經濟的負面影響。

3. **監管合法性**：金融監理機關通常會設定資本適足率的最低要求，以確保金融機構遵守監管標準。這有助於確保金融機構不會承擔過度風險，並能夠履行其責任。

4. **信譽和信任**：擁有足夠的資本適足率可以增強金融機構的信譽，使其在金融市場上讓人更有信心；這有助於金融機構吸引投資者、存款人和其他合作夥伴，因信任金融機構而有業務往來。

12.2.2 計算與監管

　　資本適足率的計算和監管通常涉及一系列的計算方法和監管標準，這有助於確保金融機構具有足夠的資本來應對風險。常見的資本適足率計算方法以及案例，分別說明如下：

1. **風險加權資本比率** (Risk-Weighted Capital Ratio)

　　這是最常見的資本適足率之一，根據資產的風險水準對資本進行加權計算。典型的風險分類包括不同類別的資產，例如現金、房地產、公司債等，根據各種的預期風險來決定其所需的資本。假設美美銀行擁有 1,000 萬元的資本，其風險加權資產為 8,000 萬元；計算風險加權資本比率為 1,000 萬元 ÷ 8,000 萬元 = 0.125，即 12.5%。這表示美美銀行至少需要保持 12.5% 的資本適足率。

2. **核心一級資本比率** (Tier 1 Capital Ratio)

　　這是指核心一級資本與風險加權資產之比。核心一級資本包括股本和累積優先股，是金融機構最優質的資本。華華銀行的核心一級資本（股本和累積優先股）為 6,000 萬元，風險加權資產為 40,000 萬元。核心一級資本比率為 6,000 萬元 ÷ 40,000 萬元 = 0.15，即 15%。這表示華華銀行至少需要保持 15% 的核心一級資本比率。

3. **資本總計比率** (Total Capital Ratio)

　　這是指全部資本，包括核心一級資本和次級債券等其他資本元素，與風險加權資產之比。大大銀行的全部資本，核心一級資本和其他資本元素為 8,000 萬元，風險加權資產為 50,000 萬元。資本總計比率為 8,000 萬元 ÷ 50,000 萬元 = 0.16，即 16%。這表示大大銀行至少需要保持 16% 的資本總計比率。

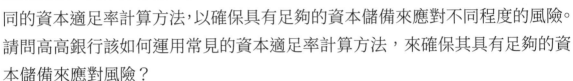

問題

高高銀行是一家知名的銀行，近期面臨著市場變動和風險增加的挑戰。為確保穩健經營，該銀行決定深入瞭解並應用不同的資本適足率計算方法，以確保具有足夠的資本儲備來應對不同程度的風險。請問高高銀行該如何運用常見的資本適足率計算方法，來確保其具有足夠的資本儲備來應對風險？

【討論重點】

高高銀行要擁有足夠的資本來維持其穩健經營：請舉例說明如何運用資本適足率計算方法來衡量？

高高銀行可採用的計算方法如下：

㈠運用風險加權資本比率，根據不同資產的風險水準對資本進行加權計算，這讓銀行能夠更準確地瞭解不同資產對其資本需求的影響。

㈡高高銀行關注核心一級資本比率，該比率衡量最優質的資本層級相對於風險加權資產的比率。確保核心一級資本（例如股本和累積優先股）達到金融監理機關的要求，這能讓銀行在面對嚴峻的市場情況時，依然能夠穩定運作。

㈢高高銀行注意資本總計比率，該比率考慮核心一級資本和次級債券等其他資本元素，相對於風險加權資產的比率。這有助於銀行維持全面的資本結構，應對不同類型的風險。

透過這些資本適足率計算方法的運用，高高銀行能夠確保在不同程度風險下，擁有足夠的資本來維持其穩健經營。這有助於銀行確保金融體系的穩定運行，同時保護客戶和投資者的權益。

資本適足率是金融機構穩健運作的關鍵指標,以確保金融機構在面對風險時,具有充足資本儲備。各國金融監理機關制定規範,規定金融機構需維持一定資本水準。有關常見的資本適足率監管要求以及案例,分別說明如下:

1. 巴塞爾協定

巴塞爾協定 (Basel Accords) 是國際上最廣泛接受的金融監管標準,主要包括巴塞爾協定第一版、第二版和第三版。這些協定旨在確保金融體系的穩定性,並規定金融機構需要維持一定的資本適足率以應對風險。巴塞爾協定第三版,即巴塞爾 III 架構,於 2010 年發布,對資本適足率的規定提出更新版本。

根據巴塞爾 III 版本規定,銀行的核心一級資本比率應至少達到 4.5%,總資本比率則應至少達到 8%。此外,巴塞爾 III 也強調對市場風險和流動性風險要更全面監管。融合這些規範,金融機構需要遵守巴塞爾協定的資本適足率要求,以確保其財務穩健和適應市場變動。

2. 政府監理機關要求

不同國家的金融監理機關會設定自己的資本適足率要求,這些要求可能會因國家、金融機構的類型和風險情況而有所不同。各個國家的金融監理機關可能會根據自己國家的金融體系和風險情況,設定更高的資本適足率要求。例如,風險高國家的金融監理機關,可能要求銀行的核心一級資本比率至少為 6%。這可以確保金融機構在面對可能的風險情況時,具有更充足的資本儲備,從而提高金融體系的穩定性。

3. 壓力測試

金融監理機關可能會要求金融機構參與壓力測試,這是一種模擬極端情況下金融機構的資本適足率,以確保在不同的不利情況下金融機構仍然具有足夠的資本來應對。例如,在經濟衰退的壓力情境下,銀行的資本適足率可能會下降。此時,金融監理機關通常會要求銀行,證明即使在這些壓力情境下,銀行的資本適足率仍然能夠滿足監管標準要求。

這些計算方法和監管措施,旨在確保金融機構擁有足夠的資本,以減輕風險、維護穩定性,並保護投資者和存款人的權益。不同的國家金融監理機關可能有不同的方法和標準,但目標都是確保金融體系的健康運作。

12.3 資本等級

資本等級是金融機構維持資本適足率所需要的資本層級。這些資本層級通常根據其可靠性和償還性而分為不同類別，以應對可能的風險情況。

12.3.1 主要內容

資本等級的設計旨在確保金融機構在面對不同程度的風險時，具有適當的資本儲備。金融監理機關通常會規定不同類別的資本等級的比率，以確保金融機構具有足夠的資本來應對可能的損失，從而確保金融體系的穩定運行。主要的資本等級通常包括：

1. 核心一級資本 (CET1)：最高等級的資本，通常包括股本和累積盈餘。這種資本最為可靠，可用於吸收損失。

2. 附加一級資本 (AT1)：這是次級資本，比如可轉換優先股等；在金融機構面臨損失時，可以充當附加的保險層。

3. 二級資本 (Tier 2)：這是另一種次級資本，例如次級債務；能在損失情況下，充當額外的保護。

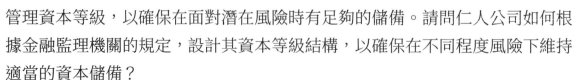

問題

仁人公司是一家知名的商業銀行，專提供各類金融服務。近期，市場風險因素不斷增加，高階主管意識到其需要更好地管理資本等級，以確保在面對潛在風險時有足夠的儲備。請問仁人公司如何根據金融監理機關的規定，設計其資本等級結構，以確保在不同程度風險下維持適當的資本儲備？

【討論重點】

建立不同的資本等級，以確保其業務穩健運作：請舉例說明如何建立資本等級與金融監理機關規定的比率進行比較？

仁人公司決定依照金融監理機關的要求，建立不同的資本等級，以確保其業務穩健運作。首先，確定核心一級資本 (CET1) 作為最高級別的資本，包括公司的股本和累積盈餘。這部分資本最為穩定，能夠有效吸收損失。

其次，設計附加一級資本 (AT1)，作為次級資本的一部分。這包括可轉換的優先股等，能在金融機構面臨損失時充當額外的保險層。

最後，建立二級資本 (Tier 2)，這是另一種次級資本，包括次級債務等。這部分資本也能提供額外的保護，以應對可能的風險情況。

仁人公司將這些資本等級與金融監理機關規定的比率進行比較，確保其資本結構符合要求。這使得仁人公司能夠在風險增加時，有適當的資本儲備，確保金融體系的穩定運行，同時保障客戶的利益。透過這樣的資本等級設計，仁人公司能夠更好地應對市場變動和風險挑戰。

12.3.2 衡量與評估

　　資本等級衡量與評估涉及到確定金融機構的資本結構、資本運用效率，以及風險承受能力等方面。金融機構進行風險承受能力的評估，需根據各種情景模擬，評估其在不同風險下的資本儲備情況；如此，讓金融機構能夠確保在面對不同程度的不確定性時，有足夠的資本支持，以減少風險影響。下面所列是一些用來衡量和評估資本等級的方法和指標：

⑴ **資本結構比率**：這些比率反映金融機構使用股權和債務資本的比率。常見的比率包括債務比率、權益比率和負債 / 資本比率。

- 債務比率：善善公司有 5,000 萬元的債務和 10,000 萬元的股權，其債務比率為 5,000 萬元 ÷ 10,000 萬元 = 0.5，即 50%。這表示善善公司的債務占其資本結構的 50%。
- 權益比率：善善公司的權益比率為 10,000 萬元 ÷ 10,000 萬元 = 1，即 100%。這表示善善公司的股權占其資本結構的全部。

⑵**財務槓桿倍數**：是債務相對於股權的比率，可以衡量金融機構的財務風險，因為高槓桿倍數可能使金融機構更容易陷入財務困境。如果奇奇公司有 2,000 萬元的債務和 3,000 萬元的股權，則其財務槓桿倍數為 2,000 萬元 ÷ 3,000 萬元 = 0.67。這意味著公司的債務相對於其股權較少。

⑶**淨資本額**：這是金融機構在其資產扣除負債後的剩餘價值。淨資本額反映金融機構的實際價值，可以用來評估金融機構的資本基礎。和和公司的資產總額為 5,000 萬元，負債總額為 2,000 萬元，則其淨資本額為 5,000 萬元 – 2,000 萬元 = 3,000 萬元。

⑷**資本回報率**：衡量金融機構使用資本所獲得的回報，可以通過計算利潤與投資資本比來衡量。平平公司在去年的投資資本為 1,000 萬元，實現的利潤為 150 萬元，則其資本回報率為（150 萬元 ÷ 1,000 萬元）× 100% = 15%。

⑸**資本投資報酬率 (ROI)**：這是投資項目所產生的利潤與投入資本之間的比率，可以幫助評估投資項目的效益。一個新開發區房地產項目投資 20,000 萬元，並在一年後產生 30,000 萬元的收益，則該項目之資本投資報酬率 (ROI) 為（30,000 萬元 – 20,000 萬元）÷ 20,000 萬元 = 0.5，即 50%。

⑹**資本運作效率**：衡量金融機構如何有效地使用其資本，以實現業務目標。這可以透過計算營收與資本之比來評估。怡宜公司的營業收入為 5,000 萬元，其總資本為 3,000 萬元，則其資本運作效率為（5,000 萬元 ÷ 3,000 萬元）= 1.67。這表示公司每 1 元的資本能產生 1.67 元的營業收入。

有關上面所列示的衡量和評估資本等級之方法和指標，不同的金融機構和行業可能會使用不同的方法來評估其資本等級。這些案例能夠幫助你，更好地理解各種資本等級的衡量和評估方法；不同的情境下，可以選擇不同的方法，來評估金融機構的資本等級。

🤙 12.4 本章重點提示

本章探討資本適足率與資本等級，以及其在氣候金融領域的關鍵性，內容分為三個主要部分，涵蓋氣候金融、資本適足率，以及資本等級。首先，綠色金融

將焦點放在環保投資，促進永續發展。其次，討論資本適足率的重要性，確保金融機構風險抵禦能力。接著，討論資本適足率計算方法及監管標準，說明不同國家在資本適足率監管方面的差異。最後，解析資本等級概念，包括核心一級資本、附加一級資本和二級資本，確保足夠資本支持風險。透過探討這些概念，將更好地瞭解資本適足率和資本等級對金融體系的影響，以及在面對氣候變化和環境挑戰時的重要性。

12.5 自我評量與挑戰

是非題

1. 綠色金融行動方案的第二版（方案 2.0）是否主要關注於環境、社會和治理 (ESG) 方面，並鼓勵金融機構發展新型金融商品與服務？

2. 「綠色金融行動方案 3.0」的目標之一，是否為推動金融業主動因應和把握氣候相關風險和商機，並引導金融機構進行碳排放減少？

3. 綠色投資是否為只考慮經濟收益，不將環境因素納入投資決策的一種方式？

4. 資本適足率 (BIS) 是否用來衡量銀行業務的經濟利潤能力？

5. 巴塞爾協定第三版是否旨在提高金融機構的營利能力？

6. 核心一級資本 (CET1) 是否通常包括股本和累積盈餘，可用於吸收損失？

7. 資本結構比率是否可以用來衡量金融機構的財務風險？

選擇題

1. 「2050 淨零排放路徑」將「綠色金融」列為淨零排放路徑的十二項關鍵戰略之

一，其中的「綠色金融」主要是指？

(A)金融機構應重視永續發展和綠色產業的投資與融資

(B)金融機構應積極推動金融商品與服務的創新

(C)金融機構應對投融資部位進行盤查和評估

(D)金融機構應揭露氣候相關資訊，並推動低碳轉型

2.請問「綠色金融行動方案 3.0」的願景是什麼？

(A)提高金融機構的盈利能力

(B)強化金融機構的國際競爭力

(C)整合金融資源，支持淨零轉型

(D)擴展金融機構的業務範疇

3.「綠色金融行動方案 3.0」生態系的具體措施中，不包括以下哪一個項目？

(A)推動成立永續金融先行者聯盟

(B)推動金融業共同組成金融業淨零推動工作群

(C)計畫推出與永續金融相關的證照

(D)分析國外永續評比機構的監管機制

4.有關綠色建築與基礎設施投資的特點，請問下列哪一個項目正確？

(A)使用不可再生材料

(B)增加能源和資源的消耗

(C)符合環保標準，使用可再生材料、節能設計

(D)忽略對環境的影響

5.請問資本適足率的主要目的是什麼？

(A)提高經濟利潤能力

(B)保護存款人和投資者的利益

(C)增加金融機構的風險

(D)限制金融機構的業務規模

6.請問巴塞爾協定的主要目的是下列哪一項？
　(A)提高金融機構的盈利能力
　(B)提高金融機構的穩定性和資本適足率
　(C)降低金融機構的風險承受能力
　(D)增加金融機構的資產規模

7.資本等級的設計旨在確保金融機構在面對不同程度的風險時，具有適當的資本
　支持。請問以下哪一個方法，用於評估金融機構的資本運作效率？
　(A)資本結構比率
　(B)財務槓桿倍數
　(C)資本投資報酬率 (ROI)
　(D)資本運作效率

8.資本等級衡量與評估，主要是涉及到確定金融機構的什麼方面？
　(A)預期利潤和市場表現
　(B)員工培訓和福利
　(C)資本結構、資本運用效率和風險承受能力
　(D)創新產品和服務開發

問答題

1.「綠色金融行動方案 3.0」的核心目標是什麼？如何推動金融業達成這一目標？

2.請解釋「漂綠」(Greenwashing) 行為是什麼？以及為何世界各國金融監理機關
　對此重視？

3.資本適足率的最低要求是由誰設定?為什麼這一點對金融體系的穩定性很重要？

4.資本適足率的計算方法和監管措施有哪些？

5.解釋資本結構比率的三種常見形式，並指出其在金融機構評估中的用途。

📋個案討論題

1.安安銀行是一家具有知名度的金融機構，在面對市場變化和風險攀升的挑戰時，決定採取積極態度，深入瞭解並應用不同的資本適足率計算方法，以確保具有足夠的資本儲備，以應對不同程度的風險。安安銀行應該如何運用常見的資本適足率計算方法，來確保其具有足夠的資本儲備以面對風險？

2.方方銀行是一家知名的銀行機構，提供多元化的金融服務。最近，金融市場的波動性加大，高階主管察覺到有必要更有效地管理其資本結構，以確保在面對不確定風險時有足夠的資本儲備。請問元富銀行應該如何依據監管機構的要求，設計適合的資本結構，以確保在不同風險情境下保持足夠的資本儲備？

📋是非題答案

1.是。　2.是。　3.否。　4.否。　5.否。　6.是。　7.是。

📋選擇題答案

1.(A)。　2.(C)。　3.(C)。　4.(C)。　5.(B)。　6.(B)。　7.(D)。　8.(C)。

📋問答題答案

1.方案的核心目標是凝聚金融業共識，推動金融機構瞭解其自身及投融資部位的碳排放情況，進一步促進金融業主動因應，和把握氣候相關風險和商機，並引導金融機構進行碳減排。方案重點制定金融業溫室氣體盤查和減碳目標的時間表，推動金融業成立淨零工作群和永續金融先行者聯盟，進行永續金融評鑑，以促進我國實現低碳或零碳經濟的轉型計畫。

2.「漂綠」是指一些金融機構或資產公司宣傳或推出的綠色投資商品，其實在實

際執行中並未真正遵循綠色投資原則，或是其實際環境和社會影響並不如宣傳所述。這種行為可能欺騙投資人，使其誤以為自己投資了真正具有綠色環保價值的項目。

世界各國金融監理機關對此重視，是因為「漂綠」行為不僅損害了投資者的權益，也扭曲了綠色投資市場的發展，更是阻礙真正永續發展目標的實現。

3. 資本適足率的最低要求通常由金融監理機構設定，例如我國的金管會。這些要求的制定旨在確保金融機構遵守監管標準，有足夠的備付金來應對可能的風險。這一點對金融體系的穩定性很重要，因為適當的資本儲備可以使金融機構更好地應對外部環境變化和金融市場波動，減少金融危機的風險，同時也能夠保護存款人和投資者的權益，防止金融機構崩潰對整體經濟產生負面影響。

4. 資本適足率的計算方法和監管措施包括風險加權資本比率、核心一級資本比率、資本總計比率等，旨在確保金融機構具有足夠的資本來應對風險，維護穩定性，並保護投資者和存款人的權益。

   ⑴風險加權資本比率：這是根據不同資產的風險水準對資本進行加權計算的方法。風險加權資本比率確保金融機構能夠根據不同資產的風險程度，確定其所需的資本水準。

   ⑵核心一級資本比率：這是指核心一級資本與風險加權資產之比。核心一級資本包括最優質的資本元素，如股本和累積優先股。這個比率確保金融機構擁有足夠的資本來應對風險，保持穩定經營。

   ⑶資本總計比率：這是指全部資本，包括核心一級資本和次級債券等其他資本元素，與風險加權資產之比。這有助於銀行維持全面的資本結構，以應對不同類型的風險。

   ⑷政府監理機關要求：不同國家的金融監理機關會根據國家的金融體系和風險情況，制定不同的資本適足率要求，確保金融機構維持一定的資本水準。

   ⑸壓力測試：金融監理機關可能要求金融機構參與壓力測試，模擬極端情況下的資本適足率，以確保在不利情況下金融機構仍然具有足夠的資本來應對風險。

這些計算方法和監管措施之目的，是確保金融機構具有足夠的資本，以減輕風

險、維護穩定性，並保護金融體系和投資者的健康。不同的國家可能有不同的方法和標準，但都旨在確保金融體系的健康運作。

5. 資本結構比率是用來衡量金融機構使用股權和債務資本的比率，它有三種常見的形式：債務比率、權益比率和負債／資本比率。這些比率在金融機構評估中有重要的用途。

   (1) 債務比率：債務比率衡量金融機構的負債相對於股權的比率。這個比率能夠顯示金融機構對外部資金的依賴程度，較高的債務比率可能表示金融機構的財務風險較高，因為它們有更多的債務需要支付利息和本金。在金融機構評估中，債務比率能夠幫助確定金融機構的債務償付能力，評估其負擔能力。

   (2) 權益比率：權益比率衡量金融機構的股權相對於總資本的比率。這個比率能夠顯示金融機構自有資本的比率，較高的權益比率表示金融機構較少依賴外部債務資金。在金融機構評估中，權益比率能夠幫助確定金融機構的自有資本水平，評估其財務穩健性。

   (3) 負債／資本比率：負債／資本比率衡量金融機構的負債相對於股權和負債的總資本的比率。這個比率能夠顯示金融機構對外部資金和自有資金的總體依賴程度，較高的負債／資本比率可能表示金融機構的負債風險較高。在金融機構評估中，負債／資本比率能夠幫助綜合考慮金融機構的資本結構和負債風險。

   這些資本結構比率能夠幫助金融機構確保其財務穩健性，評估其資本結構的穩定性，並做出相應的調整以應對不同的財務挑戰。

個案討論題答案

1. 安安銀行可以運用多種資本適足率計算方法，以確保在風險情境下具有足夠的資本儲備。以下是幾種計算方法的應用方式：

   (1) 風險加權資本比率：安安銀行可以透過將不同資產的風險水準考量，對資本進行加權計算。這使得銀行能夠更精確地評估不同資產對資本需求的影響，並確保相對應的資本投入。

   (2) 核心一級資本比率：這一比率衡量最高品質的資本（如股本和累積優先股）

相對於風險加權資產的比率。安安銀行應確保核心一級資本達到監管要求，以在市場動盪時維持穩定營運。

(3)資本總計比率：此比率考慮核心一級資本以及其他資本元素，如次級債券等，相對於風險加權資產的比率。這協助銀行維持均衡的資本結構，以應對不同種類的風險。

透過運用這些資本適足率計算方法，安安銀行能夠確保在面對不同程度風險時，擁有充足的資本供應。這將有助於保持金融體系的穩定運轉，同時保護客戶和投資者的權益。透過這樣的資本管理策略，安安銀行能夠更有信心地應對市場變動和風險挑戰。

2. 方方銀行決定根據監管機構的要求，制定適當的資本等級，以確保其業務運作的穩定性。

(1)方方銀行確定核心一級資本 (CET1) 作為最高等級的資本，包括其股本和累積盈餘。這部分資本被視為最穩固的，可以有效地吸收可能的損失。

(2)方方銀行建立附加一級資本 (AT1) 作為次級資本的一部分。這涵蓋可轉換的優先股等金融工具，在銀行面臨損失時，能夠提供額外的保障。

(3)方方銀行設計二級資本 (Tier 2)，作為另一種次級資本，包括次級債務等。這些資本提供額外的緩衝，以因應可能的風險情況。

方方銀行將這些資本等級與監管機構的要求來進行比較，確保其資本結構能符合監管指引。這使得銀行能夠在面對市場變化和風險時，擁有充足的資本儲備，確保金融體系的穩定運行，同時保障客戶權益。運用這樣的資本等級設計，方方銀行能夠更好地應對市場的不確定性和風險挑戰。

國家圖書館出版品預行編目資料

金融機構風險永續管理／曾銘宗,王怡心,費鴻泰著.
——初版一刷.——臺北市: 三民,2023
面; 公分

ISBN 978-957-14-7711-4 (平裝)
1. 金融業 2. 金融管理 3. 風險管理

561.7   112016211

金融機構風險永續管理

作　　者	曾銘宗　王怡心　費鴻泰
責任編輯	李岳嘉
美術編輯	李珮慈

發 行 人	劉振強
出 版 者	三民書局股份有限公司
地　　址	臺北市復興北路 386 號 (復北門市)
	臺北市重慶南路一段 61 號 (重南門市)
電　　話	(02)25006600
網　　址	三民網路書店 https://www.sanmin.com.tw

出版日期	初版一刷 2023 年 10 月
書籍編號	S560720
Ｉ Ｓ Ｂ Ｎ	978-957-14-7711-4

三民書局